THE NEW
GLOBAL ERA
새로운 세계화 시대

지은이 J. M. 로버츠

저명한 역사학자 J. M. 로버츠는 1928년 영국 바스에서 태어났다. 그는 톤턴과 옥스퍼드를 졸업했고, 이후 1953년부터 1955년까지 미국에서 커먼웰스 재단의 특별연구원으로 활동하다 다시 옥스퍼드로 돌아와 1979년까지 머튼 칼리지에서 학생들을 가르쳤다. 1979년 사우스햄튼 대학교의 부총장이 되었고, 1985년 머튼으로 돌아가 거기서 학장을 역임하다가 1994년 은퇴했다. 퍼넬 출판사의 『20세기 역사』의 편집책임자였던 로버츠는 수많은 역사서를 출간했다. 그가 출간한 역사서 가운데 『서양의 승리』는 BBC 방송의 시리즈로 제작되었고, 그 프로그램에 그가 직접 출현하여 해설을 맡기도 했다. 1967년부터 1978년까지는 『영국 역사개관』의 편집에 참여했고, 두 개의 총서 『옥스퍼드 간추린 현대사』와 『뉴 옥스퍼드 영국사』의 편집책임을 맡았다. 가장 최근 작품으로 『유럽의 역사』가 있다.

옮긴이 진우기

서울대학교 사범대학을 졸업하고 미국 텍사스 A&M 대학교에서 석사학위를 받았다. 불교 및 과학 전문 번역가이며 옮긴 책에는 『깨달음의 길』, 『유전, 우연과 운명의 자연사』 등이 있다. 『달마, 서양으로 가다』를 저술하기도 했다. 현재 공식 법문통역가 및 불교여성개발원 자문위원으로도 활동 중이다.

옮긴이 김성재

국민대학교 한문학과와 단국대학교 대학원 사학과를 졸업했다. 도서출판 형성사 주간 및 지식산업사 편집부장을 역임했으며, 현재 (사)한민족문화대로 상임이사로 활동 중이다. 저서로는 『갑골에 새겨진 신화와 역사』 등이 있다.

THE NEW GLOBAL ERA
All Rights Reserved
Copyright ⓒ Editorial Debate SA 1998
Text Copyright ⓒ J.M.Roberts 1976, 1980, 1983, 1987, 1988, 1992, 1998
Artwork and Diagram Copyright ⓒ Editorial Debate SA 1998
(for copyright in the photographs and maps see acknowledgements pages which are to be regarded as
an extension of this copyright)

Korean Translation Copyright ⓒ 2007 by ECLIO Publishing Co.,Ltd.
Korean Translation published by arrangement with Duncan Baird Publishers Ltd
through Imprima Korea Agency

이 책의 한국어판 저작권은 Imprima Korea Agency를 통해
Duncan Baird Publishers Ltd와의 독점 계약으로 이글리오에 있습니다.
저작권법에 의해 한국 내에서 보호를 받는 저작물이므로
무단전재와 무단복제를 금합니다.

히스토리카 세계사
VOLUME 10
새로운 세계화 시대
THE NEW GLOBAL ERA

J. M. 로버츠

이끌리오

차례 Content

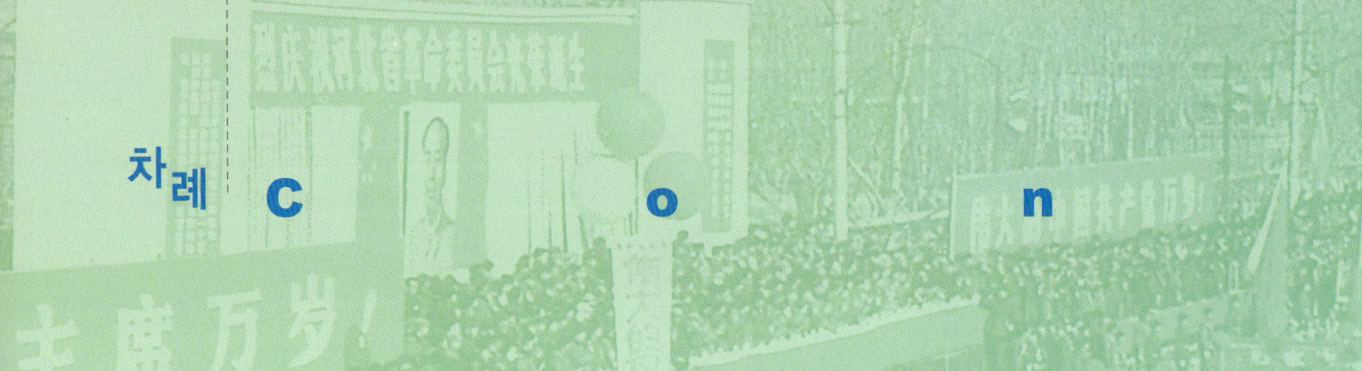

1 신세계의 정치 _ 10

| 분단된 독일 | _ 11
베를린 공수 작전 | 북대서양조약기구 설립 | 한국전쟁

| 스탈린 사후의 소련 | _ 15
바르샤바 조약 | 양대 경제 체제의 대두

| 아시아 혁명 | _ 19
두 개의 아시아

| 인도 | _ 20
인도 신정부가 당면한 문제들 | 인도와 파키스탄의 대립 | 인도의 정치적 동맹 | 제3세계 | 아시아의 냉전

| 인도네시아 독립 | _ 26
대통령 직을 박탈당한 수카르노

| 중국의 세력 강화 | _ 28
회복되는 중국 | 중국의 외교 문제 | 중국과 인도 | 중국과 소련

| 마오쩌둥의 중국 | _ 33
상승하는 중국의 자신감 | 중국의 문화혁명 | 문화혁명의 본질 | 인도차이나 전쟁

| 1945년, 일본 | _ 38
일본의 회복 | 미국과 태평양 연안 국가들 | 서양 지배에 대한 아시아의 거부감

2 제국의 계승자들 _ 44

| 이스라엘과 아랍 국가들 | _ 44

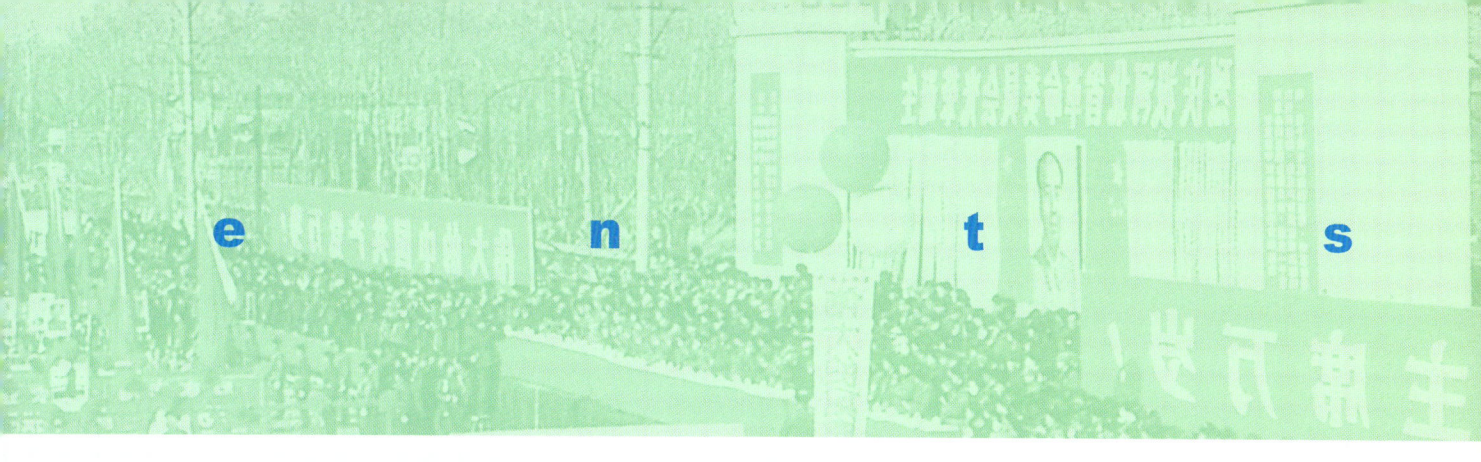

| 나세르의 이집트 | _ 46
　　　나세르에 대한 유럽의 반응

| 수에즈 운하의 위기 | _ 48
　　　수에즈 운하 위기의 여파 | 석유로 인한 중동의 상황 변화 | 6일 전쟁의 발발 | 이스라엘로 인한 긴장 고조 | 석유 위기

| 블랙 아프리카 | _ 54
　　　식민시대의 유산 | 아프리카의 경제 문제 | 아프리카의 탈식민지화 | 아프리카의 정치 | 아프리카의 동맹국들

| 남아프리카연방과 로디지아 | _ 60
　　　아파르트헤이트 제도 | 영국 연방에서 벗어난 남로디지아 | 짐바브웨 | 아파르트헤이트에 대한 반감의 증대 | 남아프리카공화국의 변화 | 넬슨 만델라의 석방

| 라틴아메리카 | _ 66
　　　세계 대전 이전의 라틴아메리카 | 1·2차 세계 대전 사이 라틴아메리카의 불안정 | 라틴아메리카의 산업화 | 대륙 내 냉전의 불안 | 쿠바 혁명 | 피델 카스트로 | 피그 만 침공 작전 | 쿠바 미사일 위기 | '발전을 위한 동맹'의 실패 | 반미주의 | 긴장 속의 라틴아메리카 | 라틴아메리카의 경제·문화 문제

3 무너지는 확실성 _ 78

| 초강대국의 어려움 | _ 78
　　　헝가리 혁명 | 쿠바에서의 미·소 대치 | 흐루쇼프 실각 | 소련 경제의 결점과 효율성 | 소련 우주 탐사 | 소련의 사회적 긴장

| 미국 사회 | _ 85
　　　미국 경제 | 케네디 대통령 선출

| 미국 흑인 문제 | _ 88
　　　흑인 민권 운동 | 미국의 사회·경제 문제

| 베트남 전쟁 | _ 91
　　　꿈에서 깨어난 미국 | 베트남전 종전 | 베트남전 종전의 영향 | 베트남 분쟁 재개 | 미국 내 알력의 징후

차례 cont

| 두 개의 유럽 | _ 97
　　　　　다원주의

| 서유럽의 통합 | _ 99
　　　　　새로운 유럽 기구들 | 유럽경제공동체 설립 | 드골 치하의 프랑스

| 영국의 불확실성 | _ 103
　　　　　아일랜드의 폭력과 동요 | 인플레이션의 위협 | 포클랜드 전쟁 | 영국의 대처리즘

| 유럽공동체의 성장 | _ 108
　　　　　마스트리히트 조약

4 냉전 세계의 질서에 대한 새로운 도전 _ 112

| 마오쩌둥 이후의 중국 | _ 112
　　　　　중국의 근대화 | 중국의 경제 발전 | 중국의 국제 관계

| 동아시아와 일본의 성장 | _ 114
　　　　　일본 사회의 변화 | 일본의 새로운 국제적 위상 | 일본의 외교 정책

| 인도 | _ 118
　　　　　인도의 내적 분열 | 인도의 왕조적 정치 | 인도의 과거 유산

| 이슬람 세계 | _ 120
　　　　　냉전과 이슬람 | 중동 | 이란 혁명 | 아랍의 반서구 감정 | 이슬람 근본주의 | 급진주의자들의 국가 구조 거부 | 인질 사건과 그 시사점

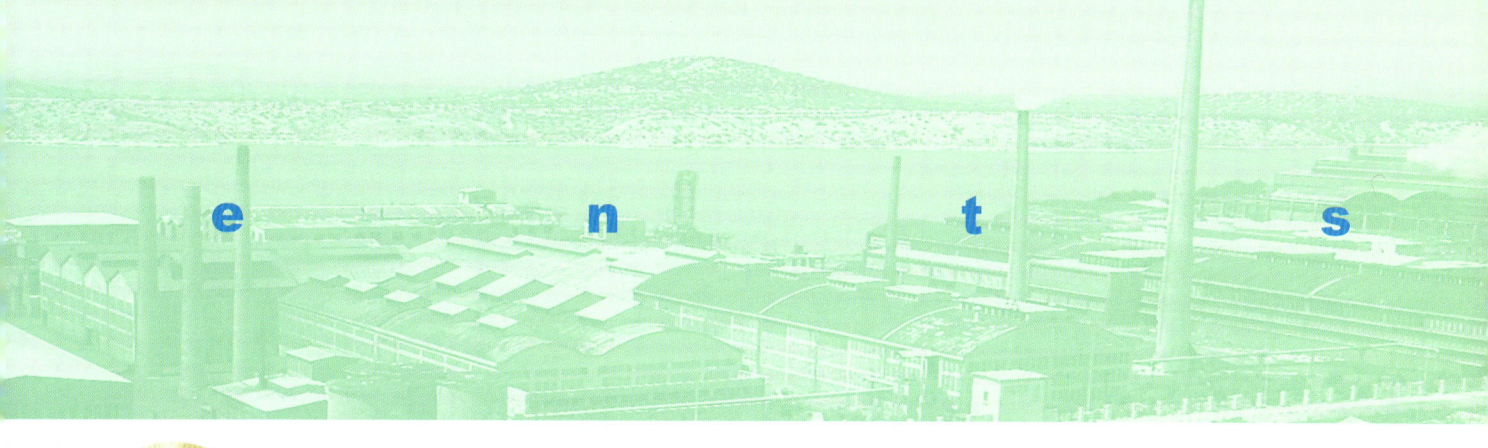

5 한 시대의 종말 _ 128

이슬람의 중동 | 미국의 힘 | 소련의 무장 | 확실한 상호파괴 | 동·서 화해 | 로널드 레이건 미 대통령 | 이슬람의 급진화 | 이슬람 근본주의의 약점 | 팔레스타인의 봉기 | 걸프전 | 걸프전 이후의 중동 | 고르바초프의 새로운 행보 | 미·소 무기 감축 회담

| 동유럽 | _ 140

동유럽의 경제적 정체 | 브레즈네프 독트린 | 폴란드와 연대노조 운동 | 레흐 바웬사 폴란드 대통령 | 폴란드공화국 | 소련의 경제적 몰락 | 소련의 붕괴 | 베를린 장벽 붕괴 | 동유럽의 자유선거 | 독일의 재통일 | 유고슬라비아 내전 | 1991년 소련 쿠데타 | 독립국가연합의 결성

| 중국 | _ 155

민주개혁에 대한 압력 증가 | 피로 얼룩진 천안문 광장 | 중국의 미래

6 역사를 바라보는 관점에서 _ 160

변화하는 관점 | 역사가의 역할 | 지속적인 국가 간 갈등 | 인류의 공통적 경험 | 경험의 공유 | 현저한 빈부 격차 | 세계를 만든 유럽 | 민주주의의 확산 | 여성 해방 | 문화의 선별적 차용 | 물질적 성공의 유혹 | 인간의 자연 조작 | 통제할 수 없는 변화 | 인류 최초 달 착륙의 의미 | 예측 가능한 성공 | 핵 확산 | 분쟁과 협동 | 역사의 경이로움

연대표 _ 182

색인 _ 184

도판 출처 _ 186

# 새로운 세계화 시대

최근 500여 년의 역사에서 가장 큰 특징은 변화가 점점 더 가속화되고 있다는 것이다. 특히 제2차 세계 대전이 끝난 1945년 이후 이러한 가속화는 더욱 심해져, 일부 지역사회의 주민들은 그러한 변화에 적응하거나 그 변화를 따라잡는 것이 불가능할 정도였다. 제2차 세계 대전 중에 시작된 전 세계적인 정치·경제의 구조적 혁신은 현재까지도 이어지고 있다. 이러한 변화로 인해 우리가 살고 있는 이 세계는 여전히 안정을 찾지 못하고 있다.

1945년부터 약 25년간은 '냉전'이라는 동결 상태가 세계 정치 질서의 중심을 이루었다. 하지만 이후 1980년대에는 다시금 변화의 소용돌이가 일어났다. 그리하여 1980년대 말에는 그전의 30년 동안 당연하게 여겨지던 이념들이 사라지거나 또는 불신을 얻게 되었다.

세계의 이러한 변화는 너무나 빠르고 연속적으로 일어나 그 내용을 나누어 이야기하는 것조차 인위적으로 보인다. 이런 격동의 배후에는 매우 심오하고 복합적인 힘이 작용했다. 이미 앞의 책에서 다루었지만 그런 힘 중의 하나가 산업사회가 고도로 발달하면서 그에 따라 증가된 에너지 수요다. 그리고 조금 더 역사를 거슬러 올라가 프랑스대혁명 당시 처음 선언되었던 사상도 그러한 힘의 일부라고 할 수 있다.

가능한 한 깊이 있는 역사적 관점을 확보하는 것이 역사가에게는 매우 중요한 일이다. 하지만 장기적 추세나 힘의 논리 같은 것만으로는 지금의 상황을 설명할 수가 없다. 역사상의 위대한 변화가 그랬듯이 20세기 후반의 많은 변화는 거의 사건과 상황, 심지어 특수한 성향 등의 영향을 받아 발단되었다. 그렇기 때문에 더욱 설명이 쉽지 않다.

▶ 1985년부터 유럽은 상상을 초월하는 빠른 속도로 심상치 않은 변화를 겪었다. 한때 서유럽과 동유럽을 분단했던 '철의 장막'이 사라졌고 이후 정치적, 경제적, 심리적, 군사적으로 많은 혼란이 일어났다. 소련의 페레스트로이카(개혁) 및 글라스노스트(개방), 베를린 장벽 붕괴로 인해 동유럽에서는 국제 관계의 목적뿐 아니라 정치적·경제적 목적이 재설정되었다. 사진은 1989년 후반 동베를린 시민들이 장벽이 무너지는 것을 지켜보는 장면이다. 많은 시민들이 무너진 벽 조각을 '치욕의 벽'을 기념하는 추억의 물건으로 간직했다.

1 신세계의 정치

*** 마셜 플랜**
제2차 세계 대전 이후 미국이 서·남 유럽의 경제를 재건하기 위해 세운 경제원조계획(1948~1952). 당시 국무장관인 G.C. 마셜이 제안하여 '마셜 플랜'이라고 부른다. 미국은 전쟁으로 황폐해진 유럽을 원조함으로써 유럽 수출 시장이 확대되었으며 유럽에 대한 영향력도 증가했다.

제2차 세계 대전 이후 10년 동안 세계 역사는 미·소 간의 냉혹하고 장기적인 적대주의로 점철되었다. 세계 대전과 함께 시작되었던 근대 외교의 분열은 이른바 '냉전'으로 인해 세계의 지배적인 현상으로 굳어졌다. 볼셰비키 혁명과 함께 등장한 미래의 강대국, 소련은 국제 사회에 새로우면서도 다루기 힘든 방식으로 접근할 것이 분명해 보였다.

소련에게 외교는 국사를 처리하는 편리한 수단일 뿐 아니라 사상적 진격을 위한 무기였다. 실제로 어떤 방식으로 외교를 활용했든 볼셰비키 당원들은 그들의 목적이 비공산주의 국가의 사회 제도를 전복시키는 것이라고 말했고, 장기적인 목표에 관한 한 그 말은 진심이었다.

1945년 이후 세계에는 다양한 공산국가들이 등장했다. 이들 국가의 통치자들은 최소한 언어상으로는 노선을 함께하는 동지였다. 그 결과 세계는 공산주의 국가를 대표하는 소련과 자본주의 국가를 대표하는 미국이 이끄는 양대 진영으로 분리된 듯했다. 두 나라는 말로는 모두 자신들이 반제국주의자라고 했지만 실제 행동으로나 그 지배력으로 보면 스스로 제국주의자임을 드러내고 있었다.

1949년 독일민주공화국(동독) 초대 대통령으로 당선된 빌헬름 피에크(1876~1960)가 축하를 받고 있다. 동독은 머지않아 동유럽을 선도하는 위성국가로 부상하게 된다.

| 분단된 독일 |

1945년 이후 동부 유럽을 중심으로 한 유럽의 공산 진영은 잇달아 영토를 확장해 헝가리, 루마니아, 폴란드 정부에서는 비공산주의자를 찾아볼 수 없게 되었다. 1948년에는 여기에 체코슬로바키아가 추가되었다. 이후 마셜 플랜*이 개시되면서 곧이어 베를린의 운명을 건 최초의 냉전이 시작되었다. 이를 통해 미국은 유럽 대륙에서 공산 진영과 맞서 싸울 준비가 되어 있다는 의지를 확실히 보여 주었다.

소련은 강력한 통일 독일이 재부상한다면 더 이상 자신들의 손아귀 안에 있지 않으리라는 생각 때문에 스스로 이러한 상황을 도발하긴 했어도, 결과가 이렇게 될지 사전에 예상한 것 같지는 않다.

미국과 영국을 중심으로 한 서방 측은 이와는 다른 이해관계를 지니고 있었다. 즉, 최소한 자신들의 점령지 안에서는 독일 경제를 부흥시킨다는 생각을 가지고 있었던 것이다. 그들은 독일의 정치적 미래가 확실해지기 전에 작전을 실행하고자 했다. 그것이 서유럽 전역에 중요하다고 확신했기 때문이다.

1948년, 서방 측은 소련의 동의 없이 그들이 점령한 독일 지역에서 화폐 제도를 개혁했고, 이를 기점으로 서독 경제가 회복되기 시작했다. 그러나 소련의 거부로 인해 서방 측 점령 지역 안에서만 전개된 마셜 플랜에 이어 화폐 개혁까지 단행되자 독일은 이로 인해 확실하게 둘로 나뉘어 버렸다. 그것은 독일의 반쪽인 동독이 서유럽과 통합되기 힘들다는 것을 암시했으며, 이제 강력한 서독이 홀로 부상할 것이 예견되었다.

서방 세력의 독일 산업 재건 계획은 분명 경제적 측면에서 이루어진 것이었지만, 이후

1953년 서베를린 경찰이 귀환하는 서베를린 주민들을 맞이하고 있다.

연대표(1948~1974년)

| 1940년 | 1948 베를린 위기와 공수작전 | 1950 한국전쟁 발발 | 1952 나세르 이집트 대통령 당선 | 1955 반둥회의 | 1959 카스트로, 쿠바에 공산정권 수립 | 1960년 | 1962 쿠바 미사일 위기 | 1964 베트남 전쟁 발발 | 1967 아랍-이스라엘 6일 전쟁 | 1974 포르투갈 카네이션 혁명 | 1980년 |

신세계의 정치

미국의 식품 보급 비행기가 서베를린에 도착하고 있다. 베를린 봉쇄 기간 내내 영국과 미국은 공수 작전을 실시했는데 보급품을 나르기 위해 1분마다 비행기가 이착륙했다.

결정적으로 동독은 철의 장막 뒤에 가려지게 되었다. 화폐 개혁의 여파로 소련 점령 지역 안에 있던 베를린까지도 양분되어 이제 공산당은 시내에서 민중 시위조차 시도하기 어렵게 되었다.

베를린 공수 작전

서방 측이 화폐 개혁을 도입하자 소련은 독일의 서방 측 점령 지역과 베를린 간의 통신을 끊어 버리는 것으로 반격을 가했다. 본래 동기가 무엇이었든 분쟁은 고조되었다. 일부 서방 측 관료들은 이미 이 비상사태가 일어나기 전에 소련이 세 군데의 서방 측 점령 지역과 서베를린 사이에 단절을 시도할 수도 있다고 우려했었다.

'봉쇄'라는 말이 이미 사용되고 있었고, 소련의 행동은 이제 그들의 뜻을 확인시켜 주는 것으로 해석되었다. 소련 측에서는 연합국이 베를린 내부 서방 측 점령 지역 안의 주둔군과 접촉할 권리를 방해하지는 않았지만 그곳 시민들에게 조달하는 물품 수송은 봉쇄했다. 이렇게 봉쇄된 서베를린에 보급품을 조달하기 위해 영국과 미국은 공수 계획을 세웠다.

소련이 서베를린 주민들에게 확실히 알리려고 했던 것은 소련이 허용하지 않는다면 서방 측 군대가 그곳에 주둔할 수 없다는 사실이었다. 이렇게 함으로써 소련은 비공산당원 시청 간부들이 선출되어 소련의 베를린 통치를 방해할 것을 미연에 방지하고자 했던 것이다.

서베를린 주민들을 살리기 위해 식품, 연료, 의약품을 계속 공수하는 데는 엄청난 비용이 들어갔지만, 서방 측 열강들은 공수 작전을 언제까지라도 계속할 뜻을 내비쳤다. 이것은 오직 무력만이 공수 작전을 멈출 수 있음을 시사했다. 제2차 세계 대전 이후 처음으로 미군 폭격기가 영국 기지에 재배치되었다. 미·소 어느 쪽도 전쟁을 원하지는 않았지만, 전시 협약에 따라 상호 협력하여 독일을 통치할 수 있다는 희망은 이제 사라져 버렸다.

북대서양조약기구 설립

1년 이상 지속된 서베를린 봉쇄를 막아 낸 것은 놀라운 일이었다. 이렇게 할 수 있었던 데에는 진보한 과학 기술도 한몫을 했다. 베를린에 단 하나밖에 없던 공항에는 줄잡아 하루 1,000대의 비행기가 왕래했고, 하루 공급되는 석탄량만 5,000t에 달했다.

하지만 이런 노력의 진정한 의미는 정치적인 데에 있었다. 연합군의 보급은 중단된 적이 없었고, 서베를린 주민들도 겁을 먹지 않았다. 소련 당국은 의도적으로 도시를 양분하고 시장이 집무실에 들어가는 것을 저지함으로써 패배를 최대한 수습했다.

한편 서구 열강은 베를린 봉쇄에 종지부를 찍는 협약을 조인하기 몇 주 전인 1949년 4월, 북대서양조약기구NATO라는 새로운 동맹 체제를 조직하는 조약에 서명했다. 북대서양조약기구는 유럽을 뛰어넘는 기구로 냉전이 낳은 최초의 부산물이었다. 스웨덴, 스위스, 스페인을 제외한 대부분의 서유럽 국가와 미국, 캐나다가 회원국이었다.

북대서양조약기구는 일종의 방어 동맹이었고, 이로써 서방 각국은 어떤 회원국이 공격을 받더라도 회원국 모두가 협력하여 상호 방어하는 체계를 확립했다. 지금은 거의 사라졌지만 미국의 전통이었던 고립 외교 정책과는 완전히 상반된 것이었다.

5월에 새로운 독일연방공화국(서독)이 세 곳의 서방 측 점령 지역에 수립되었고, 10월에는 독일민주공화국(동독)이 동쪽에 설립되었다. 이후 오랫동안 두 개의 독일이 존재하게 되었고, 처칠이 1946년에 예측했던 대로 아드리아 해의 트리에스테에서 발트 해의 스테틴을 잇는 철의 장막을 경계로 오랫동안 냉전이 이어졌다. 하지만 그렇다고 해도 이미 유럽은 특별히 위험한 시기는 넘긴 상황이었다.

한국전쟁

북대서양조약기구 결성은 동·서로 나뉘는 두 개의 유럽만이 아니라 두 개의 세계도 존재할 수 있음을 시사했다. 곧이어 동아시아로 확산된 냉전의 소용돌이는 이러한 상태가

1955년 서독 수상 콘라드 아데나워(1876~1967)를 비롯해 각국의 외무장관들이 나토 이사회에 참석한 모습. 이 회의에서 서독이 공식 인정되었고 북대서양조약기구, 즉 나토는 공산주의에 대한 방어 동맹으로서 자격을 갖게 되었다.

북대서양 조약

"유럽과 북아메리카에서 하나 이상의 회원국에 대한 무력 공격은 전체 회원국들에 대한 공격으로 간주될 것이다. 따라서 그런 무력 공력이 일어나는 경우 각 회원국은 유엔헌장 51조가 인정한 개인적 또는 집단적 자기 방어의 권리를 행사하고, 북대서양 지역의 안보를 회복하고 유지하기 위해, 개별적으로 또는 다른 회원국들과 협력해 무장 군대의 사용을 포함하여 필요하다고 생각되는 행위를 즉시 취함으로써 공격을 받은 회원국 또는 회원국들을 도울 것이다. 이로 인해 취해진 무력 공격과 조치들은 즉시 유엔 안보이사회에 보고될 것이며, 이런 조치들은 안보이사회가 국제 평화와 안보를 회복하고 유지하는 데 필요한 조치를 취했을 때 중단될 것이다."

1949년 북대서양 조약 5조 발췌

미·소 냉전의 역사

제2차 세계 대전은 정치적 성향이 매우 다른 국가들 사이에도 동맹을 체결하게 했다. 하지만 전쟁이 끝나자 이런 동맹은 곧 사라졌다. 미국과 소련은 비록 직접적으로 충돌을 일으키지는 않았지만, 1945년 이후 오랫동안 냉전이라고 불리는 대치 상태에서 서로를 견제했다. '냉전'이라는 말은 1946년 핵에너지를 통제하기 위한 회의가 성과 없이 끝나자 이를 보도하던 기자가 만들어낸 용어였다.

1947년 소련 지도층이 미국의 마셜 플랜을 거부하자 열강 사이의 불화는 전면으로 떠올랐다. 대신 소련은 1949년 경제상호원조회의*를 결성하고 동구 유럽에 소련 체제를 확립했다.

냉전은 꽤 오랫동안 지속되었는데 그 기간은 크게 4단계로 구분할 수 있다. 각 단계는 갈등이 고양되면서 시작되었고, 이어서 관계의 단절, 국지전쟁 등으로 발전되다가 종국에는 화해로 끝났다. 제1단계(1945~1953) 때에는 양 진영 모두 화해 불가능한 입장을 고수하며 대화를 전혀 하지 않았다. 이 단계는 한국전쟁으로 절정을 이루었다. 제2단계(1953~1962)에 접어들자 스탈린 사망 후 등장한 흐루쇼프(흐루시초프)는 아이젠하워 및 그다음 대통령인 존 F. 케네디와 대화를 시작했다. 1962년에 일어난 쿠바 미사일 위기*로 양측은 모두 핵전쟁의 위험을 숙고하게 되었다. 베트남 전쟁의 그늘이 드리워진 제3단계(1962~1973) 시기에는 양대 군사 강국이 전략 무기 보유를 제한하자는 제안을 했다. 양국 모두 과도한 군비 경쟁으로 경제가 힘들었기 때문이었다. 제4단계(1973~1989) 때에는 세계 경제 위기에 공통으로 관심이 집중되었지만 이어진 아프가니스탄 전쟁은 그들의 관계를 다시 흐려 놓았다. 이 단계에는 동·서 갈등은 안정된 반면 남·북 갈등이 새로이 대두되었다는 것이 이전 단계와 다른 점이었다. 1989년 소련군이 아프가니스탄에서 철수하고, 고르바초프가 무장해제를 제안하며 동유럽에서 민주적 변화가 일어나자 세계관은 완전히 변해 버렸다.

* 경제상호원조회의(COMECON)
냉전시대에 소련이 공산국가, 즉 동유럽 공산권의 단결을 위해 만든 경제협력 기구. 소련을 중심으로 불가리아, 헝가리, 폴란드, 루마니아, 체코 이렇게 여섯 나라가 참가했으며, 이외에도 여러 나라들이 다양한 자격으로 이 조직에 관여했다. 마셜 플랜에 대항하고자 만들어진 조직이지만 이후 동유럽의 경제 통합에 더욱 초점을 두었으며, 1991년 해체되었다.

* 쿠바 미사일 위기
1962년 10월 22일~11월 2일, 소련과 미국이 핵전쟁 발발의 위기에 직면했던 국제적인 사건. 소련이 쿠바에 핵미사일 기지를 건설하려 했고, 이를 알게 된 미국이 소련과 대결 구도를 취하고 쿠바의 해상을 봉쇄했다. 이로 인해 냉전 관계는 절정에 이르렀으나, 결국 13일 만에 소련이 미국의 철수 요구를 받아들였다.

1961년 오스트리아 빈에서 열린 미·소 정상회담에 참석한 미국 대통령 존 F. 케네디(오른쪽)와 소련 총리 니키타 흐루쇼프. 국제 관계에서 흐루쇼프는 공격 작전과 우호 작전을 번갈아 사용하면서 큰 성과를 거두었다.

좀 더 오랫동안 세계를 지배할 것 같은 분위기를 형성했다.

1945년 한국은 북위 38도선을 따라 양분되어, 공업 지역인 북부는 소련이, 농업 지역인 남부는 미국이 점령했다. 통일 문제는 결국 유엔에 위임되었다. 나라 전체에서 선거를 실시하려는 노력 끝에 유엔은 남한에 설립된 정부를 한국의 유일한 합법적 정부로 인정했다. 이 무렵 소련 점령 지역 역시 한국 전체의 주권을 주장하는 정부를 설립했다.

소련군과 미군이 모두 철수한 뒤 얼마 되지 않은 1950년 6월 북한은 남한을 침입했다. 스탈린은 이를 미리 알았고 승인했던 것으로 보인다. 유엔 안보이사회는 공격에 대응하기로 결의했고, 트루먼 대통령은 북한의 침입을 저지하기 위해 유엔군의 명의로 미군을 파견했다. 당시 소련은 안보이사회 소집을 보이콧했기 때문에 유엔의 결의를 거부할 수 없었다.

유엔군의 주류를 이룬 것은 미국이었지만 다른 나라들도 곧 파견군을 보내 왔다. 몇 달 안에 연합군은 38선 이북을 치고 올라갔다. 북한은 곧 전복될 것으로 보였다. 하지만 전선이 만주 국경에 가까워지자 중국 공산군이 개입하여 유엔군을 밀어 내기 시작했다.

이제 한국에는 더욱 큰 충돌의 위험이 존재하게 되었다. 중국을 겨냥한 미국의 직접적 행동으로 어쩌면 핵무기를 사용할 가능성까지도 대두되었다. 중국은 세계 제2의 공산국가였고 인구로는 그 규모가 최대였다. 그리고 그 배후에는 소련이 있었다. 당시는 동독의 에르푸르트에서 중국의 상하이까지 모든 땅이 공산국가의 영토였다.

트루먼은 미국이 아시아 대륙에서 전쟁에 휩쓸리면 안 된다는 신중한 주장을 펼쳤다. 이러한 대원칙 아래 치러진 전투에서 비록 중국이 북한을 살릴 수 있을지는 몰라도, 미국의 의지에 반하여 남한을 전복시킬 수는 없다는 점이 분명해졌다. 전쟁이 교착 상태에 빠지자 마침내 휴전협정이 시작되었다.

1953년 당시 미국의 집권당인 공화당은 한목소리로 반공산주의를 지지하고 있었다. 하지만 이전 집권자가 독립된 남한 정부를 지지한다는 의지와 능력을 충분히 보여 주었다고 판단한 데다 냉전의 진정한 중심지는 아시아가 아니라 유럽이라고 여기고 있었기 때문에 무리하게 전쟁을 끌지는 않았다. 휴전협정은 1953년 7월에 조인되었다.

이후 휴전 상황을 공식적인 종전 평화 상태로 전환시키려는 시도가 몇 번 있었지만 아직까지도 성공하지 못했다. 반세기가 지났지만 분단된 남북한 사이의 긴장은 여전히 팽팽하다. 유럽뿐 아니라 동아시아에서도 미국

한국전쟁의 치열한 양상

1950년 한국전쟁으로 초강대국 사이에 존재하는 핵전쟁의 위험이 분명해졌다. 그때까지는 외교적 위기와 국지전이 동·서 간에 다양한 수위의 긴장을 만들어 내고 있긴 했지만, 미국이 핵탄두를 독점하고 있었기에 또다시 세계 대전이 일어날 위험은 없어 보였다. 하지만 소련이 1949년 8월 핵실험에 성공하자 세계는 핵전쟁이 가능함을 깨닫게 되었다. 이때 한국을 두고 양대국이 충돌하자, 지도에서 보이듯이 비록 미·소 두 나라가 직접 전쟁을 한 것은 아니지만 사람들의 두려움은 커져 갔다.

한국전쟁의 주요 전략적 사건이 지도에 표기되어 있다.

은 냉전 시대 최초로 발발한 전투에서 승리했다. 한국에서의 전투는 냉전이 아닌 진짜 전쟁이었고, 그 사상자가 민간인을 포함하여 300만 명에 달하는 것으로 추정된다.

| 스탈린 사후의 소련 |

1953년 한국전쟁의 종지부를 찍는 휴전협정이 조인되기 직전에 스탈린이 사망했다. 당시로서는 그것이 초래할 파장을 정확히 추측하기 어려웠다. 오래지 않아 소련 정책에 어떤 변화가 보이기 시작했지만 그때까지는 그것이 아직 명확하지 않았다.

미국의 아이젠하워 대통령은 소련을 불신하고 있었고, 1950년대 중반에 들어서면서 냉전은 그 어느 때보다도 치열해졌다. 스탈린 사망 직후 후임자들은 소련도 향상된 핵무기인 수소폭탄을 보유하고 있음을 밝혔다. 그것은 어떤 면으로는 스탈린에 대한 마지막 추도식과도 같았다. 핵무기는 세계 대전이 끝난 시기에 소련의 지위를 보장해 주었다.

스탈린은 레닌의 억압 정책을 논리적으로 무장해 더욱 혹독한 정책을 펼쳤지만 레닌보다 훨씬 더 많은 업적을 남겼다. 그는 차르 시대의 제국 대부분을 재건했고, 어떤 혹독한 시련 속에서도 소련에게 살아남을 힘을 주었다. 그러나 단지 히틀러의 지배에서 벗어났다는 사실 하나로 스탈린의 억압 정책이 정당화된 면도 없지 않아 있었고, 만일 그렇지 않았다라면 과연 스탈린이 이러한 업적을 이룰 수 있었을지, 아니면 그 업적이 그렇게까지 얻어 내야 할 가치가 있었던 것인지 의문이 드는 것도 사실이다.

소련, 즉 소비에트 연맹은 강대국이었지만 소련의 구성 국가 중에서 적어도 러시아만은 의심할 여지없이 공산주의가 아니었더라도 강대국이 되었을 것이다. 또한 러시아 국민들은 그간 그들이 겪은 고통에 대한 대가로 국제적 힘이라는 귀중한 소득을 얻었을 것이다.

그러나 전쟁 후 소련인들의 삶은 그 어느 때보다 고달팠다. 소비는 수년간 제한되었고, 정치적 선전 활동과 제약, 경찰의 잔인성은 전쟁 중에만 잠시 완화되었을 뿐 점점 더 심해졌다.

바르샤바 조약

스탈린이 남긴 큰 유산 가운데 하나가 유럽의 분단이었다. 이는 그의 죽음과 함께 더욱 명료해졌고 이후 몇 년간에 걸쳐 확실히 입증되었다. 1953년에는 미국의 경제 원조 덕분에 서유럽의 상당 부분이 재건되었다.

서독과 동독의 격차는 시간이 갈수록 더욱 벌어졌다. 1954년 3월 소련은 동독이 완전한 주권국임을 선포했고, 바로 다음날 서독 대통령은 자국의 재무장을 허용하는 헌법 개정에 서명했다. 1955년 서독은 북대서양 조약기구에 가입했고, 이에 대한 소련의 반

1950년 소련의 선동 포스터는 스탈린이 '레닌의 공산주의 노선'을 옹호하고 있음을 보여 준다. 배경에 보이는 댐은 소련이 전체 소비에트 연방 내에 전력을 공급할 능력이 있음을 상징한다. 외부적으로는 힘과 번영을 드러내 보였지만 대부분의 소련인들에게 가난과 고통은 세계 대전 이후에도 오랫동안 지속되었다.

1955년 오스트리아 평화조약이 조인되었다. 동유럽과 서유럽 사이에 끼어 있는 자신의 취약한 위치를 인식한 오스트리아는 중립국 선언을 했다.

격은 위성국가의 동맹 체제인 바르샤바 조약을 체결하는 것이었다.

베를린의 미래는 아직 불투명했지만 나토 동맹국들이 합의하지 않는 한 베를린의 위상에는 어떤 변화도 없을 것이 분명했다. 동독은 오랜 적들과 합의를 보기로 했고, 오데르-나이세 선을 폴란드와의 국경으로 정했다. 19세기 민족주의자로 구성된 위대한 독일을 실현한다는 히틀러의 꿈은 비스마르크식 독일의 붕괴와 함께 끝이 났다.

역사적인 프로이센 제국은 이제 공산혁명주의자들에 의해 통치되고 있었다. 반면 새로운 서독은 연방국가 구조와 반군국주의 정서로 무장한 채, 비스마르크가 '국가의 적'으로 간주했을 가톨릭교도 사회민주주의 정치가들의 지배를 받고 있었다. 그리하여 유럽을 두 번이나 전쟁으로 초토화시켰던 독일의 힘을 제어해야 하는 난제는 평화조약 없이도 35년 동안 잘 해결되었다.

1955년에는 양대 유럽 진영 사이의 최전선이 마침내 성립했다. 이는 오스트리아가 독립국가로 재부상하면서 점령 동맹군들이 철수하고, 이탈리아와 유고슬라비아의 국경 분쟁이 수습되어 미군과 영국군이 이탈리아의 트리에스테에서 최종적으로 철수하면서 확연해졌다.

양대 경제 체제의 대두

중국 공산주의 정권 확립 이후 이미 전 세계로 확산되고 있던 또 하나의 분단은 이른바 자본주의 경제와 중앙통제 경제의 대립이었다. 이에 대한 책임을 스탈린이나 어느 한 개인에게 돌린다는 것은 당연히 부당한 일이지만 스탈린의 정책이 이 현상을 심화시킨 것만은 사실이다.

1917년 레닌이 소련 사회주의혁명인 10월 혁명을 성공시킨 이후 소련 정치는 자유로운 국제 통상을 방해했다. 게다가 자본주의 경제가 불경기에 접어들고 자구책으로 보호경제 정책까지 사용되면서 경제 대공황이 최고조에 이른 1931년에는 세계 교역에 거대한 혼란이 일어났다. 그리고 1945년 이후부터

세계 대전 후 독일과 중앙 유럽

바르샤바조약은 재무장한 서독의 나토 가입에 대한 반격으로 결성되었다. 1955년 5월 11일 소련, 폴란드, 헝가리, 체코슬로바키아, 동독, 루마니아, 불가리아, 알바니아 등의 국가가 참여한 가운데 바르샤바 회의가 개최되었다. 5월 14일 그들은 '우정, 협력 및 상호원조를 위한 조약'을 체결했다. 조약의 부속조항에 따라 무장군대를 위한 통일최고사령부가 창설되었고, 소련의 코니에프 장군이 사령관으로 임명되었다.

이 지도는 1955년 상황을 보여 준다. 세 개의 서방 측 점령 지역은 독일연방공화국(서독)을 구성했고 소련 점령 지역은 독일민주공화국(동독)을 설립했다. 베를린은 네 개국 점령 상태로 남아 있었다.

과거 그 어떤 때보다 강력하게 세계 시장을 분리시킨 두 가지 큰 경제 체제가 뿌리를 내리기 시작했다. 자원을 분배하는 방식에서 커다란 차이를 보이는 이 두 가지 경제 체제는 먼저 선진국을, 그리고 이어 몇몇 다른 지역을 분리시켰다.

자본주의는 모든 것의 주요 결정 인자가 시장이다. 물론 이것은 이전의 완전한 자유무역 사상이 그리던 시장과는 매우 달라서 국제기관과 국제협약의 상당한 개입이 강요되는, 매우 불완전한 시장이다. 반면 공산주의에서는 정치권력이 모든 경제를 통제하는 결정적인 요소가 된다. 국가 간 교역은 계속되지만 매우 제한적인 차원에서 이루어진다.

양쪽 체제는 처음에는 강하게 대립했지만 시대의 흐름과 함께 모두 변화를 겪었고, 세월이 흐르면서 두 체제 간의 접촉은 급속히 증가했다. 오랫동안 경제 성장의 모델이 된 두 체제 간의 경쟁은 냉전의 정치적 투쟁으로 인해 가열되었고, 사실상 서로에 대한 적대주의를 확산시켰다. 그러나 이것은 결코 정체된 상태로 제자리에 머물러 있지 않았다. 오래지 않아 자본주의 경제 체제는 이전보다 미국의 지배를 덜 받기 시작했고, 공산주의 경제 체제 역시 1950년 이후 소련의 지배가 조금씩 약화되었다.

정도에는 차이가 있었지만 양측 모두 1950~1960년대의 경제 성장을 공유했다. 그러나 이후 시장경제가 조금 더 빠르게 성장하자 두 경제 체제 간에 차츰 격차가 벌어지기 시작했다. 그럼에도 불구하고 두 경제 체제는 1945년에서 1980년대까지 세계경제사의 기본적인 경제 체제 형태로 존재했다.

중국이 사회주의 경제 체제로 들어선 사건은 처음에는 오직 냉전적 시각에서 전략적 균형의 이동으로만 해석되었다. 하지만 스탈린 사망에 임박해서는 남아프리카연방의 정치가 얀 크리스티안 스무츠가 예언했던 대로, "무대는 유럽에서 동아시아와 태평양으로 이미 이동되었다"는 증거가 여러 곳에서 보였다. 비록 독일이 여전히 냉전의 전략적

중심지로 보이긴 했지만 한국전쟁은 세계 역사의 무게중심이 다시 한 번 움직이고 있으며, 이번에는 유럽에서 아시아로 이동하고 있음을 보여 준 최초의 극적인 증거였다.

| 아시아 혁명 |

아시아에서 유럽 세력이 몰락한 후, 신생 아시아 정권들이 자신들의 이해관계와 힘을 인식하면서 아시아 지역에 새로운 변화가 일어났다. 식민 지배자들이 도입했던 국가 형태와 단합은 제국이 물러나자 오래가지 못했다.

인도는 해방의 순간 잠시나마 존재했던 정치적 합의가 무산되었다. 또한 말레이시아와 인도차이나는 이미 1950년 이전부터 비록 자발적으로 수용한 것은 아니었지만 중요한 변화를 겪기 시작했다. 내부의 긴장으로 고전하는 신생국도 있었다. 인도네시아의 경우 중국인의 비중이 너무 커져서 중국 본토에서 일어나는 모든 사건이 인도네시아에까지 덩달아 혼란을 초래할 정도였다.

이들 국가의 정치적 상황이 얼마나 혼란스러운지를 떠나서 그보다 더 큰 문제는 급속한 인구 증가와 경제적 후진성이었다. 이 때문에 아시아 국가 대부분은 유럽 지배의 종말이 해방 전에 기대했던 만큼 큰 변화를 가져오지는 못했다. 큰 변화는 조금 더 후에 다가왔다.

유럽은 한때 아시아 식민국가의 운명을 좌지우지했지만 그것은 대체로 단발적인 것에 그쳤다. 비록 수백만 아시아인의 운명을 쥐

힌두교도들이 인도의 성스러운 도시 하르드와르, 알라하바드, 우자인, 나시크에서 돌아가며 열리는 쿰바 멜라 페스티벌에 참가하고 있다. 수백만 명의 순례자들이 매년 이 축제에 참여한다. 서양 세력의 손길이 미치지 않는 곳에서 이처럼 아시아 고대 전통은 오늘날에도 중요하게 여겨지며 지속되고 있다.

고 흔들었고 수백 년 동안 아시아인의 삶에 영향을 미쳤지만, 식민지에서 유럽 문명을 마음과 가슴으로 접한 이들은 식민지의 엘리트 지배 계층뿐이었다.

아시아에서 유럽 문명은 세계 어느 곳보다 훨씬 막강하고 뿌리 깊은 전통 문화와 경쟁을 할 수밖에 없었다. 아시아 문화는 콜럼버스 이전의 아메리카 문명처럼 쉽게 정복되지 않았다. 그럴 수 없는 대상이었던 것이다. 유럽 문화는 유럽인들의 노력과 아시아인들의 자율적인 근대화 시도를 통해 간접적으로 확산되었지만 아랍·이슬람 문화권에서와 마찬가지로 여러 가지 만만치 않은 장애에 직면해야 했다.

자신이 과거에서 완전히 해방되었다고 믿는 사람들조차 그 심층에 놓인 사고와 행동에는 전혀 변화가 없었다. 고등 교육을 받은 인도 힌두 가정에서도 자녀의 탄생과 중매결혼에는 카스트 제도가 개입되었고, 중국 마르크스주의자들은 비중국권에 대해서 중국인의 전통적 태도를 견지하며 강한 윤리적 우월감을 드러냈다.

두 개의 아시아

세계 역사에서 아시아의 역할을 이해하려면 두 개의 아시아, 즉 서아시아와 동아시아 문명권을 각각 살펴보는 것이 중요하다.

서아시아권은 인도 북부 산악 지역을 경계로 하여 버마(미얀마) 및 타이(태국)의 고원지대와 인도네시아의 거대한 군도로 구성되어 있다. 그 중심지는 인도양이고 역사상 3대 주요 문화의 영향을 받았다. 바로 인도에서 동남쪽으로 전해진 힌두 문명과 인도를 가로질러 동쪽으로 전파된 이슬람 문명 그리고 유럽 문명이었다. 이 3대 문명은 상업 및 종교 활동을 통해 오랫동안 영향을 미쳤고, 이후 비교적 짧은 기간의 정치적 지배를 통해 또다시 영향을 미쳤다.

동아시아권의 주요 세력은 중국이다. 이는 중국이 거대한 영토를 가졌다는 단순한 지리적 사실에서 연유하지만 인구 수치, 인구 이동 그리고 일본, 한국, 인도차이나 등의 동아시아 주변국에 대한 중국의 영향력에도 근거한다. 동아시아권에서 유럽의 정치적 지배는 강도나 지속 기간에 있어 서아시아권에 비할 만한 것이 못 되었다.

| 인도 |

1945년 이후의 혼란기에 동아시아와 서아시아를 구별하여 바라보는 시각은 역사상의 다른 중요한 것들과 마찬가지로 쉽게 간과되곤 했다. 물론 두 지역에는 동일한 노선을 걷는 것처럼 보이는 나라들도 있었다. 특히 두 지

고행자 또는 성자는 인도 전통의 상징 중 하나로 존재한다.

역 모두 분노한 시민들이 서양을 거부한 사례가 있었고, 이들은 친숙해진 서양 언어로 세계 여론에 부당함을 호소하기도 했다. 그런 까닭에 서양인들에게는 혼동을 주기도 했지만, 세계 역사를 온전히 이해하기 위해서는 두 지역을 좀 더 자세히 구분해서 볼 필요가 있다.

서아시아 국가를 대표하는 인도는 해방 후 몇 년 안에 인도 대륙 내에 존재하던 왕국들과 프랑스나 포르투갈 식민지였던 지역들을 민족주의의 기치를 내걸고 공격적으로 병합했다. 이후 인도 보안대는 새로운 공화국 안에서 분리주의나 자치권이라는 이름의 위협 요소가 부상하지 않도록 억누르느라 분주했다.

인도로서는 이런 상황이 불가피한 것일 수도 있었다. 인도의 독립에는 서양식 교육을 받아 자유나 평등사상과 같은 서양의 개념을 익힌 소수 엘리트들의 역할이 큰 몫을 했기 때문이다. 따라서 이러한 엘리트 세력은 새롭게 국가를 건설하려는 인도의 입장에서는 국가에 위협적인 존재로 간주될 수밖에 없었던 것이다.

인도 신정부가 당면한 문제들

신생 독립국 인도의 통치자들은 영국 식민통치 체제의 목표와 제도를 다수 물려받았다. 내각 구조, 헌법 조항, 중앙정부와 지방정부의 권력 분할, 공중 질서 및 안보 유지의 방책 등을 모두 이양 받은 통치자들은 그것들을 공화국의 도장을 찍어서 독립을 얻은 1947년 이전과 거의 다름없이 활용했다.

정부가 천명하는 주된 통치사상은 현대 영국식의 온건하고 관료적인 사회주의였고, 이것은 영국 총독부 시대 말엽 공공사업에 주력하고 대표 선출에 의한 계몽적 전제정치를 편다는 방침과 그리 다를 바가 없는 것이었다.

인도의 통치자들은 각 지방의 선거를 통제하던 지역 인사들의 뿌리 깊은 보수적 저항에 부딪혔다. 이들은 통치자들의 특권을 어떻게든 과거 왕자들의 누리던 특권 수준 이하로 떨어뜨리려고 했다.

그러나 인도가 직면한 갖가지 엄청난 문제에 비하면 이 정도 문제는 아무것도 아니었다. 인구 성장, 낙후된 경제 상황, 빈곤, 문맹, 사회적 분열, 부족 간 분열, 종교적 분열 그리고 독립에 대한 국민들의 커다란 기대 심리 등이 뒤섞여 사회는 극도로 혼란스러워지고 있었다. 분명 대대적인 변화가 필요했다.

네루(1889~1964)가 인도 독립 2주년 기념식을 거행하고 있다.

인도의 아그라 시 거리가 자전거, 오토바이, 보행자들로 북적대고 있다. 인도의 산업화와 농업 혁명은 여전히 미진해 급속히 늘어나는 인구를 먹여 살리지 못했다. 높은 출생률 때문에 도시의 인구 밀도는 날로 높아졌으며 도시화에 따른 농촌 인구의 감소도 최소한에 그쳤을 뿐이다.

1950년 인도의 통치자들은 신헌법 수립을 단행했다. 그러나 이런 새로운 헌법은 현실을 변화시키는 데 아무런 도움이 되지 못했고, 더욱이 일부 헌법은 적어도 10년 내로는 효력을 발휘할 수도 없었다. 심지어 20세기 말엽까지도 인도의 시골 사람들은 전쟁, 자연재해 그리고 통치자의 착취와 그들의 묵인 하에 횡행하던 산적 등으로 인해 여전히 힘든 삶을 영위했다.

많은 인도인들이 여전히 극심한 가난에 시달려 1960년 시골 사람들의 3분의 1 이상이 주당 1달러 이하로 살고 있었다. 또한 도시 주민의 반은 건강 유지에 필요한 최소한의 칼로리도 섭취할 수 없는 수준의 소득으로 살아가고 있었다. 인구 증가가 경제 발전의 발목을 잡고 있었다.

상황이 이렇다 보니 인도 통치자들이 영국 총독의 독재에 비견할 만한 급진적인 비상 권력 조항을 헌법에 삽입한 것은 놀랄 일도 아니었다. 거기에는 '대통령의 통치'라는 조항 속에 주정부의 권한 정지 및 연방정부에 대한 주정부의 종속은 말할 것도 없고 개인의 권리 정지 및 예방적 차원의 구금까지 포함되어 있었다.

인도와 파키스탄의 대립

'신생국' 인도의 여러 문제점과 사회 불안은 인접국 파키스탄과 분쟁에 돌입하면서 더욱 악화되었다. 처음 긴장이 고조된 카슈미르 지역은 힌두교도 왕이 이슬람교도가 대다수인 주민을 통치하던 곳이다. 이미 1947년 이슬람교도들이 파키스탄과의 통일을 꾀하다가 싸움이 일어났던 전력이 있는 지역이었다.

당시 카슈미르 왕은 인도에 도움을 요청했고, 곧 인도 공화국에 합류했다. 이때 카슈미르 내 이슬람교도 대변인들 사이에 내분이 일어나면서 사태가 더욱 복잡한 양상으로 치달았다. 유엔 안보이사회는 국민투표 실시를 권유했으나 인도는 이를 거부했다. 결국 카슈미르의 3분의 2가 인도 통치 지역으로 남게 되었고, 이후 인도와 파키스탄 사이에는 피고름 나는 상처가 지속되었다. 전투는 1949년에 끝났지만 그 후 1965~1966년, 1969~1970년에 또다시 싸움이 재개되었다.

당시 주요 문제는 영토 분할과 인더스 강의 사용에 대한 것이었다. 1971년 이슬람교도지만 벵갈어를 사용하는 동파키스탄이 인도의 후원 아래 새로운 국가로 떨어져 나오자 다시금 전투가 벌어졌다. 이로써 종교적 단일성만으로 한 국가가 유지되기는 힘들다는 사실이 증명되었다. 동파키스탄의 새로운 국가인 방글라데시 역시 머지않아 인도나 파키스탄보다 더 심한 경제 문제에 직면했다.

인도의 정치적 동맹

이런 질곡의 시대에 인도 통치자들은 커다란 야심을 보이며, 때로는 다른 민족들의 이해관계를 노골적으로 무시하기도 했다. 인도의

신생국 방글라데시가 당면한 문제는 연이은 천재로 더욱 악화되었다. 사진은 정기적으로 강타하는 사이클론에 의해 홍수가 일어난 모습이다.

야심으로 인해 야기된 주변 국가들의 분노는 냉전이라는 세계정세와 맞물려 더욱 복잡해졌다. 인도의 네루 총리가 인도는 미·소 어느 편도 들지 않겠다고 중립을 선언했던 것이다. 1950년대에 이 말은 인도가 미국보다는 소련이나 중국과 더 돈독한 관계를 유지할 수 있음을 의미하는 것이었다.

실제로 네루는 종종 과감하게 미국의 행동을 비난하곤 했는데, 이는 일부 지지자에게 인도가 진보적인 '비동맹' 평화주의 민주국가라는 확신을 심어 주기에 충분했다. 그러했기에 1959년 네루 정부가 지난 3년 동안 아무 공식 발표 없이 중국과 북방 국경 문제로 마찰을 빚어 왔다는 소식을 접했을 때 네루의 지지자들뿐만 아니라 인도 국민들까지 큰 충격을 받았다.

1962년 말 대규모 분쟁이 시작되었다. 네루는 미국에 군사 원조를 요청하는 믿을 수 없는 조치를 취했고, 더욱 믿을 수 없는 것은 그가 그 원조를 받았을 뿐 아니라 동시에 소련으로부터도 원조를 받았다는 사실이었다.

당연히 신생국 파키스탄은 인도의 우방국과 수교하지 않았다.

파키스탄은 원래 인도보다 훨씬 더 취약한 상태에 있었고 경험 많은 공직자가 별로 없었다. 또한 파키스탄은 시작부터 두 지역으

1958~1973년 파키스탄의 군사 독재 정권은 우세를 점한 이슬람교도들의 소수 독재 정치였다. 1973~1977년에는 줄피카르 알리 부토(1928~1979)가 시민 정부를 설립하려 했지만 쿠데타가 일어나 또 다른 군사 독재 정권이 들어섰다. 사진에 보이는 베나지르 부토(1953~)는 알리 부토의 딸로 1988년 파키스탄 최초의 여성 수상이 되어 군부와의 합의 하에 1990년까지 효율적인 정치를 펼쳤다.

로 분할되었을 뿐만 아니라 이와 거의 동시에 가장 능력 있는 지도자인 진나를 잃었다.

과거 식민 통치 하에서도 이슬람교도 지도자들은 항상 직접 민주주의의 형태보다는 의회를 더 신임했다. 다시 말해 파키스탄은 인도에 대항할 수 있는 군사적인 생존 능력을 키우고, 토지개혁을 포함한 경제적 발전 및 이슬람 법도의 보존을 추구하는 독재주의 장성들에 의해 주로 통치되었던 것이다.

제3세계

인도의 서양 우방국들은 독립 이후 인도의 정책에 때때로 실망했지만 파키스탄은 애초부터 인도에 별로 기대하는 것이 없었다. 파키스탄이 공식 이슬람 국가라는 사실은 언제나 인도와 일정한 거리를 두게 했다.

반면 인도는 헌법상 비종교 국가로 국교가 없었다. 이는 언뜻 보면 서구적 자세로 보이지만 그보다는 혼합주의적인 문화 전통에 따른 것으로 볼 수 있다. 그리고 사실 비종교 국가이긴 해도 대다수는 힌두교도로 구성되어 있었다.

인도에 인접한 파키스탄은 이슬람 국가인 만큼 국내 문제는 이슬람식으로 다스렸지만 외교 문제에서는 종교적 차이보다는 냉전에 더 큰 영향을 받았다. 이런 상황에서 1955년 스물아홉 개 아시아 및 아프리카 국가가 인도네시아에 모여 반둥회의를 열고 중립 또는 '비동맹' 선언을 하면서 국가들 사이에 새로운 관계가 이루어지자 아시아 정치는 더욱 혼란스러워졌다.

이 회의에 참석한 국가들은 중국을 제외하면 대부분 과거에 식민지라는 암흑기를 거친 약소국가들이었다. 유럽에서는 유고슬라비아가 그들과 합류했다. 그들은 곤궁했고 소련보다는 미국을 더 의심했으며, 미·소보다는 중국에 더 이끌렸다.

이들은 이후에 '제3세계'라고 불리기 시작했다. 이 이름은 1789년 프랑스대혁명의 원동력이었으며 법적 혜택을 누리지 못했던 프랑스의 '제3계급'을 의식적으로 떠올리며 프랑스 기자가 만들어 낸 이름이었다. 이 이름

반둥회의

1955년 인도네시아에서 개최된 반둥회의는 최근 독립한 29개국 대표들이 참석하여 이들이 함께 당면한 정치, 경제, 문화에 대한 여러 문제를 토의했다. 이 회의에서 결정된 사항들은 이런 것들이었다. 아프리카 및 아시아 국가들의 독립과 평등, 식민주의에 대한 비난, 인권 존중, 타국의 내부 문제에 대한 불간섭주의, 특정 권력의 사적 이해를 선호하는 집단적 동의에 대한 불참, 모든 국가가 자국을 방어할 권리 인정 그리고 비동맹 국가 운동의 창립 등이 그것이다.

하지만 유고슬라비아 대통령 티토가 옹호한 엄격한 중립 정책은 시행될 가능성이 별로 없었다. 급진주의 국가들, 다시 말해 주로 쿠바가 지원하는 아프리카 국가들은 반제국주의 투쟁에 우선순위를 두는 공격적인 정책을 펴고 있었다. 반면 인도가 이끄는 온건주의 국가들은 동·서 문제의 해결을 더욱 강조했다.

이집트의 나세르 대통령. 그는 인도의 네루 수상, 유고슬라비아의 티토 대통령과 함께 반둥회의의 핵심 지도자였다.

티토 대통령이 유고슬라비아의 목표로 설정한 자급자족 경제 모델을 유지, 개발하기 위해서는 서방의 원조를 얻어야 했다. 유고슬라비아는 미국과 IMF로부터 많은 차관을 도입했는데 이로 인해 공산권 내의 다른 나라들과 갈등이 고조되었다. 티토는 국제 문제에 있어 중립성과 비동맹 정책을 발전시키려고 했다. 사진은 1953년 유고슬라비아의 수도인 스코피예에서 군중에게 연설하는 티토 대통령.

은 이들 국가가 강대국으로부터 무시를 당했고 선진국이 누리는 경제적 혜택에서 제외되었음을 시사했다.

설명이 그럴싸하긴 하나 제3세계라는 표현은 실제로 개별 회원국과 선진국 사이의 관계가 각각 다르다는 중요한 차이점을 담지 못하고 있다. 따라서 제3세계의 정치적 응집성이 결국 오래가지 못한 것은 그다지 놀랄 일은 아니다. 1955년 이후 제3세계 국가들은 외부 간의 분쟁보다는 내전과 국내 전쟁으로 죽은 사람의 수가 더 많았다.

아시아의 냉전

제2차 세계 대전이 끝난 지 10년이 되어 열린 반둥회의는 약소국들도 의지만 있으면 힘을 발휘할 수 있다는 사실을 강대국들이 인정하지 않을 수 없게 만들었다. 강대국들은 냉전의 동맹국을 찾는 과정에서 이 사실을 무시할 수 없었다.

1960년에 이르러 이미 중국과 소련의 이해 관계가 엇갈릴 수 있다는 분명한 징조가 보이면서 중·소는 각기 후진국들과 노선을 표명하지 않은 국가들의 지도층을 공략했다. 이 같은 분열은 처음에는 중국과 소련이 유고슬라비아에 대해 상이한 태도를 보이면서 완곡하게 나타나다가 종국에는 전 세계적인 경쟁 상황으로 이어졌다.

시간이 흐름에 따라 파키스탄은 미국과의 조약에도 불구하고 중국과 더 가까워졌고, 반면에 인도는 소련과 더 가까워졌다. 1965년 파키스탄은 인도와의 전쟁에 사용할 무기 공급을 미국이 거절하자 중국에 도움을 청했다. 하지만 파키스탄은 기대 이하의 도움밖에 받지 못했다. 이것은 1960년대 국제 문제에 나타나기 시작한 새로운 변화의 징조로 해석된다.

소련과 중국 못지않게 미국도 이를 좌시할 수는 없었다. 냉전 때문에 아시아에 대한 미국의 역할에 역설적인 변화가 일어났다. 동맹 제국을 해체시킬 정도로 큰 역할을 한 반식민주의 옹호자였던 미국이 이제 일부 지역에서 오히려 식민 제국의 계승자 역할을 했던 것이다. 이 같은 역할 변화는 미국이 오랫동안 도움을 주었지만 보답을 받지 못했던 서아시아권이 아니라 동아시아권에서 일어났다.

인도네시아 독립

강대국과 아시아 국가 간에는 여러 가지 난관이 계속 이어졌다. 인도네시아 역시 그런 복잡한 국제정세와 무관하지 않았다. 인도네시아의 넓게 펼쳐진 영토에는 다종다양한 수많은 사람이 살고 있었고, 그만큼 그들의 관심사도 제각기 달랐다. 수마트라와 자바 섬은 기본적으로 힌두 문화 지역이지만, 표면상으로 인도네시아는 단일 정부 하에 이슬람교도가 세계 최대인 나라다.

13세기부터 아랍 상인들에 의해 이슬람교가 전파된 이래 인도네시아에는 국민의 80% 이상이 이슬람교도로 간주되기에 이르렀다. 물론 전통적인 원시 신앙인 애니미즘 역시 그들에게는 중요하게 여겨졌다. 또한 인도네시아에는 중국인 화교 사회가 깊게 뿌리를 내려 식민지 시대에는 이들이 절대적인 부를 누리며 행정직에 대거 진출했다.

식민 통치자였던 네덜란드가 떠나고 식민지 억압에서 풀려나자 집단적 긴장이 해소되었고, 이와 동시에 인구 과밀, 빈곤, 인플레이션 같은 식민 시대 이후에 발생하는 문제들이 감지되기 시작했다.

대통령 직을 박탈당한 수카르노

1950년대에 들어서 인도네시아 신공화국의 중앙정부는 점점 더 국민의 반감을 샀다. 1957년이 되자 수마트라에서 무장반란이 일어났고, 다른 지역에서도 사회 불안이 가중되었다. 반대파의 관심을 네덜란드의 서뉴기니 점령 반대 같은 민족주의 열정 쪽으로 회유하

인도네시아의 악명 높은 살렘브라 감옥에서 공산주의자 죄수들이 '재교육'의 일환으로 정치 공부를 하고 있다.

는 전통적 수법도 더 이상 통하지 않았다.

수카르노에 대한 대중의 지지는 회복되지 않았다. 수카르노 정부는 이미 새 국가가 출범할 당시의 자유로운 형태가 아니었다. 1960년 의회 해산에 이어 1963년 수카르노는 종신 대통령이 되었다. 그런데도 미국은 수카르노가 중국에 지원을 요청할까 두려워하여 지원을 계속했다. 그리고 그 덕분에 수카르노는 서뉴기니에서 곧 출범하게 될 독립국을 삼켜 버릴 수 있었다.

이후 수카르노의 관심은 1957년 동남아시아에 흩어진 영국 점령지 파편들을 합쳐 만들어진 신생 말레이시아 연합국으로 향했다. 하지만 말레이시아는 영국의 도움을 받아 보르네오, 사라와크 및 본토에 닥친 인도네시아의 공격을 막아 냈다. 비록 여전히 미국의 후원을 받고는 있었지만 이 실패는 수카르노에게 전환점이 되었다.

정확히 무슨 일이 일어났는지는 여전히 모호하지만, 식량 부족과 인플레이션이 걷잡을 수 없게 되자 쿠데타가 일어났고, 쿠데타를 진압한 육군 지도부는 그 배후에 공산주의자들이 있다고 발표했다.

마오쩌둥은 최소한 인도네시아가 공산주의 혁명을 수출하는 전진 기지 역할을 해주기를 바랐을지도 모른다. 수카르노가 다른 정치가들을 견제하는 세력으로 이용했던 공산당은 한때 규모가 세계 3위였다고 일컬어지던 집단이다. 실제로 공산주의자들이 점령을 하려 했든 그렇지 않았든 사람들은 경제적 위기를 구실로 내세워 공산주의자들을 견제하기 시작했다. 사회 분위기는 점점 불안해져 갔다. 대중의 사랑을 받는 인도네시아의 전통 그림자 극장에서 몇 달 동안이나 기본 레퍼토리의 하나로 상영되던 고대 힌두 서사 대작에는 닥쳐올 변화에 대한 정치적 암시가 넘쳐났다.

인도네시아의 수카르노 대통령(1902~1970)

1965년 드디어 폭풍이 불어 닥쳤다. 반란을 일으킨 공산주의자들에 대한 대대적인 숙청이 이뤄진 것이다. 수카르노가 도움을 청했을 수도 있는 공산주의자들이 제거되는 동안 육군은 모르는 척 뒤로 물러서 있었다. 이 인민 대학살로 인한 사망자는 25만~50만 명 정도로 추정된다. 이 일로 인해 수카르노는 이듬해 종신직을 박탈당했고, 이후 굳건한 반공주의 정부가 정권을 잡으면서 인도네시아는 중국과 외교 관계를 단절했다. 이 관계는 1990년이 되어서야 비로소 회복된다.

인도네시아 정부는 1965년 공산 쿠데타의 패배자들 중 일부를 지금까지 감금하고 있다. 가끔씩 반공산주의 투쟁을 엄숙히 실행한다는 증거로서, 그리고 유사 범죄를 시도하지 못하도록 확실히 하는 의미에서 그들 중 몇 명씩을 교수형에 처하고 있다.

역설적으로 들릴지 모르겠지만, 미국이 인도네시아에 계속해서 지원을 했던 이유는 강한 민족주의 국가야말로 공산주의에 대한 최대의 방어막이라는 믿음 때문이었다. 최근 40년간 동아시아의 역사는 그것을 입증했다.

중국의 세력 강화

1960년에 이르러 싱가포르 동쪽에서 나타난 두드러진 현실은 중국의 세력이 재부상했다는 것이다. 대한민국과 일본은 성공적으로 공산주의를 막아 냈다. 하지만 이들은 중국 공산 혁명의 덕을 보기도 했다. 바로 서양에 대해 영향력을 행사할 수 있게 된 것이었다.

역사적으로 동아시아인들은 인도양 주변 국가들보다 성공적으로 유럽 세력을 막아 냈고, 제2차 세계 대전 이후에는 공산주의건 반공주의건 그들 독립의 울타리를 지켜 냈으며 중국의 직접적인 조종에 말려들지 않는 능력을 보여 주었다. 이 같은 능력은 역설적으로 말하면 중국의 수백 년 역사에서 보듯이 사회의 깊고 다각적인 보수주의와 연관되어 있다고 할 수 있다.

동아시아인들은 건설적인 사회를 구현하고자 하는 집단적인 성실성과 절제력, 개인주의가 아닌 권위와 위계질서를 존중하는 문화 등에 자긍심을 갖고 있었다. 이것은 서양인들과는 아주 다른 특징이었다. 이런 보수주의적 전통 덕분에 동아시아인들은 중국 공산 혁명보다 훨씬 더 뿌리 깊은 능력을 끌어낼 수 있었던 것이다. 실제로 중국의 공산 혁명도 동아시아들의 이러한 문화적 배경을 알아야만 이해가 가능하다.

회복되는 중국

1949년 중국 공산 혁명이 승리하면서 중국에는 공산당이 집권했다. 베이징은 다시 한 번 중국의 수도가 되었다. 이 결정에는 중국 지도층이 1세기 이상 당면했던 해상 침입의 위협보다는 북방의 국경 침입 압박을 조금 더 의식했다는 해석도 있었다. 어쨌든 새 중국을 처음으로 인정해 준 나라는 소련이었고

이전에 영국의 왕령 식민지였던 싱가포르는 1959년 활기찬 새 자율 정부를 세웠다. 1963년 싱가포르는 말레이시아 연방에 가입했지만, 1965년 다시 독립공화국으로 분리했다. 현재 싱가포르는 활발한 상업 중심지로서 동남아시아에서 가장 좋은 통신망을 자랑하는, 소위 '아시아의 호랑이들' 가운데 하나가 되었다.

그 뒤를 이어 영국, 인도, 버마가 인정했다.

냉전과는 거리가 있었고 국민당 역시 몰락해 버린 상황에서 새로운 중국에 위협이 될 만한 것은 없었다. 따라서 중국 지도층은 진작 했어야 할 근대화라는 매우 어려운 과제에 몰두할 수 있었다.

타이완(대만)에 갇힌 국민당*은 당장은 제거할 수 없다 해도 한동안 무시할 수 있었다. 이와 달리 1950년 유엔군이 만주의 압록강 전선을 향해 접근하는 중대한 위협에 직면했을 때 중국은 강력하고 즉각적인 반응을 보이며 한국에 대대적으로 군대를 파견했다.

하지만 중국의 새로운 지도층이 더욱 골몰했던 문제는 국가의 내부 상황이었다. 빈곤은 보편적인 상황이었고 질병과 영양 결핍도 만연했다. 물자 조달과 건설 및 개축은 이미 오래된 현안이었고 인구 증가로 인한 문제 역시 심각했으며, 지난 세기 구체제의 몰락이 초래한 윤리적·사상적 공백 역시 시급히 해결해야 했다.

개혁은 농부들로부터 시작됐다. 공산 혁명

1949년 밭에서 일하는 중국 어린이들. 공산 혁명 전에는 중국 토지의 50%가 인구의 4%에 불과한 지주 소유였다. 지주는 대부분의 농부들과 영구적 부채 관계에 있는 막강한 거물들이었다.

이 승리한 1949년이라는 숫자는 별 의미가 없다. 1920년대 이후부터 공산당 지배 지역에서는 이미 농부들이 주축이 되어 토지개혁이 시행되고 있었다. 1956년에 이르러 중국의 농장은 마을의 사회적 변형으로 인해 집단화되었는데, 이는 새로운 단위 농장의 통제권을 주민들에게 주기 위한 것이었다. 더 본질적인 변화는 마을 지도층과 지주의 타도였다.

이런 변화를 이루는 과정에서 빈번히 폭력이 난무했고, 그로 인한 희생자 역시 대단히 많았다. 중화인민공화국 건국 5년 동안 80만 명에 달하는 중국인이 '숙청되었다'고 한 마

* 국민당
1919년 쑨원을 중심으로 결성된 중화민국의 정당. 삼민주의(민족주의, 민권주의, 민생주의의 3원칙)를 바탕으로 한다. 1927년 난징에 국민 정부를 수립했으나 제2차 세계 대전 후 공산당과의 내전에서 패하여 1949년에 정부를 타이완으로 옮겼다.

베이징 인근의 집단 농장. 1950년대에 마오쩌둥의 토지개혁 이후 이런 집단 농장이 다수 생성되었다.

오쩌뚱의 말에 비추어 볼 때 그보다 많으면 많았지 적지는 않았을 것 같다.

한편 산업화는 중국이 유일하게 보고 배울 수 있었던 소련의 도움으로 이미 진행되고 있었다. 소련을 모델로 선택하여 1953년에 시작한 경제개발 5개년 계획은 놀라운 성공을 거두었다. 1956년 그로 인한 국내순생산의 증가는 식량 생산 증가를 훨씬 웃돌았다. 중국은 이미 인도와 대조적인 결과를 보이기 시작했고 이런 차이는 시간이 지나면서 점점 더 극명해졌다.

중국의 외교 문제

중국은 오랫동안 공산 진영의 피상적 단합으로 독립의 의미가 희석되고 미국의 지속적인 거부권 행사로 유엔 회원국도 될 수 없었지만, 1950년대 중반을 넘어서면서 다시 한 번 대외적으로 영향력이 큰 나라가 되었다.

1950년 체결된 중·소 조약은 미국의 입장에서는 중국이 냉전에 가담하고 있다는 증거로 해석되었다. 분명 중국 정권은 공산주의였고 혁명과 반식민주의를 표명하고 있었으니, 중국의 선택은 냉전에 가담한 것으로 평가될 수밖에 없었다.

하지만 조금 더 장기적 안목으로 보면 중국의 공산주의 정책에는 처음부터 냉전보다는 전통적인 관심사가 더욱 짙게 드러났다. 중국은 공산국가 건국 초기부터 과거에 늘 보완하려고 했던 영역에서 중국의 지배력을 재확립하려는 데 관심을 보였다.

중국이 한국전쟁에 개입한 것도 그들이 그만큼 만주 지역의 안보 문제에 민감했기 때문이었다. 한반도는 이미 오래전부터 중국과 일본 사이의 제국주의적 분쟁이 끊이지 않았던 지역이었다. 1951년 중국이 티베트를 점령한 것은 수세기 동안 중국의 종주권 하에 있던 나라를 침략한 사례 중 하나였다. 하지만 중국 변방 지역의 지배권을 재확보하기를 원하는 국민적 요구 중에서도 가장 컸던 것은 국민당 정부를 타이완에서 추방하라는 것이었다.

타이완은 1895년에 일본에 의해 점령당했다가 1945년에 중국이 잠시 되찾았던 땅이었다. 1955년이 되자 미국은 타이완 정부를 지원하는 데에 매우 깊이 발을 들여놓아 미국 대통령은 타이완뿐 아니라 타이완의 방위에 긴요한 중국 해안선의 작은 섬들까지 보호하겠다고 선언했다.

근 10여 년 동안 미국은 타이완 지원과 더불어 중국 문제에 관여했다. 여기에는 이제까지 미국이 박애주의와 선교사업을 통해 오랫동안 지원했던 중국으로부터 퇴짜를 맞았다는 심리도 작용했던 것으로 보인다. 미국의 관심이 하도 커서 때로는 중국이라는 외부 문제가 미국 전체를 좌지우지하는 것처럼 보일 지경이었다.

반면 인도와 소련은 1950년대에 타이완 문제는 중국의 내부 문제라는 명목으로 타이완이 아닌 중국을 후원하고 있었다. 그런 까닭에 1960년대에 중국이 이들 두 나라와 분쟁을 일으킨 것은 더욱 큰 사건으로 떠올랐다.

중국 우한武漢의 공장에서 일하는 철강 노동자. 제1차 경제개발 5개년 계획은 중공업 및 경공업의 국유화와 함께 중국을 사회주의로 돌진시켰다.

티베트의 산악 지역을 담은 이 사진에는 저 멀리 에베레스트 산이, 그리고 바로 앞에는 롱북 승원이 있다. 인구가 희박한 이 히말라야 산악 국가를 점령하면서 중국은 인도와 짧은 전쟁을 치렀다.

중국과 인도

인도와의 분쟁은 중국이 티베트를 점령하면서 시작되었다. 1959년 중국이 티베트 장악의 고삐를 더욱 조여 갔을 때에도 인도는 여전히 기본적으로는 중국에 호의적이었고, 티베트 망명자들이 인도 땅에 망명 정부를 세우지 못하도록 억압했다. 하지만 이 무렵 이미 한참 전에 시작되었던 영토 분쟁이 충돌 국면으로 치닫고 있었다.

1914년 영국과 티베트의 협상에 의해 설정된 중국-인도 국경이 있었는데, 중국은 이를 인정할 수 없을 뿐 아니라 어떤 중국 정부도 그 협상을 공식적으로 수용한 적이 없었다고 선언했다. 중국의 천년 역사에 비추어 볼 때 이 지역의 지배 형태가 지난 40년간 달라진 것은 전혀 의미가 없다는 것이었다.

그 결과 1962년 가을, 충돌은 더욱 치열해졌고 네루는 분쟁 지역에서 중국군의 철수를 요구했다. 그해 말 중국의 제안으로 정전이 되었지만 결과는 인도의 패배였다.

중국과 소련

1963년 초 중국 공산당이 하루아침에 소련을 가차 없이 비난하는 소리에 세계는 깜짝 놀랐다. 중국은 소련이 인도를 도왔으며, 적의의 표시로 중국에 대한 군사 경제 원조를 이미 3년 전에 중단했다고 주장했다. 이 싸움에는 여러 가지 복잡한 원인이 내재했지만, 문제를 근원적으로 해결할 방법은 없어 보였다.

마오쩌둥을 포함한 일부 중국 공산주의자들은 1920년대로 거슬러 올라가 생각해 보지 않을 수 없었다. 그 당시에는 중국의 이해관계가 소련의 해석에 따라 좌지우지되던 때였다. 그때 이후로 중국 공산당 지도층에는 언제나 친소 세력과 토착 세력 사이에 갈등이 있었다. 마오쩌둥 자신은 후자에 속했다. 불행히도 이런 미묘한 문제를 해결하려면 중국이 소련 정책을 반대하는 이유를 전 세계에 이해시켜야 하는데 그것은 쉽지가 않은 일이었다.

당시 소련의 새 지도층은 스탈린 신화에서

중국의 집단화

집단화의 최고 수위라고 할 수 있는 집단 농장이 최고조에 달하기 전 중국의 농업은 여러 단계를 거쳐 발전했다. 1955년에는 30~40가구가 모여 이룬 '준사회주의 생산 협동조합'이 출현했다. 그리고 1956년에는 100~130가구가 결성된 '사회주의 협동조합'이 출현하여 대隊와 조로 세분되었고, 이후 마침내 집단 농장이 등장했다.

대약진 운동에서는 74만 개의 사회주의 협동조합을 합하여 평균 4,634가구가 포함된 2만 6,000개의 집단 농장을 결성했다. 하지만 1962년부터 조직이 너무 커져서 관리의 효율성이 떨어졌기 때문에 다시 2만 6,000개의 집단 농장을 분할하여 7만 4,000개로 만들어 이제 각 집단 농장에서는 이전에 비해 3분의 1의 땅과 노동력만을 사용하게 되었다.

집단 농장 내 최소 단위는 생산조이다. 각 조는 15만~20만 m²의 땅을 경작했고, 여기에 사유지에서 재배하는 작물과 가축 사육으로 식량을 보충했다.

각 집단 농장에는 12~13개의 생산대가 있었고, 각 생산대에는 7~8개 생산조가 있었다. 대부분의 집단 농장에는 중요한 역할을 하는 사회 서비스 센터가 있어 2차 교육과 병원 진료를 담당했다. 또한 세금 징수, 공공 안전, 호적 관리 등의 업무를 처리했고 잉여 생산품 판매도 담당했다.

중국의 집단 농장은 고도로 조직화된 기구를 가졌음에도 불구하고 각 농장이 처한 지역 환경과 도시 시장과의 연대성 차이 때문에 균일화와는 거리가 멀었다.

최초의 중국 집단 농장은 7~8가구가 모여 농기구와 짐을 끄는 짐승을 공유하면서 형성되었다. 이러한 '상조相助 근로조'의 구성원들은 후에 트랙터를 공유하게 되었다. 사진은 선양瀋陽의 집단 농장에서 농부들이 트랙터를 몰고 가는 모습이다.

벗어나려고 하고 있었다. 우연히도 이런 상황 때문에 중국은 실제로는 비스탈린 노선을 추구하고 있었지만 공식 발언에서는 스탈린보다 더 스탈린주의자처럼 보이게 되었다.

1963년의 이런 상황을 이해하려면 중·소 관계의 오래전 과거를 상기하는 것이 도움이 될 것이다. 중국 공산당이 창당되기 오래전 중국 혁명은 국가 재건 운동이었다. 그 주요 목적 중 하나는 외세에 넘겨준 중국의 주권을 되찾는 것이었고, 그런 외세 중 가장 두드러진 것이 소련이었다.

소련의 중국 영토 침입은 표트르 대제 시대로 거슬러 올라간다. 이후 러시아 제국의 차르 시대를 거쳐 소련 시대까지도 침입은 계속되었다. 1914년 차르는 중앙아시아의 탄누투바에 보호령을 설치했고, 1944년 소련이 이를 합병했다. 1945년에는 소련군이 만주와 중국 북부를 점령하여 1900년 당시 차르 시대의 동아시아를 다시 구현했다.

소련군은 중국의 신장新疆에는 1949년까지, 그리고 아더 항에는 1955년까지 주둔했다. 몽골에는 1920년대에 설립한 몽골인민공화국이라는 위성국가를 남겼다. 몽골이 포함된다면 7,200km에 달하는 긴 국경을 중국과 소련이 마주하고 있는 상황이었다. 이처럼 기다란 경계선에서는 언제든 분쟁이 일어날 가능성이 엄청나게 컸다.

마오쩌둥의 개인적 체험도 미·소 간의 갈등에 매우 중요한 영향을 미쳤던 것 같다. 비록 그의 사상적 기반은 마르크스주의였고 마르크스의 방식이 중국의 어려움을 설명하는 데 유용하긴 했지만, 그는 마르크스 사상을 받아들이면서도 언제나 여기에 약간의 실용주의를 더하여 해석했던 것으로 보인다.

체험으로부터 얻은 교훈을 굳게 믿었기에 마오쩌둥은 볼셰비키 시대의 마르크스주의적 독단을 피했고, 소련식도 비자본주의 방식도 아닌 중국식 마르크스주의를 고수했다. 마오쩌둥은 지식과 사상에 대해 주로 공리적이고 윤리적인 태도를 유지했고, 이는 중국 전통과 부합되는 것이었다.

그의 세계관은 공산주의적 변증법의 범주에 속하지 않았다. 그는 비현실적인 정반합의 이론보다는 현실적인 힘의 대립을 더 중요하게 생각했던 것이다. 또한 인간은 그런 현실 세계에서 도덕적으로 가치 있고 창조적인 변화를 이끌어 내기 위해 언제나 자신의 의지를 발휘할 수 있는 존재라고 보았다.

마오쩌둥의 중국

중국 공산당과 마오쩌둥의 관계가 언제나 원만했던 것은 아니었다. 자연재해로 인해 도시 공산주의가 와해되자 농민을 중심으로 한 마오쩌둥의 정책이 처음으로 빛을 발하기 시작했다. 1930년대 초 일시적으로 세력이 주춤하긴 했지만 1935년 이후로 마오쩌둥은 실질적으로 당내 1인자가 되었다.

마오쩌둥을 지지하는 농민 세력의 영향력은 매우 컸다. 차후 거대한 국제적 영향력을 행사할 수 있는 길 또한 마오쩌둥에게 열렸다. 혁명적 노동 계급을 배출하려면 산업 발전이 필요하다는 정통 마르크스주의자들의 주장이 설득력을 잃은 마당에, 농촌에서 시작하여 도시로 번져 가는 장기적인 혁명 전쟁은 더욱 유망하게 보일 수밖에 없었다.

1963년 공식화된 중·소 이념 분쟁은 결국 전체 공산권에 분규를 일으켰다. 소련의 부적절한 언행은 이 갈등을 더욱 부채질했다. 소련 지도층은 다른 서양 제국주의자들과 마찬가지로 종종 아시아 동맹국의 정서를 이해하지 못하는 부주의를 범했다. 일례로 흐루쇼프(흐루시초프)는 이전에 몇몇 소련인들과 중국 여행을 하던 중에 자신들이 "중국 체제의 원시적 형태를 비웃곤 했다"며 조롱하기도 했다.

중국은 1958년 마오쩌둥이 펼친 대약진 운동을 통한 경제 공세가 실패하고 이어서 엄청난 홍수가 일어나는 자연재해의 타격을 받았다. 이런 상황에서 1960년 소련의 경제 군사 원조 철회는 중국에게는 중대한 모욕이었다.

대약진 운동의 목표는 2만 5,000개의 집단 농장으로 경제의 중앙 집중화를 방지하여, 중앙통제적인 소련식 사회주의 모델이 품고 있는 관료주의적 위험을 몰아내고, 이전의 정권을 지지했던 지방 세력들의 참여를 직접적으로 이끌어 내는 것이었다. 하지만 이 대약진 운동은 무참히 실패했고 그로 인해 마오쩌둥의 위상 역시 큰 타격을 받았다.

상승하는 중국의 자신감

마오쩌둥의 적수들은 일치단결하여 다시 한 번 중국 경제를 근대화 노선으로 되돌리려

소련과 중국의 분열은 1961년 10월 소련 공산당 제23차 대회에서 시작되었다. 1962년 12월 사진에 보이는 흐루쇼프는 중국 영토 내에 있는 마카오와 홍콩을 제국주의자 손에 남아 있도록 허용한 것에 대해 중국을 공공연히 공격했다. 1963년 내내 양국 공산당은 공개서한을 통해 서로를 비난했다.

했다. 당시 세인의 이목을 집중시킨 사건은 1964년 중국의 핵실험이었다. 이제 중국은 극히 배타적인 클럽에 들어갈 수 있는 입장권을 비싼 값에 입수한 격이었다. 하지만 당장 중국 정권이 당면한 더 중요한 현실은 중국인의 기아 문제를 해결하여 인민의 충성을 유지하는 것이었다.

비록 이전만큼 증가세가 가파르지는 않다 해도 중국 인구는 계속 불어나, 중국 내 인구의 합계는 엄청났다. 1950년 중국 인구는 5억 9,000만 정도로 추정되었다. 그리고 25년 후에는 8억 3,500만으로 늘어났다.

과거에도 세계 인구에서 중국 인구가 차지하는 비율이 매우 높았던 때가 있었지만, 인구 측면에서 보았을 때 1960년대 중국은 그 어느 때보다도 막강했다. 심지어 중국 지도자들은 핵전쟁이 발발한다 해도 중국은 흔들리지 않는다고까지 공언했다. 이는 다른 어떤 나라 사람보다 중국인이 더 많이 살아남을 것이라는 이야기였다.

중국과의 국경 지역에 인구가 희소했던 소련이 중국에 그렇게 많은 인구가 존재한다는 사실 자체에 경계심을 가졌던 면도 있었다. 결국 중국은 세계 최대 인구를 보유했을 뿐 아니라 인구 조밀도 역시 최대인 나라가 되었다.

중국의 문화혁명

1960년대에 중국은 중국 공산당이 계속 유지하려고 분투했던 역동성을 잃지 않았음을 혁명을 통해 보여 주었다. 중국은 소련에서 일어난 일련의 사태를 거울로 삼았다. 스탈린 사후 10년간 소련에는 사상의 경직됨이 상당히 완화되었고, 이어 널리 알려진 것처럼 소련 공산당과 관료들에게 서서히 심각한 부패와 보수주의가 만연하기 시작했다.

1966~1969년에 일어난 문화혁명*의 배후에는 중국에도 이와 유사한 상황이 일어날지 모른다는 두려움이 깔려 있었다. 당과 정부를 휩쓴 이 거대한 봉기는 신지배 계급의 부상을 미연에 방지하기 위한 것이었고, 마오쩌둥의 권력이 복권되었기에 가능했던 일이기도 했다.

새 세대를 위해서 마오쩌둥에 대한 사상적 숭배가 부활해야 했다. 문화혁명의 한 방법으로 채택된 것이 이상하게도 대학의 폐교였다. 또한 지식인에 대한 전통적 태도를 변화시키기 위해 모든 시민에게 육체 노동을 요구했다. 마오쩌둥 사상에 대한 복종과 자기 희생이 새롭게 강조되었다.

1968년 중국은 뿌리 깊은 관료주의와 싸우는 젊은 홍위병*들로 온통 쑥대밭이 되었다. 마오쩌둥마저 사태가 지나치게 극단으로 치닫고 있다고 생각할 정도로 심각한 징조들이 보였다. 마침내 군대가 개입하여 질서를 회복하고 간부들을 교체한 후 당 대표회의가 지도자 마오쩌둥의 위치를 재확인해 주었다. 하지만 마오쩌둥은 또다시 패배하고 말았다.

문화혁명 속에 담긴 윤리적 집념은 놀라운 것이었다. 문화혁명은 어떤 면에서는 신세대에게 마오쩌둥의 사상을 확실히 가르치기 위한 시도였다. 마오쩌둥은 그동안 중국 공산 혁명을 주도해 나갔던 활기를 잃어버릴 수도 있다는 위험을 느끼고 있었던 것이다. 이러한 활기를 보존하려면 구사상이 사라져야만 했다.

세계 역사상 존재했던 대혁명 중 가장 널리 파장을 미친 것이 바로 중국의 문화혁명이다. 그럴 수밖에 없는 것이 중국은 다른 어떤 지역보다도 방대한 사회와 정부, 경제가 하나의 시스템 안에서 서로 얽혀 통합되어 있었기 때문이다.

지식인과 학자들이 누리던 전통적 권위는 오래도록 구질서 안에 보존되어 있었다. 그 중에는 과거 제도도 있었다. 1905년에야 비

---

* **홍위병**
중국 공산당의 청년 운동에 가담한 학생 단체. 마오쩌둥을 지지하기 위해 군사조직과 유사한 구조를 갖추고 베이징 일대에서 대규모 집회와 선전활동을 펼쳤다. 전국적으로 약 1,300만 명에 달했으며, 1967~1968년 정규군이 전국에 투입되면서 점차 쇠퇴했다.

* **문화혁명**
'문화대혁명'이라고도 하며, 1966년부터 1976년까지 10년간 마오쩌둥에 의해 주도된 극좌 사회주의 운동. 사회주의 계급 투쟁을 강조하며 반대파들을 제거한 일종의 권력 투쟁이었다. 마오쩌둥 사후, 중국공산당은 문화혁명에 대해 '극좌적 오류'였다는 평가를 내렸다.

로소 단행한 과거제 철폐는 단지 제도만의 변화가 아니라 지구상에서 가장 변화가 없었던 사회에서 진정한 혁명이 일어나고 있음을 알리는 신호탄이었다.

지식인들의 '좌천'은 새로운 중국 건설에 필수불가결한 일로 장려되었다. 바로 이런 이유 때문에 외국 논평자에게 중국 공산주의가 혼란스러운 사건들의 알 수 없는 조합으로 보일 때도 있지만 중국 공산주의의 업적과 방향은 분명했다. 예를 들어 가정의 권위에 대한 의도적인 공격은 단지 의심 많은 중국 정권이 가족 간의 밀고를 장려하기 위한 것이 아니라, 중국의 모든 제도 가운데에서 가장 보수적인 것에 대한 공격으로 볼 수 있다.

마찬가지로 여성의 노동 장려 및 조혼 방지 계몽 운동 역시 진보적인 여권 신장이나 단순한 산아제한을 초월하는 차원의 것이었다. 다시 말해 그것은 다른 어떤 혁명도 시도한 적이 없는 과거에 대한 공격이었다. 과거 중국에서는 여성의 역할이 혁명 전 미국이나 프랑스, 소련보다 훨씬 열등했기 때문이었다.

당 지도자들을 향해서 공자 사상에 추파를 던진다고 공격하는 것은 비웃음을 넘어선 모욕적인 비난이었다. 사실 중국처럼 단기간에 과거를 단절시키는 일은 서양에서는 일어날 수 없었다. 수세기에 걸친 문화적 다원주의로 인해 서양에는 그렇게 전적으로 부정해 버려야 할 과거의 사상 같은 것은 존재하지 않았기 때문이다.

문화혁명의 본질

과거에 대한 부정이란 말로는 문화혁명의 절반도 설명할 수 없다. 그 배후에는 진시황제는 물론 어쩌면 더 이전으로 거슬러 올라가 2,000년 이상 살아 숨쉬어 온 그들의 역사가 있다. 문화혁명을 이해할 수 있는 한 가지 실마리는 권위의 중요성이다. 혁명으로 인한

1968년 8월 문화혁명 중 베이징에서 현란한 퍼레이드가 벌어지고 있다.

모든 희생과 혁명의 잔혹성에도 불구하고 거기엔 마오쩌둥이라는 영웅의 노력이 숨어 있었다.

문화혁명은 규모의 면에서는 이슬람교의 확산이나 근세 초 전 세계를 대상으로 했던 유럽의 공략 같은 거대한 사회적 노력에 견줄 수 있는 것이었다. 그럼에도 불구하고 문화혁명은 그러한 사건들과는 달랐다. 문화혁명은 중앙에서 통제하고 지도하는 것이었기 때문이다.

문화혁명은 인민의 열정에 기반을 두고 있었다. 하지만 정작 황제의 모든 권위를 그대

중국인들이 『마오쩌둥 선집』을 암송하고 있다. 이 책에서 마오쩌둥은 도시와 농촌 간의 격차를 감소시킬 필요성과 '영구 혁명'의 중요성을 강조했다.

로 물려받은 국가의 지도가 없었다면 일어날 수도 없었다는 사실이 역설적으로 다가온다.

중국은 전통적으로 권위를 존중할 뿐 아니라 서양에서는 오랫동안 찾아보기 어려웠던 도덕적 정통성을 권위에 부여해 왔다. 중국에 그 어떤 정권이 들어서더라도 중국은 이러한 역사적 전통을 떨쳐 버릴 수가 없었고, 그 결과 중국 공산 정권도 때로는 역설적일 만큼 보수적인 모습을 보였다.

세계 역사상 그 어떤 거대한 사회도 집단적 전체가 개인보다 중요하다는 것, 전체의 이익을 위한 위대한 과업을 수행하기 위해 국가 권위는 수백만 국민이 어떤 대가를 치른다 해도 정당하게 국민의 봉사를 요구할 수 있다는 것 그리고 이 권위는 공동의 선을 위해 행사되는 한 의심의 대상이 될 수 없다는 것을 그토록 오랫동안 국민들에게 확실하게 주입시켰던 적은 없었다.

'반대'라는 개념은 중국인에게 사회적 혼란을 떠올리게 하는 고상하지 못한 것이었다. 이는 서양식 개인주의를 채택할 경우 일어날 혁신에 대한 거부를 암시한다. 이런 중국도 집단적 급진주의에 대해서는 거부하지 않았다.

마오쩌둥은 중국의 대중 전통에 꼭 들어맞는 인물이었다. 그가 주재한 정부는 중국의 과거를 파괴했지만 또한 그 과거의 덕을 보기도 했다. 마오쩌둥은 과거의 유산인 절대적 권위라는 개념 안에서 이해되는 인물이었던 것이다. 그는 통치자이자 현자였고, 정치가였던 동시에 스승이었다. 서양 평론가들은 마치 서양의 성서처럼 중국 어디에서나 보이는 『마오쩌둥 선집』과 더불어 마오쩌둥 사상에 부여된 위상을 보고 재미있어 했지만, 중국에서 위대한 스승들의 말씀은 언제 어디서나 그처럼 존경을 받았다.

마오쩌둥은 오랫동안 유교가 그랬던 것처럼 사회의 핵심 원리로 추앙되는 윤리적 신조의 대변인이었다. 또한 마오쩌둥은 중국 전통에 알맞은 예술적 재능을 보였다. 대중에게 시인으로 추앙받은 그의 시는 전문가들에게도 인정을 받았다. 중국에서 권력은 통치자가 언제나 백성을 위해 선한 일을 하고 기존 가치를 지속시킨다는 의미에서 부여되어 왔고, 마오쩌둥의 행위 역시 그런 맥락에서 해석될 수 있다.

인도차이나 전쟁

과거의 무게는 중국의 외교 정책에도 그대로 실려 있었다. 중국은 이제 전 세계 혁명을 후원하는 입장이 되었지만 그래도 주요 관심사는 동아시아에 있었고, 그중에서도 특히 큰 관심을 기울인 곳은 전통적으로 조공국이었던 인도차이나 반도였다.

인도차이나에서 소련과 중국의 정책은 다시 한 번 엇갈렸다. 한국전쟁 이후 중국은 베트남의 공산주의 게릴라들에게 무기를 공급하기 시작했다. 그것은 제국주의에 반대하기 위한 투쟁보다는 그 이후에 일어날 공산주의 혁명을 위한 것이었다.

1953년 프랑스는 캄보디아와 라오스를 모두 포기했다. 그 후 1954년 프랑스는 디엔 비

세계 대전 후 동남아시아의 독립과 인구압

지도에 표시된 지역들에 수세기 동안 문화를 전파해 온 광대한 국가 중국은 남아시아 및 동아시아 대부분에 정치적 영향력을 가지고 있었다. 이 지역이 유럽 강대국들의 영향력 아래 분할된 것은 단지 지난 200여 년 동안뿐이다. 19세기 메이지 유신 이후 특히 강해진 일본 역시 아시아 지역에 강한 영향력을 행사했다.

제2차 세계 대전 종전 후 대부분의 동남아시아 국가들은 식민 통치자들로부터 독립을 얻었다.

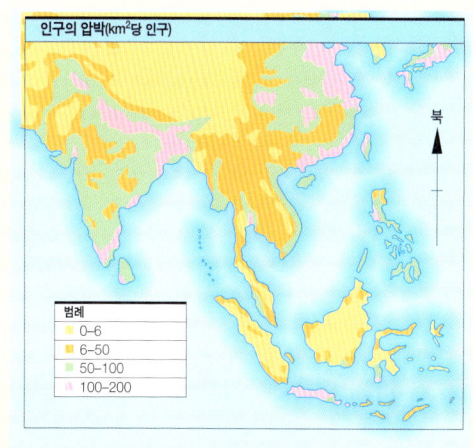

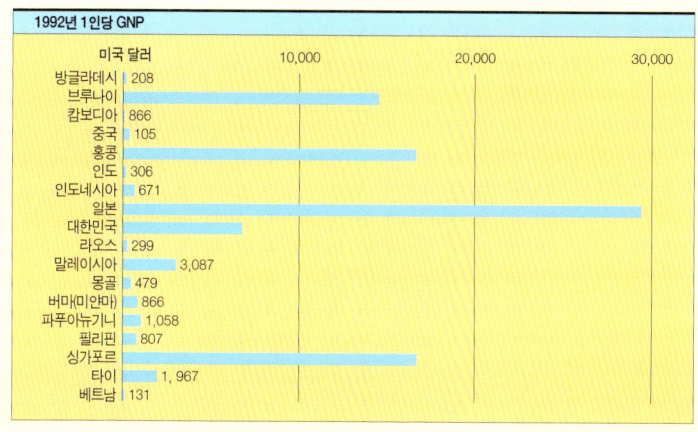

엔 푸 기지에서 전투를 벌였지만 패배했고, 이로 인해 프랑스의 특권 및 프랑스 관할구의 투쟁 의지가 결정적으로 무너졌다. 프랑스는 베트남의 홍강 삼각주를 유지할 수 없

신세계의 정치

남베트남에 대한 미국의 원조는 결국 이웃 캄보디아로까지 번졌다. 그곳에서 미국은 잔혹한 공산주의자 게릴라 조직인 크메르 루주에 맞서 싸우려고 했다. 사진은 전장에서 게릴라의 수급을 운반하는 장면.

게 되었다.

얼마 후 1955년에 개최된 제네바 회의에서 베트남을 남베트남 정부와 북쪽을 지배하던 공산주의 정부로 양분하고, 이후 선거를 통해 재통일의 여지를 남겨 두기로 합의한다는 내용이 발표되었다. 그러나 선거는 결코 실시되지 못했다. 그 대신 1941년부터 시작된 반식민 전쟁 중에서 1945년 이후로 가장 격심한 전쟁을 치르게 될 시기가 인도차이나에 도래하고 있었다.

인도차이나 전투에 참가한 서방 측은 이전의 식민 세력이 아닌 미국이었다. 프랑스는 철수했고 영국은 다른 곳에 신경 쓸 문제가 많았다. 미국에 대항하는 측은 중국과 소련의 후원을 받는 인도차이나의 공산주의자, 민족주의자 및 개혁 세력이었다.

미국은 반식민주의 이념을 지키고 토착 정부를 후원해야 한다는 신념으로 이전에는 대한민국과 필리핀을 지지했고, 이제는 남베트남을 지지했다. 하지만 불행히도 라오스, 남베트남 그리고 마지막에는 캄보디아에까지도 국민의 눈에 확실한 정통성을 가진 정부는 탄생하지 않았다.

미국은 지원을 해 주고서도 종국에는 동아시아에서 심한 혐오의 대상이었던 '서양 원수' 취급만을 받았다. 또한 남북 분단으로 인해 현실적으로 남부에 안정적인 정부를 만들기 힘든 상황에서 미국의 원조는 남베트남 정권이 개혁을 실행하여 국민들을 단결시켜야겠다는 동기를 아예 앗아가는 역할을 했다.

불교도와 가톨릭교도 사이에 심한 분쟁이 벌어지고, 농민들은 토지개혁의 실패로 인해 점점 더 정부로부터 등을 돌리고 있었지만, 부패한 지배 계급은 정권이 제아무리 바뀐다 해도 살아남을 수 있을 것처럼 여겨졌다. 이런 상황은 공산주의자들에게 유리하게 작용했다. 그들은 자신들의 조건 하에서 통일을 추구했으며, 북부를 기점으로 하여 남부 공산주의 지하 운동 조직인 베트콩을 지원했다.

1960년에 이르러 베트콩은 남부 대부분을 장악했다. 이로 인해 미국의 케네디 대통령은 1962년 재정 및 물질적 원조만이 아니라 4,000명의 미국인 '고문'들을 보내 남베트남 정부군에 질서를 회복하겠다는 중대 결정을 내리게 되었다. 이것은 트루먼이 그렇게 피하려고 굳게 결심했던 상황으로 진입하는 첫 걸음이었다. 바로 아시아 대륙에서 미국이 대대적으로 전쟁에 개입하는 일이었다. 결국 이 전쟁에서 미국은 5만 명 이상의 자국민을 잃었다.

| 1945년, 일본 |

아시아의 냉전에 대해서 미국은 일본 점령으로 얻게 된 특별한 지위를 가능한 한 오래도록 유지하겠다는 입장이었다. 영연방 군대는 상징적인 참여만 하는 상황에서 일본은 사실상 미국이 독점하고 있었다. 이것이 가능했던 것은 소련이 일본에 대한 선전포고를 지연시켰던 데다가 일본이 너무 빨리 항복을 했기 때문이었다.

스탈린은 불시에 기습을 당한 격이었다. 후에 소련군은 아무것도 한 일이 없는 일본에서 자기 몫의 점령지를 요구했는데, 미국은 당연히 이를 거절했다. 그 결과 미국은 아시아에서 서양 온정주의의 마지막 위대한 사례라고 할 수 있는 모습을 보여 주었고, 일본은 다시 한 번 자국을 불안한 변화로부터 보호하는 동시에 타국으로부터 배우고 싶은 것만을 배우는, 놀랍도록 천부적인 재능을 발휘했다.

1945년은 일본이 시대가 변화되었음을 뼈저리게 깨달은 해였다. 패전으로 인해 일본 국민은 국가 정체성 및 목표 상실이라는 깊고도 곤욕스러운 문제에 직면해야만 했다.

일찍이 메이지 시대에 서양화한 이후 일본은 아시아 전 지역에서 군림하기를 꿈꾸었다. 그 꿈은 결국 패배로 인해 물거품이 되었지만 그것은 실로 일본의 먼로주의*라 할 만한 것이었고, 그 저변에는 동아시아에 만연했던 반서양 정서와 숨겨진 제국주의가 깔려 있었다.

1945년 이후 식민주의가 후퇴하면서 이제 아시아에서 군림하고자 한 일본의 명예로운 역할은 사라지고 없어졌다. 분명 당시 일본은 오랫동안 그러한 힘을 회복할 수 없을 것으로 보였다. 더욱이 전쟁으로 인해 드러난 일본의 취약성은 엄청난 충격이었다. 영국과 마찬가지로 일본 역시 해상권 장악에 의존했는데 그것을 잃어버리자 곧바로 힘을 잃고 말았다. 이후 패전의 다른 결과로, 일본은 소련 영토인 사할린과 쿠릴 열도를 잃었고, 미국에 점령당했다. 마지막으로 엄청난 물질적, 인명적 피해를 복구해야만 했다.

일본의 회복

1945년 일본이 가진 이점이라면 여전히 천황제라는 흔들림 없는 중심을 가지고 있었다는 것이었다. 천황의 권위는 패전에도 약화되지 않았을 뿐 아니라 오히려 항복을 가능하게 해 준 원천이 되었다.

많은 일본인들은 히로히토 천왕이 자신들을 말살의 위기에서 구해 주었다고 생각했

* 먼로주의
1823년 12월 2일 먼로 대통령이 발표한 미국 외교정책의 기본 방향. 유럽과 신대륙은 서로 다른 정치 체제를 가지고 있으므로 별개의 지역으로 남아야 할 것임을 선언했다. 미국은 유럽 열강의 문제에 개입하지 않을 것이며, 미국 역시 아메리카 대륙의 기존 식민지와 보호령을 인정하지만, 아메리카 대륙에서 식민지를 더 만드는 것은 금지하고, 유럽 열강이 아메리카 대륙의 어떠한 나라라도 억압하고 통제하려고 한다면, 이는 미국에 대한 적대 행위로 간주한다는 것을 골자로 한다.

태평양 전쟁(1942~1945)에서 미군이 산호초를 건너 해변에 이르고 있다. 필리핀 해전은 일본에게는 재난이었다. 미군이 사이판 섬을 점령했을 때 두 명의 일본 해군 수장은 자결을 했다. 내륙으로 진입하면서 미군과 해병대는 여성, 노인, 어린이들이 패배를 감수하느니 차라리 죽음을 택하겠다며 절벽에서 몸을 던지는 장면을 지켜보면서 공포에 질렸다.

일본의 124대 군주인 쇼와 천황 히로히토(1901~1989)는 20세에 부친을 대신해 섭정을 했고, 25세에 천황이 되었다. 1936년 전체주의 및 군국주의적 성격을 가진 대정익찬회大政翼贊會가 선거에 승리하면서 천황을 정사에서 분리시키려고 했다. 하지만 원자폭탄이 투하된 후 히로히토는 정부로 하여금 무조건 항복에 동의하도록 만들었다. 미국은 단지 일본의 평화와 신속한 재건을 보장하기 위해 히로히토가 천황위를 유지하도록 했고, 1946년 신헌법의 조항에 따라 그는 정당하게 입헌군주가 되었다.

다. 태평양 미군 사령관이었던 맥아더 장군은 일본을 평화롭게 점령하기 위한 도구로 천황제를 유지하고자 했다. 그는 미국의 열성 공화당원들이 개입하기 전에 새 일본헌법이 채택될 수 있도록 빠른 조치를 취했다.

맥아더는 일본의 경제적 자립을 도와야만 미국 납세자들의 부담을 하루속히 줄일 수 있다는 주장을 효과적으로 펼쳤다. 일본인의 사회적 응집성과 훈육이 일본의 회복에 큰 도움이 되었다. 한때 미국은 이 일본적 특성을 과소평가해서 미국이 일본에 민주적 제도를 결단력 있게 밀어붙여야 한다고 생각한 적도 있었다.

일본 경작지의 3분의 1이 지주에게서 경작

자의 손으로 넘어간 대대적 토지개혁으로 문제가 부분적으로 완화되기도 했다. 1951년에 이르러 일본의 민주교육과 세심한 비무장화에 힘입어 일본은 과거의 적국 대부분과 평화조약을 체결했다. 예외는 소련과 타이완 국민당이었는데 이들과의 평화 관계도 몇 년 안에 이루어졌다.

일본은 방위를 위한 무기 소유 권리를 포함하는 완전한 주권을 회복했지만, 사실상 이전에 소유했던 해외 영토는 모두 포기한 셈이었다. 그렇게 일본은 제2차 세계 대전 후 다시 소생하여 자국의 국정을 펼쳐 나가기 시작했다.

미국과의 협약으로 일본 내에는 미군이 주둔할 수 있었다. 일본 열도라는 섬 안에 국한된 처지로, 이전보다 더욱 강력하고 통합된 중국을 마주하고 있는 일본의 입장이 꼭 불리한 것만은 아니었다. 몰락한 지 20년도 채 안 되어 일본은 다시 한 번 전환기를 맞이했다.

일본은 소련과는 16km 해역, 중국과는 160km 해역을 사이에 두고 있었다. 그리고 예전에 열강과 함께 경쟁했던 대한민국은 겨우 240km밖에 떨어져 있지 않았다. 아시아 대륙에서 냉전이 확산될수록 일본은 미국에게 좋은 대우를 받을 수 있는 위치에 있었던 것이다. 미국은 일본을 민주주의와 자본주의의 확실한 모범 사례로 세계에 보여 주고자 했으며, 일본에게 미국의 '핵우산'이라는 보호막까지 씌워 주어 가상 적국으로부터 핵 공격을 막아 주었다.

한국전쟁은 일본을 미군의 주요 기지로 부상시킴과 동시에 일본 경제를 활성화시켰다. 산업생산 지수는 신속히 올라가 1930년대 수준으로 회복되었다. 미국은 외교 활동을 통해서도 일본의 해외 이익을 보장해 주었다. 일본이 빠르게 회복할 수 있었던 또 하나의 주요 원인은 바로 1951년까지 군대 보유가 금지되었다는 것이다. 이로 인해 일본은 오랫동안 국방비를 지출할 필요가 없었다.

미국과 태평양 연안 국가들

일본은 미국과의 밀접한 관계, 공산 세계와의 인접성, 경제 안정 및 사회 발전으로 인해 종국에는 미국의 아시아 태평양 지역 안보 체계에서 매우 중요한 위치를 차지하게 되었다. 일본이 오스트레일리아, 뉴질랜드 및 필리핀과 조약을 맺은 것도 그러한 기반을 마련하는 커다란 계기가 되었다. 이어 일본은 파키스탄 및 타이와도 조약을 맺었다. 이 국가들은 모두 아시아에 잔존하는 미국의 우방국이었다. 인도네시아와 인도는 여전히 냉담했다.

이런 동맹들은 영국이 인도에서 철수한 후 새로이 형성된 아시아 태평양 지역의 국제 관계를 반영하는 것이었다. 한동안은 수에즈 운하 동쪽에 영국군이 주둔하긴 하겠지만 그것은 그들에게 그다지 중요한 문제가 아니었다. 오스트레일리아와 뉴질랜드는 제2차 세계 대전 중 영국은 자신들을 방어해 줄 수 없었지만 미국은 자신들을 방어해 줄 수 있다는 사실을 깨달았다.

1942년 영국의 싱가포르 함락이 결정적 사건이었다. 비록 영국군이 1950~1960년대에 걸쳐 인도네시아에 저항하는 말레이시아를 도왔고, 영국의 중요 식민지인 홍콩이 살아남긴 했지만, 이는 단지 중국이 이러한 상황을 수긍했기 때문임을 오스트레일리아와 뉴질랜드는 잘 알고 있었다. 한편 새 태평양 지역 국가들을 양대 냉전 진영으로 분리하여 복잡한 상황을 정리해야 한다는 데는 의문의 여지가 없었다.

미국은 일본을 중요한 공산주의 대항 세력으로 보았지만 다른 국가들, 특히 오스트레일리아와 뉴질랜드는 사실 일본이 진주만을

1954년 아시아 태평양 지역의 안정을 유지하기 위해 동남아시아조약기구 SEATO가 설립되었다. 1954년 11월 8일 워싱턴에서 개최된 이 회의에는 많은 자유국가 대표들이 초청되었다. 사진은 이 회의에서 연설하는 요시다 시게루(1878~1967) 일본 수상. 그는 미국 및 여타 자유국들에게 동남아시아 지역이 공산주의사의 손아귀에 떨어지는 것을 막기 위해 40억 달러를 투자할 것을 호소했다.

공격했던 1941년을 기억하고 있었기 때문에 일본 세력의 소생을 두려워하기도 했다. 그런 까닭에 일본과의 평화조약 체결은 그 자체가 큰 어려움을 야기했다.

서양 지배에 대한 아시아의 거부감

미국의 정책은 사상적인 문제만을 따져 입안된 것은 아니었다. 그럼에도 불구하고 그들이 재난이라고 믿었던 중국 공산주의의 승승장구와 그런 중국이 멀리 아프리카 및 남아프리카 연방까지 후원한 혁명주의자들 때문에 종종 판단을 그르치곤 했다.

분명 중국의 국제적 위상에는 변화가 있었고 차후 더욱 증진될 것이었다. 중요한 사실은 중국이 강대국으로 재부상했고, 종국에는 그러한 중국이 이원적 냉전 체제를 굳건하게 한 것이 아니라 오히려 무의미하게 만들었다는 것이다.

처음에는 중국의 영향력이 과거 중국 세력권 안에 국한되었지만 나중에는 그 힘이 국제 관계를 변화시킬 정도로 커졌다. 그 첫 번째 징후가 바로 한국전쟁에서 나타났고, 유엔군은 중공군에게 저지를 당해 중국 폭격을 숙고해야만 했던 것이다.

하지만 중국의 강대화가 가장 시급한 문제가 된 것은 소련이었다. 소련은 세계 혁명 운동에서 한 번도 도전을 받은 적이 없었던 최고의 지위를 잃었을 뿐 아니라, 이제 양극 체제의 한쪽 극을 담당했던 존재에서 삼각구도의 한 점을 차지하는 존재로 격하되어 갔던 것이다.

광범위한 안목에서 볼 때, 중국의 중요성이 가장 신속히 드러난 것은 아마도 소련과의 관계일 것이다. 하지만 중국에서 일어난 혁명이 제아무리 중요하다 해도 그것은 단지 아시아가 서양의 지배를 거부한 현상들 중에서 두드러진 일례에 불과했다. 역설적이게도 그런 거부의 대상이 산업자본주의든 민족주의든 마르크스주의든 아시아 전역에서 일어난 거부 행위는 모두 서양에서 빌려 온 형식, 언어 및 신화를 통해서 표현되었다.

1997년 7월 1일 영국 식민지였던 홍콩이 중국에 반환되었다. 사진은 고별 기념식의 두 장면. 홍콩 컨벤션센터에서 이루어진 양도식에서 전 세계 귀빈과 손님들이 영국 국기가 하강되고 중국 국기가 게양되어 나부끼는 장면을 지켜보고 있다(사진 위). 홍콩의 항구에서는 불꽃놀이가 하늘을 수놓았다(사진 아래).

신세계의 정치 43

2 제국의 계승자들

이스라엘이 독립을 선언한 1948년 이후 중동 정치에는 대변혁이 일어났다. 이스라엘의 존재, 냉전의 대두, 석유 수요의 거대한 증가 등으로 중동의 정세는 복잡하게 얽혀 들어갔다. 이스라엘이라는 세력은 이전의 영국보다 더욱 극명하게 아랍의 정서를 한 곳으로 결집시켰고, 이런 상황에서 범아랍주의가 대두된 것은 당연했다.

아랍 국가들은 아랍의 땅이라고 여기던 지역을 부당하게 몰수당했고, 그로 인해 발생한 팔레스타인 난민들은 억울하게 고통받고 있었다. 아랍인들은 강대국과 유엔이 아랍 편에 서서 행동해야 한다고 생각했다. 아랍 통치자들이 이때보다 더 의견이 일치되었던 적은 없었다.

이스라엘과 아랍 국가들

1948~1949년의 아랍과 이스라엘의 전쟁에서 패배한 후 새롭게 대두한 범아랍주의 정신에도 불구하고, 아랍 국가들은 한동안 공개적으로 군대를 배치하려고 하지는 않았다. 공식

예루살렘의 황금돔은 이슬람의 주요 사원이다. 이스라엘이 건국되기 전 예루살렘 내에는 아랍 지역과 유대 지역이 혼합되어 있었고, 유대인과 아랍인은 예루살렘의 지배권을 얻기 위해 오랫동안 투쟁해 왔다. 1948년 이스라엘 건국 직후 벌어진 전쟁에서 요르단 군대는 옛 도시를 점령한 후 새로운 점유 지역에 유대인들이 접근하는 것을 봉쇄하려고 했다. 1949년 휴전협정은 예루살렘을 분열하여 예루살렘 도시 내에는 이스라엘 구역들을 잇는 복도식의 좁은 길이 놓이게 되었다. 1967년 이후 이스라엘은 이전 요르단 지역을 점령했고, 통일된 예루살렘은 이스라엘의 수도가 되었다.

오스만 제국 이후의 중동과 동아시아

동아시아의 많은 이슬람 국가에서 제2차 세계 대전 후 외국 식민 세력은 약화되거나 사라진 반면 아랍 유전의 부는 급속히 성장했다. 그동안 이 지역은 엄청난 격동을 겪었다. 1948년 이스라엘 건국에 이어 아랍-이스라엘 전쟁이 벌어졌고, 1956년에는 수에즈 운하에 위기가 발생했다. 1979년에는 소련군이 아프가니스탄을 침공하여 1989년 소련군이 철수할 때까지 내전이 끊이지 않았다. 1975년에는 레바논에 내전이 일어나 역시 1989년까지 나라가 들끓었다. 또한 1980~1989년 이란-이라크 전쟁에 이어, 1990년 이라크의 쿠웨이트 침공은 걸프전을 야기했다.

적으로는 전쟁 상태가 지속되고 있었지만 일련의 휴전협정을 통해 이스라엘은 요르단, 시리아, 이집트와 사실상 국경을 설정했고, 이 경계선이 1967년까지 유지되었다.

1950년대 초반 국경 분쟁이 계속되었고, 팔레스타인 난민 캠프에서 모집한 젊은 게릴라 병사들이 이집트 지역과 시리아 지역을 근거로 하여 이스라엘을 계속 공격했지만, 신생국인 이스라엘은 외국으로부터의 이민 유입, 근면한 노동 및 미국 자본에 힘입어 꾸준히 성장해 나갔다.

적국들에 둘러싸여 있다는 인식은 이스라엘의 내정을 안정시키는 데 일조했고, 신생국 탄생에 기여했던 정당의 힘은 유대인이 나라를 변화, 발전시키는 동안 결코 약해지지 않았다. 몇 년 안에 이스라엘인들은 황무지를 경작해 내고 산업 건설을 이룩하는 엄청난 발전을 이룩했다. 이스라엘과 주변 아랍 국가들의 일인당 국민소득 격차는 점점 더 크게 벌어졌다.

여기에 아랍권을 자극하는 또 하나의 요소가 있었다. 바로 아랍 국가에 유입된 외국의 원조 자금은 이스라엘과 유사한 극적 변화를 전혀 이뤄 내지 못했다는 사실이다. 가장 인구가 많은 이집트의 경우 높은 인구증가율로 인해 특히 문제가 더 심각했다. 산유국들은 증가하는 수입과 높은 국내총생산의 혜택을 받았지만 이것이 오히려 더 큰 긴장과 분열을 초래했다.

상이한 아랍 국가들 간의 대립도 문제였지만 국내 계층 간의 격차가 갈수록 심해지는 것도 문제였다. 대체로 산유국 지배층은 부유한 소수 집단으로 때로는 전통적이고 보수적이며, 때로는 민족주의적이고 서양화된 엘리트였다. 그러나 나머지 대다수의 사람들은 거의 모두 빈곤에 시달리는 농부서나 인구 과밀 지역의 빈민이었고, 소수 지배 계층은 이들에게 관심이 없었다.

이러한 대립 점들은 전쟁 중에 뿌리를 내리고 아랍의 신정치 운동을 이끈 바트당*에 이용되었다. 바트당은 마르크스주의와 범아랍주의를 융합해 보려 했지만, 바트 운동이 가장 강력했던 두 나라인 시리아 진영과 이라크 진영의 사이는 거의 초반부터 틀어져 버렸다.

| 나세르의 이집트 |

범아랍주의는 아랍권이 반反 이스라엘 정서와 반 서양 정서를 근거로 하여 단합 행동을 꾀한 사상이었다. 하지만 이들에게는 극복해야 할 점이 많았다. 하시미트 요르단 왕국,

*바트당
1943년 시리아의 다마스쿠스에서 미첼 아플라크와 실리앗 딘 알 비타르가 창설한 아랍의 민족주의 정당. 바트는 '부흥'을 뜻한다. 이들은 통합된 아랍 사회주의 국가를 수립하고자 했으며, 시리아와 이라크의 집권당으로 중동 여러 나라에 지부를 두었다. 제국주의와 식민주의를 반대하며 이슬람교의 가치관을 중시했다.

1952년 아브델 나세르(1918~1970)는 쿠데타를 일으켜 이집트 국왕 파루크를 몰아내고 혁명회의 수장이 되었다. 사진은 1954년 나세르가 정부 수반으로 임명되는 장면이며, 이어 1956년 그는 이집트 대통령이 되었다. 나세르는 1955년 반둥회의에서 중요한 역할을 했다.

아랍의 시크교 관할지, 북아프리카의 유럽화된 도시 국가들 그리고 동지중해 연안의 레반트 등은 각각 서로 이해관계와 역사적 전통이 매우 달랐다.

일부 국가들은 이라크나 요르단처럼 1918년 이후 유럽 열강들의 필요에 따라 인위적으로 생성된 국가였고, 또 다른 국가들은 사회적으로나 정치적으로 화석처럼 굳어진 채 변화가 없는 나라들이었다. 심지어 아랍어조차 이슬람 예배당인 모스크 안에서만 공용어로 쓰이는 경우도 많았다. 게다가 아랍어 사용자가 모두 이슬람교도인 것도 아니었다.

많은 아랍 국가들 사이에 이슬람교가 연대의 끈으로 작용하긴 했지만 오랫동안 그 이상의 역할을 하지는 못했다. 1950년에는 이슬람교가 군국주의나 공격적 신앙이라고 생각하는 사람은 거의 없었다. 그들에게 공동의 적을 만들어 준 유일한 문제는 이스라엘뿐이었다.

그런 와중에도 각국 아랍인들 사이에 희망이 솟아나고 있었는데, 그 이유는 이집트에 혁명이 일어났고, 얼마 후 아브델 나세르라는 젊은 장군이 등장했기 때문이었다. 한동안 나세르는 이스라엘에 항거하는 아랍인들을 단결시키고 사회 변화의 길을 여는 것처럼 보였다.

1954년 이집트 대통령으로 취임한 나세르는 2년 전 이집트의 군주제를 전복시키고 들어선 군사 정권의 새로운 지도자로 급부상한 인물이었다. 수십 년간 이집트에 주둔한 영국군을 저항의 초점으로 삼았던 이집트 민족주의는 이제 영국이 이스라엘의 건국을 허용한 사실을 비난의 핵심으로 삼고 있었다.

영국 정부는 통신망과 원유 공급지로서 아랍의 중요성을 절감했고, 또한 아랍 지역에 미칠 소련의 영향력을 경계해야만 했으므로 나름대로 아랍 지도자들과 협력을 도모하기

위해 최선을 다했다. 영국이 인도에서 철수를 한 후에도 중동의 중요성은 감소한 것 같지 않았다.

나세르에 대한 유럽의 반응

1950년대는 아랍권 이곳저곳에서 반 서양 기류가 강하게 흐르던 시기였다. 1951년 요르단 왕이 암살되었고, 후임 왕은 살아남기 위해 영국과 오랫동안 지속해 왔던 특별관계를 단절해야 했다.

한편 종전 직후 모로코와 튀니지의 완전 독립을 인정해야만 했던 프랑스가 1954년에는 알제리의 국가 반란에 부딪혔다. 반란은 전면전이 될 기세였다. 프랑스 정부는 100만 명의 유럽인이 정착한 이 나라를 쉽사리 포기할 수 없었다. 더욱이 사하라 사막에서 유전이 발견된 지 얼마 되지 않은 시점이었다.

그런 맥락에서 사회 개혁과 민족주의라는 나세르의 구호는 널리 호소력을 지닌 것이었다. 의심할 여지없이 반 이스라엘 정서를 품고 있었던 나세르는 영국과 협상하여 영국군이 수에즈 운하에서 신속하게 철수하도록 하는 공적을 세웠다. 미국 역시 중동에서 증대하는 소련의 위협을 점점 더 의식했기에 한동안 나세르를 흠잡을 데 없는 반식민주의자이자 공산주의 견제 세력으로 보고 호의를 가지고 있었다.

하지만 나세르는 오래지 않아 미국 측에 별로 매력 없는 인물이 되었다. 이집트 영역이던 '가자 지구'에서 이스라엘에 가한 게릴라 공격이 미국의 노여움을 샀던 것이다. 1950년 영국, 프랑스, 미국은 이 지역 내 어느 나라에도 무기 공급을 하지 않겠다고 선언했다.

더구나 나세르가 면화 수확물의 안전한 수송을 위해 체코슬로바키아와 무기 계약을 성사시키고, 공산국가인 중국을 인정하자 나세르에 대해서 불가피하게 재고할 수밖에 없었다. 영국과 미국은 불쾌한 속내를 드러내며 이집트의 국가 발전에 매우 중요한 나일 강 댐 공사에 약속했던 재정 지원을 철회했다. 이에 대한 나세르의 반격은 수에즈 운하를 소유하고 운영했던 개인 회사의 자산을 몰수하는 것이었다. 그 회사의 이익금으로 댐을 짓겠다는 논리였다.

이 일은 오랜 제국주의 국가인 영국의 신경을 건드렸다. 영국의 제국주의 본능이 서서히 되살아나기 시작했다. 이즈음 이스라엘 역시 나세르를 급진적 혁명주의자로 의심스럽게 바라보고 있었다. 이렇게 서로 이해관계가 맞아떨어지자 나세르에 반대하는 세력들은 연대하게 되었다.

영국 총리는 나세르가 잘못된 논리에 매달린 제2의 히틀러이며 따라서 그의 공세가 성

이집트 아부심벨 신전의 고대 석상은 아스완 댐 공사로 인해 이전되었다. 1971년 시작된 이 댐 공사로 '나세르호'라 불리는 거대한 저수지가 형성되었고, 해마다 일어나던 나일 강의 홍수를 비로소 제어할 수 있게 되었다.

공을 거두기 전에 미리 저지해야 한다고 보았고, 프랑스 역시 나세르가 알제리 봉기를 후원한 것을 언짢게 생각했다. 영국과 프랑스는 수에즈 운하 몰수에 대해 공식 항의를 제기했고, 이스라엘과 공모하여 나세르의 전복을 꾀하기 시작했다.

수에즈 운하의 위기

1956년 10월 이스라엘은 자국민의 정착을 방해하는 게릴라를 소탕하기 위해 이집트를 기습 공격했다고 발표했다. 영국과 프랑스는 운하의 자유 이용권이 위험에 처했다며 이집트에 즉시 휴전을 요구했다. 나세르가 이 요구를 거부하자 그들은 먼저 공습을 하고, 다음에는 해상 공격을 감행했다.

영국과 프랑스는 이스라엘과 공모한 적이 없다고 부인했지만 이는 애초부터 믿을 수 없는 뻔한 거짓말이었다. 머지않아 미국 역시 완전 경계 태세를 갖추었다. 미국은 이러한 제국주의의 부활로 인해 소련이 외교적 우위에 서게 될 것을 경계했고, 따라서 유엔이 중재하는 휴전을 영국이 받아들이도록 재정적 압력을 넣었다. 영국과 프랑스의 합작 모험은 치욕으로 끝나고 말았다.

수에즈 운하 사건은 서방 측의 참패로 끝났지만, 장기적으로 볼 때 가장 큰 영향을 미친 것은 심리적인 데 있었다. 가장 타격을 받은 것은 영국이었다. 영국은 특히 영연방 내에서 신뢰를 잃었고, 제국주의의 철회를 실천하겠다는 의지가 진실하지 못한 것이 아니냐는 의심을 받았다.

이 수에즈 운하 사건은 이스라엘에 대한 아랍의 혐오감을 다시 한 번 확인해 주었다. 이스라엘이 서방 측과 완전히 연결되어 있다는 의심은 더욱 커졌으며, 이 일로 아랍권은 소련의 유혹에 조금 더 수용적이 되었다. 나세르의 권위는 여전히 하늘을 찔렀다.

한편 수에즈 운하 사건이 중차대한 시기에 서방 측의 관심을 동유럽에서 수에즈로 돌려 버렸다고 생각하는 사람들도 있었다. 서구 열강이 서로 싸우는 동안, 소련군은 소련의 위성 정권에 대항해 일어난 헝가리 혁명을 무력으로 짓밟았기 때문이다.

그럼에도 불구하고 아랍 지역의 상황은 수에즈 운하 위기 이후에도 새롭게 소생한 범아랍주의 열정에 힘입어 별다른 변동이 없었다. 수에즈 운하 사건은 냉전이나 중동의 균형 상태를 변화시키지 않았다.

수에즈 운하 위기의 여파

1958년 바트당 동조자들은 시리아와 이집트를 합쳐 아랍연합공화국을 설립했고, 초대 대통령으로 나세르가 취임했다. 그리고 1961년에는 레바논의 친 서방 정부가 전복되었고,

1956년 10월 29일 밤 개시된 이스라엘의 공격을 이집트인들은 전혀 예상하지 못했다. 11월 1일 이스라엘 군대는 시나이 반도를 통과하며 계속 진격했고 하루 만에 가자 지구를 점령했다. 사진은 환호하는 이스라엘 군대가 11월 2일 가자 지구에서 압수한 이집트 화물차와 함께 포즈를 취하고 있는 모습이다.

1954년부터 알제리민족해방전선은 알제리의 정치적 독립을 목표로 싸웠다. 마침내 1962년 3월 12일 휴전 협정이 조인되었다. 프랑스는 알제리공화국 독립을 인정하면서 차후 협력에 대한 합의와 새 공화국에서 프랑스의 주요 이해관계에 대한 보장을 이끌어 냈다. 사진은 아흐메드 벤 벨라 수상이 1962년 알제리 국회에서 연설하는 장면.

이라크 군주제가 혁명으로 밀려났다. 하지만 오래지 않아 아랍 국가들 간의 입장 차이가 다시 고개를 들기 시작했다.

미군이 레바논에 군대를 파병하고 영국군 역시 요르단에 파병을 하여 양국 정부가 친나세르 세력과 싸울 수 있도록 돕는 동안 세계는 이 지역의 추이를 관심 있게 지켜보았다. 그동안 시리아와 이스라엘의 국경 지대에서는 산발적으로 전투가 계속되었지만 게릴라들은 한동안 잠잠했다. 수에즈 운하 사건 이후 아랍권에서 일어난 가장 중요한 사건은 이러한 전투가 아니라 알제리에서 일어난 혁명이었다.

알제리에 정착한 프랑스인들의 비타협적 태도와 알제리에서 불가능한 임무 수행을 요구받고 있다는 반감 때문에 프랑스 병사들의 불만은 나날이 거세어져 갔다. 이러한 불만은 마침내 프랑스 내에 쿠데타를 야기할 뻔한 상황까지 이르게 했다. 결국 드골 장군의 내각은 1962년 7월 알제리 반군과 비밀리에 협상을 개시했고, 국민투표 후에 프랑스는 알제리의 독립을 공식적으로 인정했다.

1951년 리비아 역시 유엔 신탁통치 상태에서 독립국으로 부상함에 따라 약간의 스페인령 지대를 뺀 북아프리카 해안 전체가 유럽의 영향권에서 벗어났다. 하지만 여전히 외세는 수백 년 전 오스만 제국의 아랍 점령 이후로 계속 아랍 땅의 역사에 간섭을 했고, 이제는 미국과 소련까지 금전적인 공세를 가하며 우방국을 얻으려 함에 따라 원조와 외교를 통한 간접적 간섭이 계속되었다.

사실 미국은 아랍 국가를 우방국으로 만드는 일에 적극적으로 나서기에는 불리한 조건을 갖고 있었다. 미국의 어떤 대통령이나 의회도 이스라엘을 저버릴 수 없었기 때문이다. 미국 유권자 중 유대인이 차지하는 비중은 너무나 컸다. 비록 아이젠하워 대통령이 선거 연도에도 용기를 내어 수에즈 운하에 대한 유대인의 기대를 꺾은 적이 있긴 하지만 말이다.

미국이 직접적으로 해를 끼치는 것이 아님에도 불구하고 이집트와 시리아의 정책은 계속 반미적일 수밖에 없었고, 이것이 또한 미국의 심경을 건드렸다. 반면 소련은 이스라엘이 더 이상 영국을 당황시킬 유용한 무기 구실을 하지 못하게 되자 곧바로 원조를 중단했다.

소련은 꾸준히 친 아랍 노선을 지향하면서 아랍권에 영국 제국주의가 살아남은 것에 대한 아랍인의 반감을 열심히 부추겼다. 미미하긴 해도 소련은 1960년대에 소련 내의 유대인을 박해함으로써 아랍의 인정이라는 값싼 보너스를 얻어 내기도 했다.

석유로 인한 중동의 상황 변화

중동 문제를 둘러싼 상황들은 이제 석유라는 무기를 들고 또다시 새로운 국면에 접어들기 시작했다. 1950년대에 두 가지 중요한 상황이 전개되었다. 하나는 사우디아라비아와 아직 영국 영향권에 있는 작은 관할지들, 특히 페르시아 만 남쪽 해안에서 지금까지보다 훨씬 더 많은 석유가 잇달아 발견된 것이다. 다른 하나는 서방 국가들, 그중에서도 특히 미국에서 에너지 소비가 엄청나게 늘어난 것을 들 수 있다.

이런 석유 붐의 가장 큰 수혜자는 기존 3대 산유국이었던 사우디아라비아, 리비아, 쿠웨이트였고, 이보다 약간 생산량이 떨어지긴 하지만 이란, 이라크도 여기에 포함되었다. 이것은 두 가지 중요한 결과를 가져왔다.

미국, 영국, 독일처럼 중동 석유에 의존하는 나라들과 곧 이 대열에 합류할 일본은 외교 부문에서 아랍에 이전보다 더 큰 중점을 두어야만 했다. 이는 또한 아랍 국가들이 상대적으로 부와 위상에 큰 변화가 일어났다는 것을 의미했다. 주요 산유국 중 어느 나라도 과거에는 인구 면에서나 국제 관계 면에서 이토록 비중 있는 지위를 차지한 적이 없었다.

6일 전쟁의 발발

1960년대 시리아에 소련의 후원을 받는 정부가 들어서면서 마지막 중동 위기가 일어났

사우디아라비아 제다에 위치한 정유소의 전경. 1950~1960년대는 세계의 여러 산업국가에서 한참 성장을 해나가던 시기로 자동차, 철강, 석유화학, 전자 및 건설 산업이 전적으로 석유에 의존하고 있었다. 이것은 거대한 원유 매장량을 가진 미개발 국가들, 특히 중동 국가들이 돌연 국제 정치에 새로운 방식으로 영향력을 행사할 수 있음을 의미했다.

이스라엘 국방장관 모세 다얀(왼쪽)이 6일 전쟁 중 골란 고원의 한 벙커에서 잠시 머물고 있는 모습. 이스라엘은 이 전쟁에서 전략적으로 큰 승리를 거두었다. 그들은 이집트 제3육군을 포위했고, 이로 인한 엄청난 사상자와 손실 때문에 나세르 대통령은 잠정적으로 사임할 수밖에 없었다.

다. 그러나 이때도 석유가 지닌 중요성은 여전히 수면 밖으로 드러나지 않고 있었다.

요르단 왕은 팔레스타인 게릴라들을 지원하지 않는다면 보복을 당하게 될 것이라는 위협을 받았다. 결국 요르단 군대는 이집트, 시리아와 함께 이스라엘 공격에 가담하기로 했다. 하지만 1967년 홍해의 항구를 봉쇄하려는 시도에 자극을 받은 이스라엘이 선제공격을 개시했다.

이스라엘군은 눈부신 작전으로 시나이 반도의 이집트 공군과 육군을 격파하고 요르단 군대를 후퇴시켜 6일간의 전투를 승리로 이끌었다. 이 전쟁으로 이스라엘은 수에즈 운하, 골란 고원 및 요르단 쪽에 새로운 국경선을 확보했다. 이 국경들은 방어 면에서 이전 국경보다 훨씬 더 나은 것이었고, 이스라엘은 이 국경선을 그대로 유지할 것을 선포했다.

그러나 이것이 전부가 아니었다. 막강한 병력을 자랑했던 아랍연합군이 초라한 병력의 이스라엘에 패배함으로써 아랍인들은 자존감에 큰 타격을 입었다. 그리고 이것은 범아랍주의의 가장 믿을 만한 최초의 지도자인 영광스러웠던 나세르의 몰락을 예고했다.

이제 나세르는 드러나게 소련군에 의존하고 있었다. 이는 이스라엘군이 수에즈 운하에 진격하자 소련 해군 소함대가 이집트의 알렉산드리아 항구에 도착한 것으로도 잘 알 수 있었다. 또한 이집트는 산유국의 원조에 기대는 형편이 되었다. 이러한 상황으로 인해 나세르는 아랍권의 급진적 지도자들과 관계가 불편해질 수밖에 없었다.

이스라엘로 인한 긴장 고조

결국 1967년 발생한 6일 전쟁으로 아랍 국가들은 아무것도 해결할 수 없었다. 팔레스타인 난민들은 또다시 정처 없이 떠돌아다니게 되었다. 1973년 당시 140만 팔레스타인인이 여러 아랍 국가에 흩어져 있었고, 또 이와 비슷한 숫자의 팔레스타인인이 이스라엘과 이스라엘 점령 지역에 남아 있었다.

이스라엘이 새로운 점령 지역에 정착지를 설립하자 아랍인의 반감은 더욱 심해졌다. 비록 아랍권이 석유 매장량이나 인구 등에 있어서 이스라엘보다 좀 더 유리하긴 했지만 그밖에는 이스라엘을 견제할 만한 확실한 것이 없었다.

시온주의자의 대변인 골다 마이어(1898~1978)는 이스라엘 독립 법령 서명인들 중 한 사람이었다. 이스라엘의 수상(1969~1974)을 역임했던 그녀는 임기 내내 중동을 달래려 노력했지만 그런 노력은 욤키푸르 전쟁*으로 무산되고 만다.

*욤키푸르 전쟁
1973년 10월 6일부터 10월 26일까지 일어났던 이스라엘과 아랍연합군 간의 전쟁. '욤키푸르'는 속죄일을 뜻하며 유대교의 가장 엄숙한 종교적 절기인데, 이날 이집트군과 시리아군이 공격을 개시했다. 라마단 전쟁 또는 10월 전쟁이라고도 한다.

*77그룹 Group of 77
국제연합의 개발도상국 77개국이 1964년 결성한 연합 단체. 선진국에 대응해 개발도상국의 권리와 이익을 도모하기 위해 만들어졌다. 무역개발회의를 개최하고, 국제 인권규약 등을 제정해 새로운 세계 질서 확립에 공헌했다. 2002년에는 133개국에 달했다.

*시온주의
유대인들이 팔레스타인 지역에 민족국가를 건설하기 위해 벌인 민족주의 운동. 세계 각지에 흩어져 있던 유대인들이 그들 조상의 땅인 팔레스타인에 국가를 건설하려 했다. 이는 1948년 이스라엘이라는 현대 유대인 국가를 건국함으로써 실현되었다.

그런 가운데 비동맹국으로 알려진 국가들로 이루어진 77그룹*이 유엔에서 여러 국제 단체들로부터 이스라엘의 회원 자격 정지를 이끌어 냈다. 이보다 더 중요한 것은 이스라엘의 예루살렘 합병을 비난하는 결의안을 만장일치로 통과시킨 일이었다. 또한 이스라엘을 인정하지 않을 뿐만 아니라 아랍 땅에서 이스라엘이 철수할 것을 요구하기도 했다.

그동안 팔레스타인 해방기구인 PLO는 분쟁 지역 밖에서 자신들의 명분을 알리기 위해 테러에 의존하고 있었다. 과거 시온주의*를 주장하던 유대인과 마찬가지로 팔레스타인 역시 민족주의가 그들이 처한 난국을 헤쳐 나갈 해답이라는 결론을 내렸다. 또한 1940년대 시온주의 투사들처럼 팔레스타인 역시 암살과 무차별 살인이 그들의 민족적 정체성을 표현할 수 있는 무기라고 생각했다.

시간이 흐르면 또 다른 분쟁이 발발하리라는 것은 분명했고, 미국과 소련의 이해관계가 팽팽히 맞서고 있었기 때문에 과거의 세계 대전처럼 어느 한 지역의 작은 분쟁이 한순간에 세계로 번질 위험이 존재했다.

일촉즉발의 위험은 이집트와 시리아가 1973년 10월 유대인의 성스러운 날인 욤키푸르에 이스라엘을 공격했을 때 일어났다. 성능이 매우 향상된 소련 무기로 무장한 적들 때문에 이스라엘은 처음으로 군사적 패배 가능성에 직면했다. 그럼에도 불구하고 이스라엘은 또다시 승전했다. 하지만 이 승리의 이면에는 소련이 이집트에 핵무기를 수송하자 미국이 전 세계 미군들에게 경계 명령을 내려 대응한 사실이 숨어 있었다.

사건의 이런 배경은 당시 대중들에게 제대로 인식되지 못했다. 조금 더 즉각적으로 드러난 것은 사우디아라비아를 필두로 하는 아랍 국가들의 행동이었다. 이들 국가는 유럽, 일본, 미국에 석유 공급을 제한하겠다고 선언함으로써, 이스라엘이 계속 의지해 왔던 외교적 지원을 기대할 수 없을지도 모른다는 가능성을 상기시켰다.

이스라엘이 그동안 받아 온 외교적 지지는 유대인 대학살에 대한 유럽인의 죄의식과 낙후된 지역에 존재하는 이스라엘이라는 자유문명국가에 대한 공감 내지 찬탄에서 비롯된 것이었다. 미국의 유대인 유권자 수도 빼놓을 수 없는 큰 이유기도 했다.

당장은 이스라엘과 이집트를 분리시키기 위해 유엔군이 시나이 반도에 배치되었지만 이 지역의 문제는 근원적으로 하나도 해결된 것이 없었다.

석유 위기

'석유 외교'라는 새로운 바람은 유가 급등을 불러왔다. 이로써 세계 국제 관계에 주요한 변화가 일어났다. 1950~1960년대만 해도 미국과 영국은 걸프 지역 국가들과 사우디아라비아, 이라크 등에 비공식적인 영향력을 행사하여 대부분 저유가의 안정선을 유지할 수 있었다. 하지만 이스라엘 문제로 인한 여파로 1974년 석유 위기가 닥쳐 오면서 저유가선은 무너지고 말았다.

1960년대에는 비록 삐걱거리긴 했지만 견딜 만했던 경제 문제가 하룻밤 사이에 극심한 변동을 보였다. 전 세계적으로 수입 석유에 대한 의존도가 높았기 때문에 이에 따라

1962년 7월 3일 기쁨에 들뜬 알제리인들이 프랑스로부터의 독립을 축하하고 있다.

국제수지도 흔들렸다. 미국조차 심하게 동요했고, 일본과 유럽은 곧바로 경기 침체의 징후를 보였다. 심지어 1930년대처럼 대공황이 오리라는 말까지 나왔다.

전후 경제 회복과 함께 시작된 경제 성장의 황금시대가 종말에 이르렀고, 그중에서도 빈곤국들이 가장 큰 타격을 입었다. 이들 중 다수가 또다시 극심한 인플레이션에 직면했고, 일부는 외국 채권자에게 진 큰 빚의 이자를 갚기 위해 잉여 소득이라는 것을 사실상 잊어버리고 살아야만 했다.

| 블랙 아프리카 |

1950~1960년대 아프리카에는 탄생하자마자 곧 무너질 듯 위태로운 신생국들이 나타나면서 이곳저곳에서 극적인 탈식민지 과정이 펼쳐졌다. 이런 현상은 특히 사하라 사막 남쪽에서 두드러졌다. 유럽은 과거 오스만 제국에 많은 영향을 미쳤음에도 불구하고, 직접 통치는 오스만 제국의 영토였던 아프리카 서부나 아프리카 북부의 이슬람권보다는 사하라 이남의 이른바 블랙 아프리카 지역에서 더욱 고착화된 경향을 보였다.

블랙 아프리카 지역의 지도가 바뀌고, 법적 지위가 변화하면서 마침내 각 나라가 독립을 하는 데에는 20여 년 정도의 시간이 소요되었다. 프랑스와 영국은 그동안 탈식민지 과정을 놀라울 만큼 평화롭게 겪어 냈다. 이탈리아는 1943년에 마지막 아프리카 영토를 잃었다.

비록 포르투갈이 1974년 국내 혁명 이후에야 아프리카 지역을 포기하긴 했지만 아프리카 다른 곳은 이미 오래전에 평화롭게 탈식민지화에 성공했다. 오직 알제리에서만 식민지에서 탈피하는 데 많은 피를 흘렸다.

프랑스와 영국의 정치가들은 이전 종속국에 과시하는 듯 호의적 관심을 보임으로써 가능하면 많은 영향력을 계속 보유하고자 했다. 정작 제국주의 국가들의 철수를 주춤하

사진에 보이는 마푸투는 아프리카 모잠비크의 수도이자 주요 항구이다. 이제 단일당 사회주의 공화국인 모잠비크는 13년간의 전쟁 끝에 1975년 포르투갈로부터 독립했다. 이 나라의 주요 수출품은 쌀, 고무, 황마 및 보석이다.

게 만드는 요인은 제국주의 국가들 자체가 아니라 식민지에 사는 정착민들이었다.

식민시대의 유산

블랙 아프리카의 지도가 현재와 같은 모습이 된 것은 19세기 유럽인들이 편의대로 정한 것이 그 시발점이었다. 새로운 아프리카 국가들은 주로 이전 식민지의 경계선을 그대로 국경으로 삼았다. 식민지의 경계선은 다양한 언어, 종족, 습관을 가진 사람들을 하나로 묶어 두었고, 이렇게 서로 다른 사람들이 식민지배로 인해 형식적인 통합을 이루고 있었던 것이다.

아프리카는 아시아처럼 대륙의 식민지적 분할을 상쇄할 만한 자생적인 문명의 결속력이 부족했기 때문에 아프리카 대륙에서 제국의 철수는 곧바로 소국 분열로 이어졌다. 서구화된 아프리카 엘리트들에게 매력적으로 보였던 민족주의 노선은 대륙의 분열을 가져왔고, 이전의 식민주의 시대가 남긴 현실적인 상황들은 빈번히 무시되었다.

새로운 통치자들이 때로는 귀에 거슬릴 정도로 민족주의를 강조한 데에는 아프리카 전체를 아우를 만한 중앙집권적 세력이 형성될 것을 우려한 면도 없지 않아 있었다. 서아프리카인들은 고대 말리와 가나의 역사 기록을 샅샅이 훑었고, 동아프리카인들은 초기 유럽의 국가 건립자들처럼 건국 신화를 빚어 내기 위해 짐바브웨의 폐허 같은 유적에 숨어 있을 만한 과거를 고찰했다. 이들은 민심을 통일해 한데 모을 수 있는 구심점을 찾으려고 노력했던 것이다.

아프리카의 경제 문제

국가의 내부적 분열 현상만이 아프리카가 지닌 유일하고도 최악인 문제는 아니었다. 아프리카는 대륙이 지닌 거대한 경제적 잠재성

제2차 세계 대전 후 케냐에 공식 무역회사가 설립되어 농민 경제에 대한 유럽 기업의 독점 상태를 종식시켰다. 사진은 케냐 와타무에서 면화를 따는 장면.

에도 불구하고 경제적, 사회적 기반이 모두 취약했다. 또다시 식민주의 시대가 남긴 유산이 걸림돌이 되고 있었다.

식민 정권이 아프리카에 남긴 문화적, 경제적 기반은 아시아에서보다 열악했다. 문맹률도 높았고, 훈련된 행정요원이나 기술 전문가도 소수였다. 아프리카의 중요한 경제 자원, 특히 광물은 이를 이용할 기술, 자본, 판매 시설이 없다면 무용지물이었고, 그것은 외부세계로부터 들여올 수밖에 없는 것이었다.

더욱이 일부 아프리카 경제는 유럽의 필요와 이해관계 때문에 끝없이 혼란과 분열을 겪었다. 제2차 세계 대전 중 일부 영국 식민지 농업은 수출용 현금 작물 형태의 대규모 재배로 변화했다. 이전에는 다만 자급자족할 작물과 가축을 키웠던 농부에게 이런 대량 재배가 장기적으로 득인지 실인지는 하는 것은 좀 더 따져 봐야 하겠지만 분명한 것은 너무나 빨리 심각한 결과가 나타났다는 사실이다.

그중 하나가 영국과 미국이 필요로 했던 작

아프리카와 아시아의 탈식민지화 및 국가 건립

현대 세계의 주요 사건 중 하나는 주로 남반구에 있는 다양한 국가들이 정치적 독립을 쟁취한 것이었다. 이 지도가 보여 주듯이 탈식민지화는 사실상 1947년 인도 및 파키스탄 독립과 함께 시작되어 1970년대 중반에 끝이 났다. 이후 많은 국가들이 새롭게 건립되거나 명칭을 바꾸었고, 통일을 이루기도 했다. 그리고 이 과정에서 때로는 영토 경계선이 변화되기도 했다.

물을 제공한 대가로 지불된 현금의 대량 유입이었다. 이 돈 중 일부는 높은 급료로 지불되었지만 현금 경제의 확산은 심한 지역적 불균형을 초래했다. 그리고 그 와중에 예기치 못한 도시 성장과 지역 발전이 일어났다. 많은

아프리카 국가들은 이처럼 준비되지 않은 채 갑작스럽게 발전했고, 제2차 세계 대전이 끝나면서 바로 그 취약점과 한계가 드러났다.

영국 식민지 발전 복지기금 같은 선의의 프로그램이나 많은 국제 원조 프로그램조차 본

래 의도와는 다르게 아프리카의 생산자들을 세계 시장이라는 족쇄에 묶어 두는 결과를 가져왔다. 단순한 원조가 아닌 시장경제의 논리에 노출된 것이다. 그런 상황에서 1960년 이후 인구는 점점 더 가파르게 상승하고, 제국주의 국가들이 가져다 준 '자유'의 실상에 대한 실망감이 고개를 들면서 불만은 점점 커져 갔다.

아프리카의 탈식민지화

1945년 아프리카에서 이집트를 제외한 완전 독립 국가는 에티오피아와 리베리아뿐이었다. 현실적 측면과 법적 측면에서 남아프리카연방은 영연방의 자치령이었고, 영국 식민지인 로디지아*는 대외적으로 가려져 있을 뿐 사실상 독립 상태였다. 그 외의 국가는 모두 아직 식민 통치 아래에 있었다. 그러나 도중에 어려움을 겪기는 했어도 블랙 아프리카의 탈식민지화 과정은 그 후 거의 중단되지 않고 계속 진행되었다.

남아프리카연방이 완전히 독립하여 영연방을 떠난 해인 1961년에 아프리카 신생국은 24개국에 달했다. 현재는 50개국이 넘는다. 1970년에는 포르투갈만이 블랙 아프리카에 집착하는 유일한 과거 식민지 세력이었고, 1975년 말에는 포르투갈조차 떠났다. 해외 영토를 찾아 떠난 유럽인의 모험을 선도했던 이베리아 반도의 사람들이 포기 역시 가장 최후에 했던 것이다.

아프리카의 정치

아프리카인들은 식민지 상황에서 벗어나자마자 곧바로 심각한 위험에 노출되었다. 가나는 1957년 사하라 사막 이남에서 식민지였다가

◀ 크와메 은크루마(1909~1972)는 1945년 제5차 범아프리카의회의 사무총장이었고, 1957년에는 가나 독립국의 최초 수상이 되었다. 1960년 가나공화국을 선포하고 대통령으로 통치하다가 1966년 지위를 박탈당했다.

* 로디지아
아프리카 남부의 옛 영국 식민지. 북로디지아는 1964년 잠비아라는 이름으로 독립했고, 남로디지아는 심한 인종 차별이 계속되다가 1980년에야 짐바브웨라는 이름으로 독립했다.

케냐 아프리카 민족동맹, 즉 KANU의 지도자였던 조모 케냐타는 1963년 영국을 상대로 케냐의 독립 조건을 협상했고, 1964년 공화국 초대 대통령이 되었다. 다른 반식민주의 아프리카 지도자들과 함께 그는 1945년 제5차 범아프리카의회의 조직에 참여했다.

제국의 계승자들 57

1930년 에티오피아 황제 하일레 셀라시에(1891~1975)의 대관식 장면. 그는 1974년 군사 혁명으로 폐위되었고 이후 군부는 마르크스주의 인민공화국을 선언했다.

인들이 피의 숙청에 휘말렸다.

기타 국가에서는 유혈은 덜했지만 여전히 파벌, 지역, 부족 간에 투쟁이 심했다. 이로 인해 소수 서구화된 엘리트 정치가들은 갈피를 잡지 못했고, 젊은 시절에 자신들이 열정적으로 추구했던 민주자유주의 원리를 포기하는 사태가 발생했다.

1970년내에 많은 신생국들이 분열을 방지하고 정권에 대한 공개적인 반대를 억누르며 중앙 권력을 강화하기 위해 노력했다. 이를 위해서 신생국의 통치자들은 대부분 단일당 전체주의 정부 체제를 확립하거나 군사 정권을 수립했다. 아프리카에서 좀 더 역사가 오래된 독립국들도 이를 피해 가지는 못했다.

평화로운 사회적, 정치적 변화를 기대할 수 없을 것 같은 이러한 체제에 불만을 지닌 세력이 1974년 에티오피아에서 혁명을 일으켰다. 이때 '유다의 사자'라고 불리던 에티오피아 황제가 폐위되었는데 이는 서양으로 치면 그리스도교 군주제의 종말과도 같은 것이었다. 그러나 1년 후 집권한 군사 정권은 이전 황제들만큼이나 신뢰를 얻지 못했다.

아프리카의 다른 지역에도 유사한 변화가 계속 일어났다. 때로는 초기의 유럽인 독재자들을 연상시킬 만한 폭군 정치가가 나타나기도 했다. 그런데 서구인의 시각과 조금 다르게 아프리카 민족 해방주의자들은 신생국의 권력자들을 식민지 이전 시대 아프리카의 관점에서는 왕권의 계승자로 볼 수 있다고 주장했다. 하지만 실제로 일부 정치가는 그저 약탈자에 불과한 경우가 많았다.

아프리카의 동맹국들

국내 문제가 있다고 해서 외부 세계에 대한 아프리카인들의 분노가 사그라진 것은 아니다. 이런 분노의 뿌리는 매우 깊은 곳, 즉 과거 유럽인들이 자행했던 노예 무역에서 찾아

신생국이 된 최초의 나라였다. 다음 27년간 12개의 전쟁이 아프리카에서 일어났고 열세 명의 국가 수반이 암살을 당했다. 특히 심각한 분쟁이 두 차례 발발했다.

벨기에령이었던 콩고에서는 광물이 풍부한 카탕가 지역이 분리, 독립하려고 하자 내전이 일어났다. 이에 당시 경쟁 관계에 있던 소련과 미국이 재빨리 가세했고 유엔은 평화를 회복시키려고 노력했다. 1960년대 말에는 그때까지 가장 안정되고 유망한 아프리카 신생국 중 하나였던 나이지리아에서도 고통스러운 내전이 벌어져 다시 한 번 비아프리카

볼 수 있다. 노예 무역은 인종 차별에 관한 인류 역사상 최악의 사례이고, 아프리카인들에게 남긴 상처는 사실 너무나 깊었다. 상대적으로 약소국들로 구성된 아프리카 대륙은 그 이후로도 오랫동안 정치적으로 열등한 취급을 당해 왔다.

정치적, 군사적 조건에서 볼 때 단합하지 못한 아프리카가 국제 사회에서 큰 비중을 차지할 것을 기대할 수는 없었다. 아프리카는 분열로 인해 발생한 약점을 극복하려고 시도했다. 비록 실패하긴 했지만 1958년 아프리카 합중국을 설립하려는 시도는 동맹국 시대, 부분적 병합 시대 그리고 연방 실험 시대를 열었고, 이는 1963년 에티오피아 셀라시에 황제의 노력으로 아프리카 통일기구OAU를 결성한 데서 정점을 이루었다.

아프리카 통일기구는 사실 정치적으로 큰 성공을 거두지는 못했다. 이 기구가 이룬 성과라면 1975년 아프리카의 농업 생산자들을 위해 유럽과 우호적 무역협상을 타결한 일이었다. 독립 아프리카 초기의 정치 양상에 실망한 사려 깊은 정치가들은 유럽과 경제 발전을 위한 협력 관계를 맺기를 원했다. 이전 식민 세력이었던 유럽이야말로 아프리카에 자본과 기술, 조언을 해 줄 가장 중요한 원천이었기 때문이다.

그러나 불행히도 블랙 아프리카의 경제 성적은 암담했다. 부적절한 경제계획이 농업의 몰락을 가져왔던 것이다. 도시 유권자들 사이에 얽힌 정치적 이해관계와 부정부패, 특권적 투자가 통상 및 산업 정책을 방해했다. 그동안에도 인구는 엄청나게 증가했고, 기근 재발도 막을 수 없었다.

설상가상으로 1973년 석유 위기 이후 촉발

아프리카 통일기구

신생 아프리카 독립국들은 범아프리카주의라는 이상과 원리를 편협한 절대주의적 정치 연합을 위한 공식이 아닌 아프리카 독립 국민들의 근원적인 정체성을 표현하는 대륙적 병합체로서 유지하고자 했다.

통일과 상호 협력을 향해 가려는 시도는 1963년 5월 에티오피아 아디스아바바에서 열린 국가정상회담에서 아프리카 통일기구, OAU 설립과 함께 구체화되었다. OAU의 설립에는 세 가지 요인이 작용했다. 그것은 통일이라는 범아프리카주의 이상의 지속, 아프리카 대륙 모든 국가들의 완전한 독립을 위한 투쟁의 급진화 그리고 이미 독립한 국가들 내부에 다양하게 존재하는 기존 성향들의 조화였다.

헌법 헌장은 회원국의 권리 및 의무뿐 아니라 독립 아프리카를 통치할 것을 목적과 원칙을 들어 명시하고 있다. 가장 두드러지는 목적으로는 아프리카 시민들의 생활수준을 향상시키기 위해 협조할 것, 주권과 영토의 보전 및 회원국의 독립을 방어할 것 그리고 유엔 헌장과 보편적 인권선언에 기초하여 국제적 협력을 도모할 것 등이 있다. 또한 원칙으로는 회원국의 내부 문제에 대해 간섭하지 말 것, 협상 중재 화해 조정을 통해 문제를 평화적으로 해결할 것 그리고 주요 진영과 동맹하지 말 것 등이 있다.

에티오피아의 셀라시에 황제(오른쪽)가 OAU 10주년 기념식에 참석하기 위해 아디스아바바에 도착한 탄자니아의 니에레레 대통령을 맞이하고 있다.

제국의 계승자들 59

아파르트헤이트apartheid란 용어는 1948년 남아프리카 연방 상원의원 헨드리크 페르부르트가 남아프리카연방에서 백인우월주의를 유지할 것을 주장하면서 처음 사용한 말이다. 아파르트헤이트 법률 중 하나가 흑백분리법으로 이는 모든 공공 서비스를 백인용과 비백인용으로 구분해야 한다는 법령이었다. 따라서 모든 건물, 해변, 공원, 공공 벤치, 버스뿐 아니라 이 사진이 보여 주듯이 심지어 공중화장실마저 분리되어야만 했다.

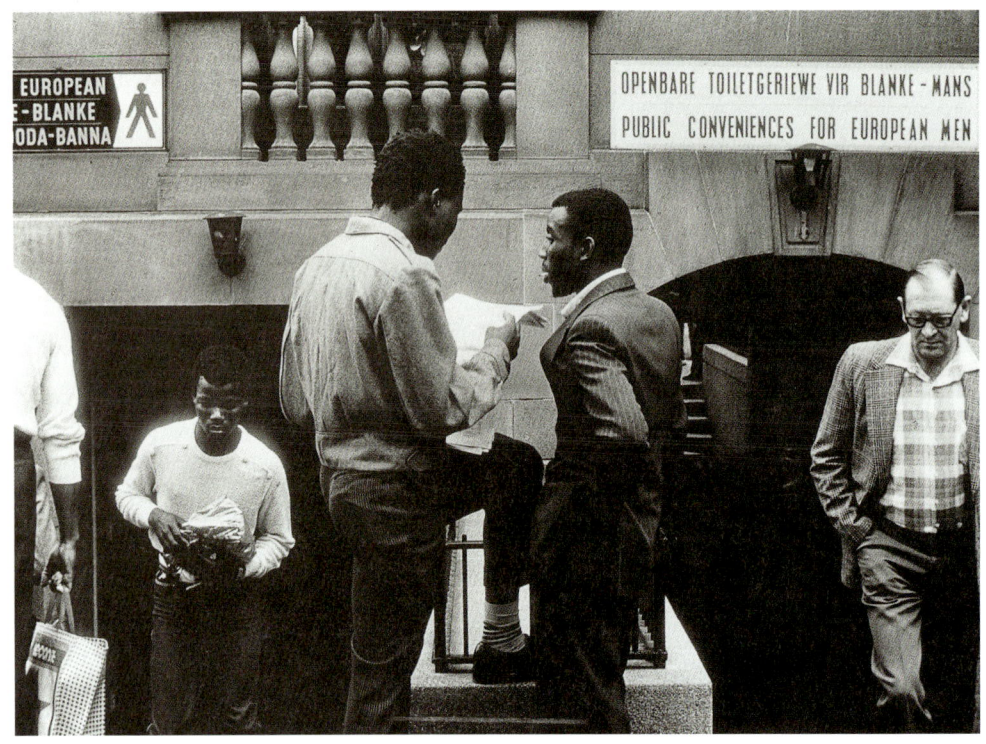

* 보어인과 보어 전쟁
남아프리카공화국의 네덜란드계 백인. 네덜란드어의 '농민'을 뜻한다. 남아프리카공화국의 백인 인구 중 약 60%를 차지하며 남아프리카의 실권을 장악했다. 그러다 이 지역에 영국이 진출하면서 대립하게 되었고, 여기서 벌어진 전쟁이 보어 전쟁이다. 이 전쟁에서 보어인은 패했지만, 이후 영국과의 대립은 계속되었다. 자신들을 아프리카너라 부르며 아프리칸스라는 네덜란드어를 사용한다.

된 세계적 경기 침체는 아프리카에 파괴적인 영향을 끼쳤고, 이 여파는 불과 몇 년 사이에 되풀이된 가뭄으로 인해 더욱 악화되었다. 블랙 아프리카에서 연간 1인당 GDP는 1960년 이래 계속 하향세를 그렸으며, 1980~1985년에는 1.7% 정도 하락했다.

이런 상황에서 정치적 냉소주의가 만연했고, 독립 시대의 지도자들은 길을 잃은 것처럼 보였다. 그럼에도 불구하고 그들은 자기비판을 하지 못하고 일이 잘 안 풀릴 때마다 그로 인한 좌절감을 새로운 분노를 조장하는 것으로 표현했다. 이들은 때때로 아프리카인들을 냉전에 얽혀 들게 하려는 외부의 시도에 격분하기도 했다. 이 모든 일들이 실망만 안겨 주었다.

마르크스주의 혁명 역시 성공하지 못했다. 역설적이게도 마르크스주의 정부가 뿌리를 내린 것은 독립 아프리카 국가들 중에서 가장 봉건적이며 후진적이었던 에티오피아와 식민 점령지, 그중에서도 발전이 가장 뒤져 있었던 과거 포르투갈령 식민지였다. 과거 프랑스 및 영국 식민지들은 아무런 영향을 받지 않았다.

남아프리카연방과 로디지아

결국 아프리카 문제의 책임을 추궁할 희생양이 필요해졌다. 아프리카 탈식민지화의 신속한 완료와 아프리카 대륙의 지리적 고립을 고려할 때 그 희생양은 아프리카 내부에서 발견되었다. 아프리카인의 반감은 점점 더 아프리카 내부의 흑백 인종 분리 상황에 집중되었다. 인종 차별은 아프리카 최강국인 남아프리카연방에서 가장 높은 악명을 떨쳤다.

아파르트헤이트 제도

1945년 남아프리카연방을 지배했던 보어인*들은 영국에 불만을 품고 있었다. 그 뿌리는 그레이트 트렉*으로 거슬러 올라가고, 영국에 대한 반감은 보어 전쟁의 패배로 더욱 고조되었다.

제1차 세계 대전이 끝나자 보어인과 영연방과의 유대는 점차 단절되었다. 케이프타운과 나탈 행정구에 앵글로색슨족에 뿌리를 둔 유권자들이 집중해 있었던 것이 이런 변화를 더욱 가속화시켰다. 보어인들은 트랜스발과 주요 산업 지역 및 농촌 오지에 정착했다.

제2차 세계 대전에서 남아프리카연방은 영국 편으로 참가해 파병할 수밖에 없었지만, 당시에도 타협을 모르는 보어인, 즉 '아프리카너'들은 나치에 협력하는 운동을 후원했다. 이 운동의 지도자는 1948년 총선에서 남아프리카연방의 노정치가 얀 크리스티안 스무츠를 물리치고 총리가 되었다.

연방 내에서 아프리카너들은 꾸준히 힘을 결집하고, 산업·금융 부문에서 경제적 지위를 쌓아 올렸다. 이들은 뿌리 깊은 편견 때문에 아프리카너를 배척하던 블랙 아프리카인들에게 자신들의 정책을 강요하기 시작했다. 결국에는 인종 분리 제도가 시행되었고 이것이 바로 아파르트헤이트였다.

아파르트헤이트는 블랙 아프리카인들을 열등한 지위로 강등시키는 작업을 체계적으로 실현하고 강화했다. 이 제도의 목적은 산업주의와 시장경제로 인해 변화된 상황 하에서도 블랙 아프리카인들을 완전히 통제함으로써 백인의 지위를 보장하려는 것이었다.

영국 연방에서 벗어난 로디지아

아프리카 다른 지역의 백인들도 아파르트헤이트를 선호했다. 남아프리카연방과 유사한 흑백 인구 비율과 빈부 격차를 보인 유일한 나라는 로디지아였는데, 이 나라는 1965년 영연방에서 탈퇴하여 영국 정부를 당혹스럽게 했다.

영연방 탈퇴 주의자들은 나라 상황이 점차적으로 남아프리카연방 체제와 동일해지리라는 우려 때문에 영연방을 탈퇴했고, 영국 정부는 우유부단하게 망설이다가 방어 시기를 놓쳤다. 다른 블랙 아프리카 국가들이 즉각적으로 이 문제에 취할 만한 행동은 아무것도 없었고, 유엔 역시 무역 금지 조치인 '경제적 제재'를 내리긴 했지만 따로 할 일이 없었다. 많은 블랙 아프리카 국가들은 이런 제재를 무시했고, 영국 정부는 대기업 정유 회사들이 반군에게 석유를 조달하는 것을 눈감아 주었다.

힘없는 영국 정부의 역사상 가장 수치스러운 사건 중 하나로 기록될 이 사건 때문에 아프리카에서 영국의 위신은 땅에 떨어졌다. 아프리카인들은 왜 영국이 군사력을 동원하여 1776년의 미국 식민지 폭동 같은 이번 반란을 진압하지 않는지 이해할 수 없었다. 대다수 영국인들은 미국의 선례를 겪었기 때문에 군사적으로 약한 자국이 지리적으로 멀

* 그레이트 트렉
1830~1840년대, 영국 정부의 정책에 반대하는 약 1만 2,000~1만 4,000명의 보어인들이 영국이 지배하던 남아프리카연방의 케이프 식민지에서 이주한 사건. 이들은 새로운 땅을 찾아 북방 내륙으로 대이동을 했다.

1948년 요하네스버그 인근 금광에서 일하는 두 명의 노동자. 금광은 다이아몬드 광업과 함께 남아프리카연방이 부를 축적하는 데 큰 몫을 했다. 경제는 1960~1970년 사이에 엄청난 속도로 성장했고 GDP는 113% 증가했으며 인구도 34% 늘어났다. 하지만 이 새로운 부는 균등하게 분배되지 못했다.

리 떨어진 식민지에 개입하는 것을 회의적으로 생각했다.

비록 아프리카에서 가장 부유하고 강한 국가이며 계속 더 부유하고 강해지고 있던 남아프리카공화국(남아프리카연방은 1961년 영연방을 탈퇴하면서 남아프리카공화국을 선언했다)이 안정되어 보이긴 했지만 1970년대에 들어 남아프리카공화국은 남·북로디지아 및 포르투갈 식민지들과 마찬가지로 블랙 아프리카인들이 거센 분노를 표하는 대상이 되었다.

인종 분쟁 전선은 남아프리카공화국이 자국 흑인에게 양보한 사소한 사항들이나 일부 흑인 국가들과 맺은 경제적 협력 관계로는 개선될 여지가 없었다. 조만간 외부 세력이 개입할 위험마저 있었다.

1975년 포르투갈이 앙골라에서 철수한 후에는 그곳에 마르크스주의 정부가 들어섰다. 곧이어 앙골라 내란이 일어나자 국외에서 공산주의 군대가 정부 측을 도우려고 도착했고, 남아프리카공화국은 얼마 후 앙골라 반군을 지원했다.

짐바브웨

남아프리카공화국 정부는 곧 그들의 의도를 드러냈다. 굴복할 줄 모르는 독립 로디지아와의 유대를 단절해 거리를 두려고 했던 것이다. 미국 정부는 로디지아가 공산주의 지원에 의존하는 흑인 민족주의자들의 손에 넘어갈 경우 어떤 결과가 올지 생각해 보지 않을 수 없었다. 미국은 남아프리카공화국에 압력을 넣었고, 남아프리카공화국은 다시 로디지아에 압력을 넣었다.

1976년 9월 로디지아 총리는 어쩔 수 없이 국민에게 흑인 다수결의 정치 원리를 받아들여야 한다는 성명을 발표했다. 백인 지배 하의 아프리카 국가를 설립하려는 마지막 시도는 이렇게 해서 실패로 끝났다. 이는 유럽 지배력의 쇠퇴를 나타내는 또 하나의 증거가 되었다.

그럼에도 불구하고 흑인 민족주의자들의 게릴라전은 계속되었고, 이 사태는 흑인 민족주의자들이 무조건 항복을 요구하는 바람에 점점 악화되었다. 마침내 1980년 로디지

로디지아의 전쟁을 피해 수천 명의 난민들이 피난하고 있다. 사진은 1977년 잠비아에서 카메라에 잡힌 어린이들

1952년 남아프리카연방의 아파르트헤이트법에 항거하는 시위로 블랙 아프리카인들이 유럽인 전용열차 칸에 타고 있다.

아는 잠시 영국 통치로 복귀했다가 다시 흑인 총리가 통치하는 '짐바브웨'라는 나라로 새롭게 태어났다.

아파르트헤이트에 대한 반감의 증대

짐바브웨로 인해 남아프리카공화국은 대륙 유일의 백인 지배 국가가 되었고, 아프리카 최고의 부자 나라인 동시에 전 세계 비백인의 반감이 집중되는 표적이 되었다. 아프리카 통일기구가 앙골라 내전으로 와해되긴 했지만, 아프리카 지도자들은 대체로 남아프리카공화국에 반대했다.

1974년 유엔 총회는 아파르트헤이트를 문제 삼아 남아프리카공화국의 참석을 금지시켰다. 1977년에는 유엔 인권위원회가 남아프리카공화국의 잘못된 행동을 비난했지만 그러면서도 우간다에서 자행된 흑인들 간의 만행을 조사하라고 요구함으로써 아파르트헤이트 문제를 흐지부지하게 만들었다.

요하네스버그 북동쪽 프리토리아 북쪽 지역의 앞날은 점점 더 불길해져 갔다. 소련은 쿠바군을 앙골라에 파병함으로써 남아프리카공화국에 대항하는 새로운 전략적 힘을 보여 주었다. 이전 포르투갈 식민지 국가와 모잠비크도 1980년대 흑인 마을에서 폭동을 선동하고 도시 테러를 계속하던 남아프리카공화국 반체제 인사들에게 근거지를 제공했다.

남아프리카공화국의 변화

국제적 비난과 북쪽으로부터의 위협, 국내 불안은 분명 남아프리카공화국 정부의 위상에 변화를 가져왔다. 1980년대 중반에 이르자 상황은 아파르트헤이트의 유해한 조항들이 해체되느냐 마느냐에 그치지 않고, 남아프리카공화국 백인이 과연 흑인 다수결 원칙을 용인할 수 있느냐, 이것이 무력투쟁 없이도 가능하냐 하는 데에까지 이르렀다.

1978년 피터 보타 총리가 취임하면서 분명한 변화가 생겼다. 많은 아프리카너들이 실망하고 있음에도 불구하고 보타 총리는 서서히 흑인에게 양보 정책을 펴기 시작했다. 하지만 오래지 않아 그의 주도권에 제동이 걸렸다.

1985년 4월 비텐하게에서 열린 남아프리카공화국 폭력 사태 희생자 합동 장례식에 모여든 엄청난 군중. 백인 소수 정부에 대항하는 통일민주전선 요원들이 봉기를 기도하던 와중에 많은 희생자가 발생했다. 이 시대에 당파 투쟁 역시 흑인 공동체를 유린하고 있었다. 7월 보타 대통령은 국내 대부분의 도시에 비상계엄령을 내렸다.

남아프리카공화국에 대한 수그러들지 않는 유엔의 적대감, 증가하는 국내 도시 테러, 아프리카너 후원자들이 선거를 통해 보여 준 보타에 대한 커져 가는 불신이 합쳐져 보타 총리는 다시 억압 정책으로 돌아섰다.

보타 총리는 1983년 신헌법으로 다시 유화 정책을 펴고자 했다. 하지만 흑인 정치가 측에서는 비백인 국민에게 준 대표권이 심히 부적절하다며 분개했고, 백인 보수주의자 측에서는 비백인 대표권을 양보했다는 이유로 아주 불쾌해했다. 그런 와중에 보타 총리는 1984년 대통령 직에 올랐고, 이후 아파르트헤이트를 계속 유지해 갔다.

남아프리카공화국에 대한 다른 나라들의 제재는 계속 커져만 갔고, 남아프리카공화국은 국제 사회에서 점점 고립되어 갔다. 1985년에는 미국까지도 제한적인 제재를 가했다. 이 즈음 남아프리카공화국 경제에 대한 국제적 신뢰도가 떨어지면서 그 여파가 국내에 나타나기 시작했다.

국내 여론 동향이 변화하고 있다는 징후는 두 가지 측면에서 감지되었다. 첫째, 네덜란드 개신교에서 아파르트헤이트는 '실수'이며 성서에 의해 정당화될 수 없다고 발표했고, 둘째, 아프리카너 정치가들 사이에 분열이 심화되고 있었다.

아마도 자국의 고립이 심화되는 상황에서 남아프리카공화국의 국경이 안전하게 지켜진 것도 국내 여론이 변화한 것이 도움이 되었을 것이다. 물론 쿠바군이 앙골라에 남아 있는 한, 남아프리카공화국이 앙골라 정부를 무너뜨릴 능력은 없었다. 1988년에야 남아프리카공화국이 만족할 만한 조건 하에서 나미비아의 독립이 이루어졌고, 남아프리카공화

1994년 넬슨 만델라가 남아프리카공화국 대통령으로 취임하던 날, 잠비아 대 남아프리카공화국 명사 축구 경기를 관전하러 나온 모습.

국은 앙골라와도 곧 화해하게 되었다.

넬슨 만델라의 석방

보타 대통령은 결국 1989년 억지로 자리에서 물러나게 되었다. 그리고 뒤를 이은 드 클러크 대통령은 자유화 운동이 계속되어야 하며, 아파르트헤이트는 모든 면에서는 아닐지라도 점차적으로 폐지해야 함을 분명히 했다.

이제 정치적으로 항거하고 반대 의견을 표명하는 것이 좀 더 자유로워졌고, 집회와 시위도 허용되었으며, 구금되었던 민족주의 지도자들도 방면되었다. 1990년에는 반아파르트헤이트 운동의 상징적 인물이며 아프리카의회 지도자인 넬슨 만델라가 마침내 석방되었다. 그는 석방되자마자 국가의 미래에 대해 정부와 토론을 벌이기 시작했다.

만델라의 비타협적 언동에도 불구하고 그는 국가의 새로운 미래를 위해 백인 소수 집단을 설득할 수 있으리라는 희망을 상징하는 인물이었다. 이러한 희망적 징조 때문에 많은 흑인 정치가들은 더욱 더 빠른 성과를 얻고자 조급해했다.

1990년 말까지 드 클러크 대통령은 많은 진보를 이루어 냈다. 그가 이뤄 낸 성과는 어쩌면 만델라보다도 더 컸을 정도였다. 심지어 그는 아파르트헤이트의 초석이었던 토지법안을 무효화하겠다는 말까지 했다. 1991년 마침내 나머지 아파르트헤이트 법률이 철폐되었다. 이로 인해 국민들 사이에는 비현실적인 낙관주의가 팽배해졌고 동시에 흑인들이 소수 백인에게 더 많은 양보를 요구하면서 폭력이 증대될 위험도 커졌다.

특히 1993년에는 폭력이 난무했다. 이런 와중에 1993년 말 남아프리카공화국 의회는 마침내 흑인 인구에게 정당한 몫의 정치적 힘을 약속하는 개헌 방안을 승인했다. 그리고 임시 헌법으로 다음 해에 자유선거를 치르게 되었다. 이는 흑백을 막론하고 책임 있는 지도자들이 이루어 낸 거대한 진일보였고, 그 열매를 거둔 것은 1994년 4월 선거였다.

이 선거에서 흑인 유권자들은 광범위하게 투표에 참여하여 질서정연한 모습을 보였으며 이를 통해 새 의회를 구성했다. 마침내 1994년 5월 9일 새 의회가 개정하여, 만델라를 새로운 남아프리카공화국의 초대 대통령으로 선출했다.

어떤 어려움이 앞에 놓여 있든, 이것은 그 어떤 기준으로 보아도 대단히 긍정적인 정치적 성과였고 세기적 업적이었다. 물론 흑백의 양 극단주의자들이 여전히 불만을 토로하고 있었고 새 나라를 제대로 이끌어야 할 과제는 남아 있었다.

라틴아메리카

1900년에 이르러 일부 라틴아메리카 국가들은 안정을 찾았고 번창한 나라도 있었다. 원래 이들 나라는 식민 지배 국가의 문화에 19세기 유럽 문화의 영향이 더해졌는데, 특히 탈식민지 시대에는 프랑스의 문화가 라틴아메리카의 엘리트들을 사로잡았다.

상류층은 유럽의 생활양식을 따르고 있었고 대륙의 많은 도시들도 유럽을 반영한 근대적 모습을 띠고 있었다. 이 즈음 유럽 이민자가 증가하여 구시대 식민지 엘리트들의 수가 능가했다. 아메리카 원주민의 후손들은 갈수록 힘을 잃었고, 한두 국가에서는 이들을 억압하는 제도가 너무나도 철저히 시행된 탓에 거의 멸족 위기에 처하기도 했다.

세계 대전 이전의 라틴아메리카

대체로 라틴아메리카 국가들은 농업이나 광산업에 의존하는 1차 산업국이었다. 일부 국가들은 상대적으로 고도의 도시화를 이루었지만 2차 산업인 제조업 부문은 보잘 것이 없었다. 하지만 오랫동안 이들 국가는 19세기 유럽의 사회적, 정치적 문제로 인한 곤란을 겪지 않았다. 자본은 꾸준히 대륙에 유입되었다. 단지 가끔씩 아주 짧은 기간 동안 주기적인 재정난을 겪었고 그에 따른 결과로 자본 유입이 잠시 멈춘 적이 있을 뿐이었다.

세계 대전이 일어난 1914년 이전까지, 라틴아메리카에서 일어난 유일한 사회 혁명은 1911년에 멕시코의 독재자인 디아즈 대통령을 축출한 사건이었다. 이것은 10년에 가까운 내전과 100만 명의 죽음을 가져왔지만, 그 혁명의 주역은 무산 계급의 산업 노동자가 아니라 정권의 혜택에서 소외되었다고 느낀 중산층이었다. 라틴아메리카 국가들은 19세기의 대규모 이민에도 불구하고 산업화된 유럽처럼 계급 갈등을 보이지는 않았다.

1·2차 세계 대전 사이 라틴아메리카의 불안정

라틴아메리카의 선진 사회들은 제1차 세계 대전으로 인한 피해를 거의 입지 않았다. 이

20세기 초 멕시코에서는 땅의 분할 문제가 큰 문제였다. 지주 47만 명에 땅 없는 농부는 1,400만 명이라는 통계 수치도 있었다. 1910년 디아즈 대통령에게 대항한 봉기 뒤에는 에밀리아노 자파타, 판초 빌라 등의 혁명적 농민 지도자들이 있었다. 사진은 판초 빌라가 자신이 이끄는 병사들과 함께 있는 모습. 빌라는 농부들에게 땅을 나눠 주는 농업 혁명 프로그램을 제시했다.

1930~1945년과 1951~1954년에 브라질 대통령이었던 게투리오 바르가스가 1934년 12월 퍼레이드를 관람하기 위해 하우지자네이루(리우데자네이루)에 도착하고 있다. 자유연합국의 지도자로서 바르가스는 브라질의 소수 독재 공화국에 대하여 반대의 선봉에 섰고, 번창하는 산업 중산층을 위한 대변인으로 자처했다. 그의 정권은 라틴아메리카에서 시도한 최초의 국민정부였다.

사실로 인해 유럽 및 북아메리카와의 관계에 중요한 변화가 일어났다. 1914년 이전까지 미국은 카리브 해 연안에서 가장 큰 정치 세력이었지만 남아메리카 문제에까지 경제적 영향력을 행사하지는 못했다.

1914년 미국이 멕시코 이남 지역에 투자한 자본은 미국 해외 투자의 17%에 불과했다. 라틴아메리카에 대한 투자에서 영국이 미국보다 훨씬 앞섰지만 세계 대전 중에 영국이 재산을 처분하면서 변화가 생겼다. 1929년이 되자 미국은 남아메리카 투자의 가장 큰 원천이 되어 대륙에 유입되는 외국 자본 중 40%를 차지하게 되었다.

이어 대공황이 일어나 세계적인 경제 위기가 닥쳤다. 1929년은 라틴아메리카 국가들에게 불쾌한 시대를 열어 준 셈이자, 본격적인 20세기의 시작이라 할 만했다. 많은 나라가 외국 차관을 갚지 못했고, 더 이상의 차관을 들여오는 일도 거의 불가능해졌다. 이들 나라에서 경제적 번영 상태가 무너지면서 민족주의적 성향이 증폭되었다. 각 국가는 때로는 같은 대륙 내의 국가들과, 때로는 북아메리카나 유럽 대륙의 국가들과 적대적 관계가 되기도 했다.

멕시코와 볼리비아는 외국의 석유 회사들을 몰아내기도 했다. 전통적인 유럽식 소수 독재 정치는 국가 소득 하락에 수반되는 여러 문제들을 해결하는 데 실패하여 그 위상에 손상을 입었다. 그리고 1930년 이후 멕시코를 제외한 모든 나라에 군사 쿠데타가 일어났다.

라틴아메리카의 산업화

1939년 제2차 세계 대전이 발발하자, 전쟁으로 인한 수요 증가로 원자재 가격이 오르면서 다시 경제가 살아났다. 아르헨티나의 통치자들은 나치 독일을 추종했지만, 대부분의 공화국들은 자신들의 환심을 사려고 하는 연합국 측에 동조했다. 대부분의 나라들이 전쟁이 끝나기 전에 유엔 편을 들었고, 브라질은 소규

1946~1955년 그리고 1973~1974년에 아르헨티나 대통령으로 재임했던 후안 도밍고 페론이 1952년 부에노스아이레스에서 부인 에바 페론과 함께 대중에게 인사를 하고 있다. 페론은 1943년 쿠데타 이후 인사장관으로 임명되었고, 그 후 대통령에 출마했다. 1946년 그가 선거 운동에서 내건 공약에는 농업 개혁과 경제 자립 정책이 포함되어 있었다.

모 원정군을 유럽으로 보내기도 했다.

하지만 전쟁이 라틴아메리카에 미친 가장 중요한 영향은 경제적인 것이었다. 그중 하나가 미국과 유럽에 의존하던 공산품들이 이제 분명히 부족해졌다는 사실이었다. 많은 나라들이 산업화에 박차를 가하게 되었다.

산업화로 인해 힘을 얻게 된 도시 노동력이 새로운 형태의 정치적 권력을 형성했고, 이들은 전후 시대에 군 엘리트와 전통적 엘리트의 경쟁자로 떠올랐다. 권위주의적이며, 준 파시스트적이지만 대중의 인기를 등에 업은 민중 운동은 새로운 부류의 권력자를 등장시켰다. 그중 아르헨티나의 후안 도밍고 페론이 가장 유명했다. 컬럼비아는 1953년에, 그리고 베네수엘라는 1954년에 유사한 지도자를 배출했다. 하지만 공산주의는 대중 속에서 그리 뚜렷한 성공을 거두지 못했다.

대륙 내 냉전의 불안

미국이 카리브 해 연안에서 큰 영향력을 행사

세계 대전 후의 라틴아메리카

라틴아메리카는 오랫동안 심각한 간헐적 경제 문제, 농업 문제, 문맹, 급속한 인구 증가로 고통받았고, 이것이 정치에 영향을 미쳐 포퓰리즘*과 민중 선동을 부추겼다. 대부분의 라틴아메리카 국가들에게 식민 지배로부터의 독립은 경제적 독립을 가져다주지 못했다. 날로 증대하는 외부 의존도는 국내 정치에도 많은 영향을 미쳤다. 지도에 표시된 네모는 1961~1964년 라틴아메리카 국가들이 받은 경제 원조를 미국달러화로 표기한 것이다.

하던 방식에도 상당한 변화가 생겼다. 20세기에 접어들어 최초 20년 동안 미국은 이웃 나라에 스무 번의 직접적 군사 개입을 했고, 두 번은 보호령을 설치하는 선까지 갔다. 하

* 포퓰리즘 populism
정치적 투쟁에 대중을 앞세워 권력을 유지하는 정치 체제. 대중주의, 인기영합주의, 대중영합주의라고도 한다. 지도자가 국민에게 직접 호소하고, 그 대중적 지지를 권력 유지의 기반으로 삼는 식이다. 이는 소수의 지배집단이 통치하는 엘리트주의와 대립된다.

제국의 계승자들 69

1961년 에콰도르의 안데스 산악 지역에 위치한 히우밤바스(리우밤바스) 인근 마을 여인들이 미국 원조금으로 판 우물에서 물을 길어 산속에 있는 집으로 돌아가고 있다.

지만 1920년대에는 그런 개입이 두 번밖에 없었는데 1924년 온두라스와 1926년 니카라과였다. 간접직 압박 역시 감소했다. 대체로 변화하는 국제 정세를 현명하게 인식했기 때문이었다.

1930년대에는 직접적 개입으로 얻을 것이 전혀 없었기 때문에 루스벨트 대통령은 '선린우호' 정책을 선언하며 이를 미화했다. 이는 북남미 대륙의 국가들이 각 나라의 문제에 서로 간섭하지 말 것을 강조한 것이었다.

하지만 1950년 또 다른 변화가 왔다. 냉전 초기 미국 정책의 중심이 유럽에 있었다면, 한국전쟁 후에는 서서히 남미 쪽으로 향하기 시작했던 것이다. 미국은 미국 정책을 명분으로 삼는 라틴아메리카 민족주의 출현에 크게 놀라지는 않았지만, 남아메리카가 소련 진영에게 거점을 제공하지 않을까 하는 두려움 때문에 점점 더 신경을 곤두세웠다.

그리고 마침내 이곳에도 냉전의 물결이 도래했다. 이후 미국은 라틴아메리카의 정부를 면밀히 선별하여 지원했으며, 때로는 은밀한 작전도 후원했다. 예를 들면 1954년 공산주의의 지원을 받는 과테말라 정부를 전복한 것이 그것이다.

동시에 미국 정책 입안자들은 공산주의자들이 가난과 불평을 발판으로 세력을 키우는 만큼 그 원인을 제거해야 한다고 생각했다. 그래서 경제 원조를 제공했고, 사회 개혁을 추구하려는 정부를 지원했다. 이러한 개혁 정부가 민족주의를 활용하여, 자본을 매개로 이 지역을 지배하려는 미국의 계획을 꺾으려 할 때마다, 미국 정책은 오히려 개혁 정부를 상대로 개혁이 어려워질 정도의 보상을 요구하곤 했다.

전체적으로 미국은 1958년 라틴아메리카에 이전의 쿠바 같은 독재 정권이 넘쳐나는 것을 개탄했지만, 결국 아시아에서와 마찬가지로 라틴아메리카의 보수 세력을 지원할 수밖에 없었다. 하지만 모든 나라가 미국의 지원을 받은 것은 아니었다. 그 가운데서 효과적으로 행동한 정부라면 1952년 토지 개혁을 실시한 볼리비아를 들 수 있었다.

하지만 라틴아메리카의 포퓰리즘 정치가나 보수 지배층은 최빈곤층에 대해서는 지난 세기와 마찬가지로 아무런 관심을 두지 않았다. 양측 모두에게 진정한 국민은 도시민들뿐이었던 것이다. 물론 라틴아메리카의 최빈곤층은 농민이었고, 이들은 대부분 원주민 인디언들이었다.

쿠바 혁명

미국인들의 불안은 컸지만 라틴아메리카에서는 혁명적 변화가 거의 일어나지 않았다. 쿠바 혁명만이 유일한 승리를 거둔 혁명이었다. 쿠바는 여러 면으로 매우 예외적이었다. 카리브 해에 자리 잡은 섬나라이며, 미국과 비교적 근거리에 있다는 것이 특별한 의미를 지니고 있었다. 미국의 전략적 사고에서 볼 때 파나마 운하 지역이 차지하는 중요성은 영국이 수에즈 운하에 의지하는 것보다 훨씬 더 큰 것이었다.

쿠바는 특히 경제 대공황 시기에 직격탄을 맞았다. 쿠바의 경제는 사탕수수라는 단일 작물에 의존했고, 이 작물은 오직 미국이라는 단일 판로에 의존하고 있었다. 그러나 이러한 경제적 유대는 미국이 라틴아메리카의 다른 어떤 나라보다도 쿠바와 가깝고도 지겨운 '특별 관계'를 이루게 만든 다수의 요인 중 하나에 불과했다.

그 근원은 1898년 이전으로 거슬러 올라가 쿠바가 스페인에서 독립할 때부터 시작된다. 1934년까지 쿠바 헌법은 쿠바의 외교적 자유를 제한하는 특별 조항을 담고 있었다. 미국은 쿠바 섬에 해군기지를 두고 있었고 지금도 유지하고 있다. 쿠바인들은 여전히 가난했지만 미국은 쿠바의 도시 부동산과 공익사업에 많은 투자를 해 이익을 얻었고, 빈곤하고 물가가 저렴한 쿠바는 미국인들에게 매력 있는 휴가지가 되었다. 쿠바가 반미 민족주의 운동을 강하게 벌이고, 이것이 대중의 지지를 많이 받았던 것도 무리는 아니었다.

피델 카스트로

전후 보수적인 쿠바 정권의 배후에 있는 실세는 미국으로 간주되었다. 하지만 1952년 독재자 바티스타 이 살디바르가 집권하자 이러한 상황에 변화가 왔다. 미 국무성은 바티스타를 승인하지 않았고 1957년 원조를 끊어 버렸다.

이런 일이 벌어질 즈음, 젊은 민족주의 법률가인 피델 카스트로가 이미 쿠바 정부에 대항하는 게릴라 운동을 시작하고 있었다. 1959년 혁명국 쿠바의 새 총리에 오른 카스트로는 자신의 정권은 '인본주의'를 추구한다며 분명 공산주의가 아니라고 천명했다.

카스트로의 본래 목적은 지금도 알려지지 않았다. 아마도 그 자신조차 자신의 생각을 분명히 몰랐을 수도 있다. 처음부터 그는 바티스타 정권을 전복시키려는 다양한 분야의 사람들을 아우르며 자유주의자에서 마르크스주의자까지 함께 일했다. 이런 사실은 그를 카리브 해의 수카르노로 생각하며 후원하던 미국을 안심시키기에 충분했다.

그의 턱수염이 미국 급진주의자들 사이에 유행했을 만큼 미국 여론은 그를 낭만적인 인물로 우상화했다. 하지만 카스트로가 농업 개혁 및 설탕 산업의 국유화를 시작하는 등, 미국의 기업적 이해에 간섭하면서부터 그런 관계는 빠르게 악화되었다. 또한 카스트로는 구정권을 뒷받침했던 쿠바 사회의 미국화된

피델 카스트로(1927~)가 1959년 1월 아바나에서 기자회견을 하고 있다. 그해 4월 미국 여행길에서 카스트로는 "우리는 공산주의자가 아니다"라고 선언했다. 몇 주 후 쿠바 정당들은 제제를 받았고, 선거는 연기되었으며, 정권은 공산주의 경향을 보이기 시작했다. 일부 역사가들은 이렇게 정치 방향에 분명한 변화를 가져온 것은 미국의 압력 때문이라고 주장한다.

요소들을 공공연히 비난했다.

반미주의는 혁명의 배후에서 쿠바인들을 결속시키기 위해서 카스트로가 사용할 수 있는 유일한 것이었다. 머지않아 미국은 쿠바와의 외교를 단절하는 것뿐만 아니라 다른 종류의 압력까지 생각하고 있었다. 미국 정부는 카스트로가 점점 더 의지하려고 하는 공산주의자들에게 쿠바 섬이 넘어갈 거라고 믿게 되었다.

소련 지도자 흐루쇼프(흐루시초프)는 미국이 쿠바에 군사력을 사용한다면 소련 로켓으로 보복하겠다고 경고했으며 미국의 먼로주의는 끝났다고 선언했다. 이에 미국은 먼로주의가 사라지지 않았다고 대응하며 마침내 무력에 의한 쿠바 전복을 결정했다.

피그 만 침공 작전

미국 내 쿠바 망명자들은 카스트로를 전복시켜야 한다는 데 동의했다. 1961년 집권당이 바뀌면서 케네디 대통령도 이 정책을 물려받았다. 망명자들은 이미 미국의 후원으로 과테말라에서 훈련 중이었고, 쿠바와의 외교 관계는 단절되었다. 이는 케네디가 시작한 일은 아니었지만, 케네디 역시 그 직전을 저지할 정도로 신중하지는 못했다.

이 일이 조금 더 유감스러운 이유는 신임 대통령이 라틴아메리카를 대하는 태도 여하에 따라서 앞으로 기대할 것이 많을 수 있었기 때문이다. 미국은 한동안 라틴아메리카와 선의를 다질 필요가 있었다. 그런데 조금 더 긍정적인 접근이 가능할 수도 있었던 상황이 '피그 만 침공 작전'으로 인해 완전히 틀어지고 말았다. 미국의 자금과 무기로 무장하고 쿠바 망명자로 구성된 원정대의 공작은 결국 1961년 4월 실패로 끝났고 말았다.

이제 카스트로는 진심으로 소련 쪽으로 돌아섰고, 그해 말 자신이 마르크스─레닌주의자임을 천명했다. 미국의 행동으로 인해 서반구에 더욱 명백한 냉전이 시작된 것이다. 미국의 행위는 안정된 기반을 가진 민중 정권에 대한 공격이었기에 곳곳에서 비난을 받았다.

이후 쿠바는 라틴아메리카에서 혁명의 선봉대가 되었다. 이제 바티스타의 독재 정권이 카스트로의 독재 정권으로 교체되었다. 미국의 정치적, 경제적 압박은 계속되었지만 카스트로 정권은 인류 평등주의와 사회 개혁을 구현하고 있었다. 1970년대에 쿠바는 라틴아메리카에서 유아 사망률이 가장 낮은 나라라는 주장도 있었다.

쿠바 미사일 위기

쿠바 혁명의 부산물로 하나의 사건이 우연히 일어났다. 이 사건은 전체 냉전 중 가장 심각한 대치 상황을 촉발시켰으며 냉전의 전환점이라 할 만한 것이었다. 소련이 어떤 이유와 방법으로 쿠바 안에 미국 영토 어디라도 공격할 수 있는 미사일을 배치했는지에 대해서는 아직도 알려진 것이 없다. 이를 주도한 것

케네디 미국 대통령이 1961년 6월 오스트리아 빈에서 흐루쇼프(흐루시초프) 소련 수상을 만나고 있다. 이들은 베를린의 긴장 관계와 쿠바 문제에 관한 이견을 논의했다.

이 소련인지 쿠바인지도 역시 모른다. 비록 카스트로가 소련에 무기를 요청하긴 했지만 카스트로는 단지 보조자였을 가능성이 크다.

어떤 상황이었든 미국은 정찰 사진을 통해서 1962년 10월 소련이 쿠바에 미사일 기지를 구축하고 있음을 확인했다. 케네디 대통령은 이 상황이 돌이킬 수 없는 단계임이 드러날 때까지 기다렸다. 최후의 결단으로 미국은 더 이상의 미사일이 쿠바에 들어가지 못하도록 수송 선박을 저지할 것이며, 이미 쿠바에 배치된 미사일도 철수해야 한다고 선언했다.

이후 레바논 배 한 척에 미군이 승선하여 수색을 했고, 소련 선박은 감시를 받았다. 미국 핵무기 공격 부대는 전쟁을 준비했다. 그리고 며칠 후 케네디와 흐루쇼프(흐루시초프) 사이에 개인 서신이 교환되었고, 흐루쇼프는 미사일 철수에 동의했다.

'발전을 위한 동맹'의 실패

이 사건이 불러온 위기는 지금까지의 서반구 역사를 초월하는 것으로, 이것이 세계에 미치는 영향은 다른 장에서 논의하는 것이 좋을 것 같다. 이 위기가 라틴아메리카의 역사에 미친 영향만을 보자면, 쿠바가 점점 더 주변국들로부터 고립되었다는 점을 들 수 있다. 비록 미국이 쿠바를 침공하지는 않기로 약속을 하긴 했지만 쿠바를 최대한 고립시키려는 의지는 확고해졌던 것이다.

놀랄 일도 아니지만 쿠바 혁명은 다른 라틴아메리카 국가들의 젊은 층에 큰 호소력과 영향력을 발휘하는 것으로 보였다. 그렇다고 해서 카스트로가 쿠바를 남미 대륙의 혁명 중심지로 내세우는 마당에 이들 국가가 카스트로에게 동조할 수는 없었다. 볼리비아에서 실패로 끝난 사건이 보여 주듯 혁명은 쉬운 것이 아니었다. 쿠바의 상황은 매우 이례적인 것이었다.

1962년 미 CIA가 찍은 쿠바의 산크리스토발 동쪽에 놓인 미사일 발사대 사진은 미국 정부에게 경종을 울렸다. 사진을 면밀히 조사한 결과 16-32기의 미사일이 일주일 내로 발사 준비를 끝낼 수 있는 것으로 드러났다.

다른 지역에서 농민 반란은 환상에 불과한 것으로 드러났다. 지역 공산주의자들은 실제로 카스트로의 노력을 유감스럽게 여기는 것 같았다. 일부 지역에는 혁명의 재료가 될 만한 것이 충분했지만 그 지역은 농촌이 아니라 도시였다. 또한 게릴라 운동이 떠들썩한 관심을 차지한 것도 대도시에서였다. 하지만 이런 운동들이 대중의 폭넓은 지지를 받았는지는 분명하지 않다.

일부 국가에서는 독재 정부가 민중 운동을 지나치게 난폭하게 다루어 중산층의 지지를 상실하기도 했다. 어쨌든 라틴아메리카에서 반미주의는 계속 확산되고 있었다. 케네디 대통령은 사회 개혁에 근간을 둔 중남미 원조 계획인 '발전을 위한 동맹'으로 새로운 아메리카를 형성하리라는 희망을 갖고 있었지만, 미국이 자행한 대 쿠바 작전으로 인해 여러 나라로부터 적개심을 불러일으키면서 뜻한 바를 이루지 못했다.

케네디의 뒤를 이은 린든 존슨 대통령 역시 그보다 더 잘하지는 못했다. 그는 라틴아메리카보다는 국내 개혁에 더 관심이 있었고, 라틴아메리카 문제는 그 지역에 기업적으로

피그 만 사건 이후 쿠바가 택한 정책이 분명해진 것은 카스트로 정부에서 장관이 된 체 게바라(1928~1967)가 모스크바를 방문해서 원조금 증액을 요청했을 때였다. 소련이 보낸 원조는 미국 여론의 반 쿠바 감정을 부채질했다. 동시에 미국에 거주하는 반 카스트로 쿠바인들 역시 분노했는데, 사진은 이들이 1962년 10월 뉴욕의 소련대사관 근처에서 시위하는 장면이다.

이해관계가 있는 텍사스 동료들에게 맡겨 둔 것 같았다.

동맹을 형성할 때를 제외하고는 미국은 주도권을 회복하지 못했다. 1965년 미국이 다시 한 번 개입을 해야 할 상황이 도래하면서 비로소 주도권이 역전되었다. 미국은 4년 전인 1961년 도미니카의 부패하고 잔혹한 독재자를 암살하고 개혁주의 민주 정부를 세우는 데 일조했었다. 이 민주 정부가 개혁에 위협을 느낀 특권층의 군대에 밀리나자 미국은 원조를 중단했다.

결국 '발전을 위한 동맹'은 차별적으로 적용된 것처럼 보였다. 하지만 존슨 대통령이 집권한 뒤 다른 우익 정권과 마찬가지로 원조는 재개되었다. 1965년 도미니카공화국에서 군대에 대항한 반란이 일어나자 미국은 병사 2만 명을 투입해야만 했다.

반미주의

1960년대 말이 되자 동맹은 사실상 잊혀졌다. 이는 부분적으로는 공산주의에 대한 끈질긴 두려움으로 미국 정책이 보수주의자들의 후원에 비중을 둔 때문이고, 또 부분적으로는 미국이 다른 곳에 수많은 문제를 안고 있었기 때문이다. 그 결과 공산주의 위협이 지속되는 한 미국의 후원을 잃을 우려가 없는 정부들은 미국 소유의 자산들을 공략하기 시작했다.

칠레는 가장 큰 미국 구리 회사를 국유화했고, 볼리비아는 유전을 점령했으며, 페루는 미국 소유의 농장을 몰수했다. 1969년 라틴아메리카 국가들의 역사적인 회의가 개최되었지만, 거기에 미국 대표는 없었으며, 그 회의에서 미국의 행위는 명시적으로나 묵시적으로나 비난의 대상이 되었다.

그해 미국 대통령 대표 사절의 순방은 항의 폭동 및 미국 자산 폭파로 이어졌고, 일부 국가에서는 방문을 취소해 달라는 요청까지 했다. 아이젠하워 대통령 당시 부통령이 행한 '친선' 순방길이 결국 강탈과 비난으로 끝났

착취에 대한 비난

"배경을 보십시오. 회수되지 않은 가치, 즉 구리 광산에서 칠레로 돌아오지 않은…… 1930~1969년 37억 달러가 우리나라 국경을 넘어가 국제적으로 5개 대륙에서 구리 광산을 지배하는 회사들의 세력을 키웠습니다. 1969년 한 해만 해도 1억 6,600만 달러가 돌아오지 않았습니다. 제가 강조하고 싶은 것은 37억 달러면 칠레 전체 자산의 40%라는 것, 400여 년간 칠레 국민들이 축적한 노력의 40%에 해당한다는 것입니다. 그런 자산의 40%가 1930~1969년에 이 나라를 떠났고, 저는 이런 사실을 잊어버릴 수가 없습니다. 거의 같은 시기에 칠레에서는 구리의 경우와 마찬가지로 철광, 주석, 전기, 전화 산업을 통해 96억 달러가 사라졌습니다. 이는 칠레 전체 부의……"

1970년 12월 21일 칠레 신임 대통령 살바도르 아옌데의 취임 연설 초록

던 1950년대 말과 유사한 상황이었다.

모든 것을 종합해 볼 때 1970년이 되어서야 라틴아메리카 민족주의는 새로운 활력을 얻은 것으로 보인다. 얼마 전까지만 해도 쿠바에서 영감을 받은 게릴라들에 의해 여러 위험이 초래되었지만 이제는 더 이상 그렇게 되지 않을 것 같다. 내부적 두려움이라는 동기가 사라지자 라틴아메리카 정부들은 더 이상 반미 정서를 이용할 이유가 없어졌기 때문이다.

긴장 속의 라틴아메리카

라틴아메리카의 진정한 문제는 해결되지 않고 있음이 분명했다. 1970~1980년대에는 만성적인 경제 문제가 더 많이 드러났고, 1985년이 되자 해결이 불가능한 위기에 대한 말들이 나오게 되었다.

그 이유로는 여러 가지가 있다. 신속한 산업화에도 불구하고 남미 대륙은 엄청난 인구 증가에 직면해 있었다. 1950년 1억 명 정도에 불과했던 라틴아메리카인과 카리브 해 연안 섬 주민들은 2000년엔 5억 명에 육박할 것으로 추정되었다. 이렇게 거대한 인구 증가폭은 라틴아메리카의 경제적 어려움과 맞물려 만성적 문제로 끊임없이 문제를 일으켰다.

'발전을 위한 동맹'의 원조 계획은 이러한 문제를 해결하지 못했고, 이런 실패로 인해 미국 자금 사용처에 대한 싸움이 일어났다. 사회 불화는 여전히 남아 있었다. 가장 진보한 라틴아메리카 국가조차 경제와 교육 분야에서 엄청난 양극화를 보였다. 헌법과 민주 제도가 있는 나라에서도 이런 문제들은 해결할 수 없는 것으로 보였다.

1960~1970년대에 페루, 볼리비아, 브라질, 아르헨티나, 파라과이는 모두 장기적 군사 독재를 겪었고, 일부 지지자들은 오직 군사 독재 정권만이 변화를 가져올 수 있다고 믿었다. 민간 정부는 이미 그럴 힘이 없음이 증명되었기 때문이다.

라틴아메리카의 문제는 한때는 합헌적 문명국으로 간주되었던 아르헨티나, 브라질, 우루과이 같은 나라에서 벌어지는 잔혹한 고

살바도르 아옌데(1908~1973)는 1970년 칠레 대통령이 된 직후 중대 사태에 직면해야 했다. 칠레는 거대한 예산 적자와 엄청난 외채를 안고 있었다. 1973년 9월 아우구스토 피노체트 장군은 군사 쿠데타로 아옌데의 사회주의 정부를 전복시켰다. 사진은 사망 직전의 아옌데 모습. 그는 대통령 관저를 장악하려는 전투에서 사망했다.

히우지자네이루의 일부가 담긴 사진이다. 전면에 보이는 잘 정착된 오두막들과 배경으로 보이는 사무실 및 브라질 부유층 가정이 점유하고 있는 고층빌딩이 극명한 대조를 이루고 있다.

문의 실상과 폭력적 압제에 관한 보도가 나오면서 세계인의 눈에 생생하게 전달되었다. 또한 다른 국가보다 더 오랜 입헌민주제의 역사를 가진 칠레에서 1973년 군사 쿠데타가 일어나 공산주의 정권을 전복했을 때도 세계인들은 라틴아메리카의 문제에 관심을 가지게 되었다.

칠레에서 일어난 군사 쿠데타는 미국의 승

인과 지원까지 받았겠지만, 많은 칠레인들이 이를 묵인한 것은 전복된 정권의 혁명적 성향을 두려워했기 때문이었다. 이후 매우 독재적인 정부가 들어섰다. 이 정부는 오랫동안 경제적 난국을 극복할 수 없을 것처럼 보였지만 종국에는 경제를 재건했고, 1980년대 말에는 자유화의 징조까지 보이기 시작했다.

라틴아메리카의 경제·문화 문제

이렇게 문제 많고 산만한 대륙에, 설상가상으로 1970년대 석유 위기가 닥쳐와 석유 수입에 사용된 외채 문제가 걷잡을 수 없이 심각해졌다. 1990년에 이르러서는 이 나라 저 나라에서 합당한 경제 회복책이라는 것은 모두 시도해 보았지만, 아무런 효과가 없거나 정책 자체가 아예 집행 불가능한 것으로 드러났다.

그 어떤 정책들도 치솟는 인플레이션, 연장된 외채에 대한 이자 부담, 과거 무책임한 정부가 야기한 왜곡된 자원 분배 그리고 재정정책을 뒷받침해 줄 행정적, 문화적 장치의 부재 때문에 효과가 없었던 것이다. 결론적으로 어떻게 그 복잡한 문제들이 극복되었는지 그 이유조차 추측이 불가능하다.

라틴아메리카는 같은 뿌리를 지니고 있음에도, 위기의 시기를 제외하고는 점점 더 닮은 점이 없는 나라들이 모인 폭발적이고 혼란스러운 대륙으로 남아 있다. 대부분의 라틴아메리카 국가들은 1인당 소득을 기준으로 할 때 현재가 10년 전보다 더 빈곤한 상태이다. 심지어 문화마저 여전히 국민들을 분열시키는 요소로 남아 있다.

인디언, 노예, 식민지, 탈식민지 등의 경험이 겹겹이 쌓여 이 모두가 경제 수준의 격차를 가져왔고, 이제 여기에 1950~1960년대의 산업화된 기술 사회의 경험이 더해졌다. 하지만 발전된 사회의 혜택은 부유층에게만 돌아가서 빈부 격차는 더욱 벌어졌다.

아시아의 근·현대사를 보면 알 수 있듯이, 오랜 역사를 가진 사회에 현대 문명이 가한 충격은 엄청난 국가적 긴장을 불러온다. 라틴아메리카 역시 그런 문제들을 16세기 이래로 겪어 왔고, 이제 급진적 혁명주의자와 반동적 군부 세력들의 테러를 통해 그 긴장이 표현되고 있는 것이다. 이로 인해 라틴아메리카가 이미 이룩한 문명과 헌법적 수준이 상당히 훼손되고 있었다.

3 무너지는 확실성

1970년대 중반 미국과 소련 두 나라는 1945년 이래로 그래왔듯 여전히 세계를 지배하면서 적국으로서 서로 대립하고 있었다. 하지만 양국이 받는 대접에는 변화가 있었다. 한때는 미국이 소련보다 군사력에 있어서 훨씬 우위에 있다고 믿어졌으나 이제 미국은 더 이상 그런 믿음을 줄 수가 없었다.

이러한 불안정한 징후에 겁을 먹은 사람들은 또다시 새로운 쿠바 위기가 발생한다면 어떤 일이 일어날까 불안해했다. 반면 이러한 변화에 안심하는 사람들도 있었다. 미·소 양국의 힘이 엇비슷하게 균형을 이룬다면 오히려 그런 위기가 덜 발생할 것이라고 생각했던 것이다.

더욱이 초강대국도 변화하는 환경에서 살아남아야 했다. 한때 다소 절제의 양상을 보였던 양 진영은 미·소 어느 편에도 속하지 않으려는 국가들과의 긴장 상태로 인해 지쳐가고 있었다. 오래된 사상적 분열을 넘어서는 새로운 싸움이 시작되고 있었다. 더욱 흥미롭게도 미국과 소련 외에도 초강대국의 역할을 할 새로운 후보들이 등장하기 시작했다. 심지어 냉전의 와해, 즉 해빙의 시대를 언급하는 사람도 있었다.

| 초강대국의 어려움 |

이러한 변화의 근원은 어느 정도 시간을 거슬러 올라간다. 쿠바 위기 이후 냉전 상황은 그 어느 때보다 심각한 것처럼 보였고, 그 후 다양한 정세 변화가 있었지만 분명한 경계선을 지을 수 있는 획기적인 변화가 일어나지는 않았다. 모든 것은 서서히 이루어졌다. 예를 들면 스탈린의 사망은 소련 정책에 극적인 변화를 일으키지는 않았다. 하지만 많은 곳에서 변화의 물결이 일어나기 시작했다.

스탈린의 사망 이후 인사 이동이 있었고, 거의 2년이 지난 후에는 니키타 흐루쇼프(흐루시초프)가 지도자로 부상했다. 1956년 스탈린의 오랜 측근이며 냉전 외교의 베테랑인

1949년 결성된 경제상호원조회의COMECON은 사회주의를 향해 가는 민족주의 노선의 존재를 인정했고, 동유럽 진영의 경제 협력을 진흥시키고자 했다. 사진은 1958~1965년 소련 수상에 재임한 니키타 흐루쇼프(중앙)와 동독 정치가 발테르 울브리히트가 1958년 동베를린에서 군중의 환호를 받는 장면.

헝가리의 자유 투사들이 1956년 11월 4일 소련 침공이 일어난 며칠 후 스탈린 동상을 해체하고 있다. 소련에 반대했던 헝가리 총리 임레 나지(1895~1958)는 해임되고 후에 처형되었으며, 새로운 공산 정부가 설립되었다.

몰로토프가 외무장관직에서 은퇴할 때, 흐루쇼프는 소련 공산당 제20차 전당대회의 비밀 회의에서 감동적인 연설을 했다. 그는 연설 도중에 스탈린 시대의 잘못을 비판하고 '공존'을 소련 외교 정책의 목표로 선언했다.

소련의 군비 축소 선언으로 인해 1956년에는 잠시 국제 상황에 좋은 변화가 일어날 것이라는 기대감이 높아졌다. 하지만 이 분위기는 수에즈 운하 침공, 그리고 그와 동시에 발생한 헝가리 혁명으로 인해 가라앉고 말았다. 수에즈 운하 침공이 일어나자 소련은 영국과 프랑스를 위협하지 않을 수 없었다. 이집트를 후원하지 않을 경우 아랍권이 더 이상 소련에게 호의를 보이지 않을 수도 있었기 때문이었다.

헝가리 혁명은 좀 더 심원한 배경 속에서 일어났다. 1948년 유고슬라비아가 소련 공산당에 도전을 한 이후 소련은 위성국가들 사이에 이탈이나 불만의 징조가 보이면 병적으로 민감하게 대응했다. 1948년 유고슬라비아는 소련 자문관들을 소환시켰고, 그에 따라 유고슬라비아는 코민포름*에서 축출되었다. 유고슬라비아가 소련 및 여타 공산국가들과 맺은 조약은 효력을 잃었고 코민포름은 이후 5년 동안 유고슬라비아의 '티토주의'*에 잔혹한 공격을 가했다. 하지만 소련은 마침내 무릎을

* 코민포름
소련의 후원으로 설립된 국제 공산주의 기구. 1947년에 창설되어 1956년에 해체되었다. 각국 공산당의 연합인 코민테른이 해체되고 국제적인 공산당 단체가 없는 상황에서 마셜 플랜을 비롯한 반소, 반공 움직임이 심해지면서 이에 대항하기 위해 설립되었다.

* 티토주의
유고슬라비아의 지도자인 티토의 정치이념. 국내의 통합을 중시하며 소련의 노선과는 달리 프롤레타리아 독재를 부정하며 비동맹 공산주의를 표방했다.

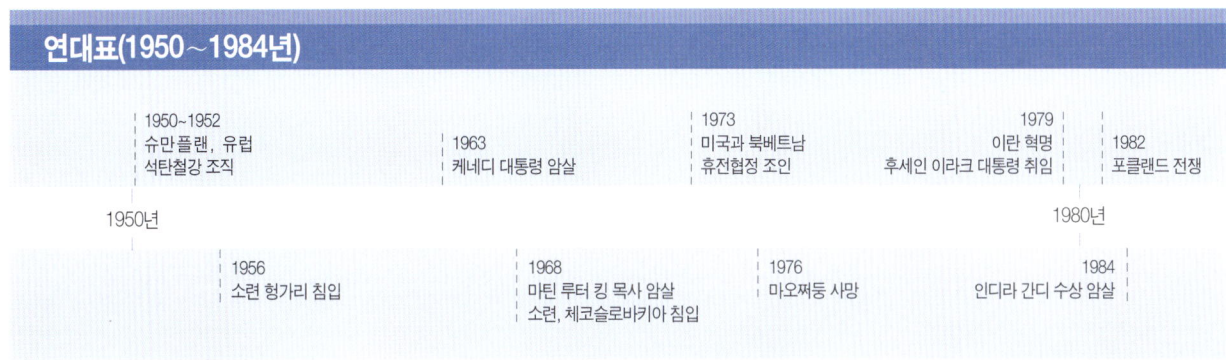

무너지는 확실성 79

1953년 6월 17일 동베를린 거리에서 반 소련 시위대가 시위를 벌이고 있다. 정부는 생활조건을 개선하고자 긴급 조치를 취했지만, 정치적 개혁은 거부했다.

끓었고, 유고슬라비아에 외교관계를 재개하자고 요구할 수밖에 없었다.

헝가리 혁명

유고슬라비아가 소련을 비롯한 동구권 8개국의 군사동맹 조약 기구인 바르샤바조약기구를 탈퇴하고도 사회주의 국가로 살아남은 것은 강대국 소련의 이미지에 큰 타격을 입혔다. 소련은 당황하지 않을 수 없었다. 그 후 소련은 동부 유럽권의 어떤 미동에도 민감하게 반응했다. 그런 가운데 1953년 동베를린에서 일어난 반소련 폭동과 1956년 여름 폴란드에서 일어난 봉기는 여전히 민족주의가 공산주의보다 강하다는 것을 보여 주었다.

이런 배경에서 1956년 10월 헝가리 부다페스트에서 소요가 일어났다. 이것은 곧 전국적 운동으로 번졌고, 헝가리의 도시 지역에서는 소련군이 철수하기에 이르렀다. 헝가리는 새로운 정부를 수립하고 자유선거와 단일당 통치의 종말을 약속했다. 그러나 신정권은 불행히도 너무나 급진적으로 앞서 나갔다. 한 걸음 더 나아가 바르샤바조약기구에서 탈퇴하고, 헝가리가 중립국임을 선언했으며, 유엔에 헝가리 문제를 해결해 줄 것을 촉구했다. 결국 소련 군대가 재투입되면서 헝가리 혁명은 진압되고 말았다.

유엔총회는 소련의 이런 개입에 대해 두 번이나 비난을 하고 나섰다. 이 사건으로 동서 양측은 서로 더 큰 각을 세우게 되었다. 소련은 다시 한 번 동유럽이 소련을 얼마나 싫어하는지 자각했고, 서유럽이 동유럽을 '해방한다'는 말에 더욱 더 촉각을 곤두세우게 되었다. 한편 서유럽은 소련 세력의 진면목을 다시금 깨닫게 되었고 유럽을 통합하는 데 더욱 더 힘을 기울이게 되었다.

재무장한 서독에 위협을 느낀 소련은 위성국인 동독을 강하게 통제하기 시작했다. 그러나 서베를린이 동독 영토 안에 존재하는 것은 심각한 약점이었다. 도시의 최전선이 열려 있어 마음만 먹으면 건너갈 수 있었기 때문이다. 서베를린은 경제적 번영과 자유를 누리고 있었기 때문에 점점 더 많은 동독인들이 자유를 찾아 서쪽으로 건너갔다. 상황이 이렇게 되자 1958년 소련은 1948년 이래 지속되어 온 베를린의 운영 체제를 비난하기 시작했다.

1961년 8월, 2년여에 걸친 외교 교섭 끝에 동독은 갑자기 동베를린과 서베를린을 차단하는 벽을 세우기 시작했다. 동베를린에서 서베를린으로 넘어가는 사람들이 엄청나게 늘어나자 어쩔 수 없이 차단 벽을 세운 것이다. 1959년에는 14만 명, 1960년에는 20만 명, 그리고 1961년 초반에는 10만 명 이상이 서베를린으로 넘어갔다.

베를린 장벽은 단기적으로는 긴장을 고조시켰지만, 장기적으로는 오히려 긴장을 떨어뜨리는 역할을 했다. 동독은 탈출을 저지할 수 있었고, 흐루쇼프(흐루시초프)는 미국이 베를린에 대해 한 치의 양보 없이 전쟁도 불사할 것처럼 나오자 극단적인 요구를 조용히 철회했다.

1961년 8월 베를린 장벽이 동서 양쪽의 경계선에 세워지면서 수십만 동독인의 탈출이 종료되었다. 사진은 1964년 이 벽 위에 또다시 콘크리트판이 더 놓이는 장면이다.

쿠바에서의 미·소 대치

독일에서와 같이 긴장 고조에 뒤이은 긴장 완화의 상태가 쿠바에서도 반복되었다. 하지만 위험의 정도는 쿠바가 훨씬 더 컸다. 미국의 동맹국들은 쿠바 문제에 대해 독일문제를 해결할 당시처럼 직접적인 이해관계가 없었고, 소련 역시 쿠바의 이해관계에 별 관심을 보이지 않는 것 같았다. 순전히 미·소 초강대국만의 대립이었고, 소련이 한발 물러서야 할 것 같은 상황이었다.

케네디 대통령은 쿠바를 침공할 수 있다는 압력을 가하면서도 위험스러울 정도의 도발적인 언어나 행동은 피했고, 본질적인 요구에만 집중하면서 적이 퇴각하도록 유도했다. 소련은 미국이 쿠바를 침공하지 않는다는 약속을 할 경우 미사일을 철거하겠다는 뜻을 미국에 전달했고, 쿠바의 소련 미사일 기지와 터키의 미국 미사일 기지를 상호 철수할 것을 제안했다. 그러자 미국은 쿠바를 양보할 의사

1962년 미·소 대표가 참석한 여러 건의 군축회담이 제네바에서 열렸다. 회담은 주로 핵무기 보유국 수를 제한해야 할 중요성과 값비싼 무기 비축을 방지하는 것에 집중되었다. 하지만 회담이 진행되는 동안에도 다탄두 미사일과 탄도 요격 미사일이 개발되고 있었다.

무너지는 확실성

는 언급하지는 않은 채 터키에서 조용히 미국 미사일을 철수시켰다. 이에 흐루쇼프(흐루시초프)는 쿠바의 미사일 철거를 명령했고, 이로써 고조되었던 위기가 가라앉았다.

이 일이 미·소 간의 냉전 상황에 주요한 전환점이 되었다고 봐도 과언은 아닐 것이다. 미·소 양국은 냉전이 극으로 치달으면 핵전쟁을 일으킬 수도 있다는 것을 현실적으로 직면했고, 결국 핵전쟁은 절대 일어나서는 안 된다는 판단을 하기에 이르렀다. 이후 양국 정상 사이에 직통 전화가 놓였는데 이것은 오해로 인한 분쟁의 위험성을 방지하기 위한 것이었다. 일반적인 외교 채널보다 좀 더 긴밀한 연결수단이 필요하다는 것을 인식한 것이다.

이 일로 소련의 무력 과시에도 불구하고 실제로는 미국의 무력이 압도적으로 우월하다는 것이 드러났다. 양국 간 분쟁에 직접적으로 중요한 신무기는 대륙 간 탄도 요격 미사일이었다. 1962년 말 이 분야에서 미국은 소련보다 여섯 배나 앞서 있었다. 소련은 이런 불균형을 막 해소하려던 참이었다. 그리고

이렇게 빵보다 로켓을 선택한 대가는 소련 국민들이 고스란히 부담해야 했다.

한편 쿠바 위기로 인해 영국, 미국, 소련은 우주, 대기권, 수중에서 핵무기 실험을 하는 것을 금지하는 데 합의할 수 있었다. 이 합의는 핵무기 협상에서 이룬 최초의 긍정적 결과였다. 군축회담이 수년간 계속되었음에도 결국 성공을 거두지 못했던 것을 생각하면 고무적인 일이라고 할 수 있다.

흐루쇼프 실각

1964년 흐루쇼프(흐루시초프)가 직위 해제되었다. 흐루쇼프는 1958년 이래 정부와 당의 수반으로서 대대적인 개혁을 벌임으로써 소련 발전에 많은 공헌을 했다. '탈스탈린화'를 시작으로 농업 개혁과 군대 개편에도 힘을 기울였다. 그러나 그가 내놓은 외교 정책들이 줄줄이 실패하면서 흐루쇼프는 결국 실각하게 되었다.

육군의 묵인 하에 동료들에 의해 직위 해제를 당한 흐루쇼프는 감옥에 수감되기도 했

1962년 모스크바의 리셉션에서 찍은 사진. 왼쪽부터 소련 우주비행사 유리 가가린, 소련 수상 니키타 흐루쇼프, 인도네시아 대통령 아크메드 수카르노 그리고 2년 후 흐루쇼프를 대체할 레오니드 브레즈네프.

고, 몽골의 발전소 운영자로 파견되기도 했지만 어쨌든 이례적으로 사형만은 면했다. 실각된 정치인이 이렇게 사형을 당하지 않은 점은 분명 소련이 정치적으로 진보했음을 보여 주는 것이라고 할 만했다.

소련 사회는 스탈린 사후 약간 완화된 경향을 보였다. 소련 공산당 제20차 전당대회에서 흐루쇼프가 했던 연설은 스탈린이 저지른 범죄에 관여했던 사람들에게 쏟아지는 비난을 다른 곳으로 돌리려는 것이 목적이었다. 상징적인 의미로 스탈린의 시체는 국립 레닌 묘지에서 축출되었다. 이후 몇 년 동안 이른바 '해빙' 시대를 맞이했다. 작가와 예술가는 적어도 표현에 있어서는 좀 더 많은 자유를 누렸고 정권은 잠시나마 유대인 처우 같은 문제가 세계인의 눈에 어떻게 비칠지 신경을 쓰는 것 같았다.

하지만 이것은 개인적인 차원에서 가끔씩 일어났던 일이었다. 자유화는 당시 흐루쇼프가 누구의 말에 귀를 기울이느냐에 달려 있었다. 스탈린 사후, 특히 흐루쇼프가 힘을 얻어 갈 시기 소련 공산당은 다시금 소련 개개인의 삶에 강한 영향력을 행사하기 시작했다. 소련 정부의 독재적 성격은 변함이 없어 보였고, 이는 예상 가능한 일이었다.

소련 경제의 결점과 효율성

소련은 권위주의 체제를 유지해 갔음에도 시간이 갈수록 미국과 서로 많이 닮아 갔고, 이로 인해 일부 사람들은 소련의 정책이 별로 위험하지 않다고 생각하게 되었다. 미·소 간의 격차가 저절로 줄어든다는 '수렴 이론'*은 소련이 선진 경제대국이라는 사실을 강조하는 의미로 받아들여졌다. 이 때문에 1960년대에는 소련식의 사회주의가 근대화로 가는 타당한 길이라고 생각하는 사람도 있었다. 소련 경제가 비효율적이고 왜곡되었다는 사실

흐루쇼프는 소련 농업을 변형시키려 했다. 1954년 그는 국가에 조달하는 농산물을 40% 증량하라고 말했다. 이를 달성하려면 시베리아나 카자흐스탄의 처녀지를 모진 조건에서 개간하는 수밖에 없었다. '새로운 땅'에 수십만 명의 젊은이들이 동원되었고, 공중에서 찍은 이 사진처럼 다수의 콜호즈(집단 농장)가 설립되었다.

도 자주 간과되었다.

실제로 1950년대에는 소련의 산업 성장이 미국보다 빨랐다. 하지만 소련의 경제는 오랫동안 중공업 및 제조업에 지나치게 치우쳐 있었다. 소련의 개인 소비자는 미국에 비해 여전히 가난했고, 보조금 제도가 없었다면 가난은 훨씬 더 두드러져 보였을 것이다. 한때 유럽 중앙의 도시들을 먹여 살리고 차르 시대의 산업화 비용을 충당했던 소련의 농업은 실패를 거듭했다. 역설적이게도 소련은 자주 미국 식량을 사들여야만 했다.

1961년에 발표된 소련 공산당의 계획은 소련이 1970년까지 산업 생산에서 미국을 앞지르는 것이었지만, 이는 실현되지 못했다. 반면, 같은 해에 발표된 케네디 대통령의 달 착륙 계획은 실현되었다. 그럼에도 불구하고 소련은 많은 저개발국가에 비하면 부자였다. 소비 면에서 미국과 소련은 분명 차이를 보였지만, 빈국의 입장에서는 양국이 비슷해 보였다.

많은 소련인들 역시 1940년대 빈곤했던 소련과 1960년내 빈곤이 감소한 소련의 차이를

*수렴 이론
서로 다른 대상이 시간이 경과함에 따라서 비슷해지고 궁극적으로는 같은 질이 되어 간다는 이론. 생물의 진화 측면에서 비롯된 이론이지만 이후 경제와 사회, 정치 등의 다양한 방면에도 적용되었다. 여기에서는 자본주의와 사회주의라는 서로 다른 체제가 사회구조의 변화로 인해 차이가 없어지게 된다는 논리를 뜻한다.

12세기 모스크바에 건립된 크렘린 궁은 본래 요새였지만, 국정 본부로 사용되었다. 크렘린은 소련을 상징하는 단어가 되었고, 소련 정부를 칭하는 말로도 쓰였다.

자각하고 있었지만, 미국과의 격차를 알아차린 경우는 드물었다. 더욱이 미·소 양 체제의 경쟁에서 유일한 승자는 없었다. 예를 들어 교육에 대한 소련의 투자는 미국과 동일했으며, 때로는 소련이 미국보다 더 낮은 문맹률을 보이기도 했다. 하지만 여러 측면에서 비교해 봐도 1970년대 소련의 GDP가 미국보다 훨씬 뒤처진다는 기본적 사실이 바뀌지는 않는다.

1956년 소련의 국민들은 노후 연금을 받을 수 있었지만 서구보다 낙후된 건강관리 시스템에 몸을 맡겨야 했다. 소련은 후진성과 분열이라는 오랜 유산을 제거해야만 했다. 소련의 실제 임금은 1952년이 되어서야 1928년 수준을 회복했다. '수렴 이론'은 지나치게 낙관적이었던 것이다.

소련 우주 탐사

1970년이 되자 소련에도 규모나 상태에서 미국과 맞먹는 최상의 과학 기지와 산업 기지가 존재하게 되었다. 이러한 발전이 가장 분명히 표현되고 소련 국민들의 애국적 자랑이 된 것은 우주 탐사 분야였다. 1957년 소련이 최초로 위성을 쏘아 올렸을 때 전 세계는 놀라운 환호성을 질렀다. 그러나 1980년이 되자 궤도를 도는 금속제 위성이 너무 많아진 탓에 그러한 환호성은 다시 듣기 어려웠다.

비록 미국이 빠르게 소련의 성공을 따라잡고는 있었지만 우주 탐사에 관한 소련의 업적은 1위를 고수하고 있었다. 소련의 우주 탐사에는 무언가 애국적 상상력을 자극하고, 고단한 일상생활에 대한 보상을 주는 것 같은 면이 있었다. 우주 과학 기술은 일부 소련 국민들에게 공산 혁명을 정당화하는 역할을 하기도 했다.

우주 과학 기술의 발전으로 인해 소련은 그 무엇이든지 해낼 수 있음을 증명했고, 한동안은 그 어떤 나라도 해낼 수 없었던 일을 이룩했다. 그리고 이로써 마침내 소련은 근대화를 이루어 냈다.

소련의 사회적 긴장

그러나 소련이 근대화를 이루었다고 해서 다른 국가들에 대한 소련의 자세가 달라지지는 않았다. 소련이 어느 정도 근대화되었다는 사실이 소련의 지도자들에게 자신감을 심어주어 다른 외부 세계에 대한 의구심을 거두고 국제 사회를 덜 교란시키거나 하지는 않았다는 것이다. 그런 면에서 중국의 재기에 대한 소련의 반응 역시 호의적이지 않았다. 한때 소련에서는 중국 국경에 선제 핵공격을 가하자는 말까지 나왔다.

1970년경이 되자 소련 사회는 새로운 긴장의 징후를 보이기 시작했다. 1960년대부터 시작된 비판 활동, 특히 지적 자유의 제한에 대한 비판 활동이 점점 그 모습을 드러냈다. 난동 행위, 부패, 알코올 중독 등의 반사회적 징후 역시 이때부터 나타나기 시작했다. 그러나 그런 문제가 사회의 절대적인 악으로 작용할 정도는 아니었다. 하지만 이런 소소한 일들은 장기적으로 봤을 때 중요한 사회 변화를 이끄는 씨앗이 될 가능성을 안고 있었다.

후대의 관점에서 보면 1970년대가 하나의 중대한 분수령이 되었다고 할 수 있다. 1970년대는 러시아어를 사용하는 사람이 사상 최초로 소련에서 소수 집단이 된 시기였다. 그동안 소련은 개인의 자유와 기본권이 사실상 행정부의 결정과 정치 감옥에 의해 통제되는 경찰국가였다. 소련과 미국의 진정한 차이는 소련이 여전히 외국 방송 채널을 가득 메우는 거대한 국가 홍보물을 제작한다는 데에서 가장 극명하게 드러났다.

소련의 체제 비판자이며 과학자인 안드레이 사하로프(1921~1989)의 1989년 사진. 1980년 고르바초프는 그를 고르키로 '유배' 보냈고, 1986년 귀환을 허락했다. 정권을 공개적으로 비판한 많은 지식인과 예술가, 작가들이 가택연금이나 유배를 당했다.

| 미국 사회 |

미국은 소련보다 개방된 사회였기 때문에 변화가 더욱 잘 관찰되었다. 하지만 그렇다고 해서 근원적인 변화까지 항상 잘 식별되었던

브레즈네프 정권의 소련은 보수적 사회였고, 국가는 언론검열, 억압과 함께 고도로 효율적인 KGB 같은 비밀경찰을 운영하여 몇 건의 사태를 제외하고는 모든 소요를 미연에 방지했다. 소소한 동요가 발발하면 무력을 사용하여 즉시 진압했다. 사진은 모스크바에 있는 KGB 본부 건물.

것은 아니다. 미국의 지배력은 의심할 여지 없이 강력했고, 세계에서 차지하는 중요성 역시 그랬다. 1950년대 중반에 미국은 세계 인구의 6%를 차지했고, 전 세계 제조 상품의 50% 이상을 생산해 냈다.

1968년 미국 인구는 2억 명 선을 돌파했고, 이 중 미국에서 출생하지 않은 사람은 20명 중 1명꼴이었다. 미국 이외의 지역에서 태어난 사람들의 유입이 늘어나면서 전체 인구는 증가했지만, 1960년 이후부터 미국 내 출생률은 오히려 떨어졌다. 이런 면에서 미국은 주요 선진국 가운데에도 특별했다.

그 어느 때보다 더 많은 미국인들이 도시나 도시 근교에 살았고, 암으로 죽을 확률은 1900년 이후 3배로 늘었다. 이는 역설적으로 공중보건이 향상되었다는 분명한 증거이기도 했다. 암 이외의 다른 질병들은 손쉽게 치료되었다는 것을 의미했기 때문이다.

미국 경제

1970년대 미국 경제에서 빼놓을 수 없는 것이 바로 대기업의 영향력이다. 미국의 거대한 대기업들은 산업구조를 성공적으로 지배하고 있었고, 그중에는 운용 자원과 부가 여

1950년대에 건축된 필라델피아의 펜센터는 고층 사무 빌딩, 호텔, 쇼핑센터로 이루어진 복합건물로서 당시 도시가 다시금 활기를 띠게 된 것을 상징한다. 1960년대에 이르자 미국 전체가 전후 경제의 '기적'을 누리고 있었다.

느 국가들보다 더 큰 기업도 있었다. 이들 거대 기업이 경제에서 차지하는 비중이 너무 컸기 때문에 공익과 소비자 이익에 대한 우려가 자주 거론되었다. 하지만 미국 경제의 부와 힘을 창출해 내는 능력에 대해서는 누구도 의심하지 않았다.

비록 기업이 모든 요구를 다 수용할 수는 없다는 것이 증명되긴 했지만, 대기업이 주축이 되어 일궈 낸 미국 산업의 힘이 전후 세계에 막강한 영향력을 미친 것은 사실이었다. 그리고 미국 외교 정책의 실행을 뒷받침해 주는 거대한 군사력 역시 이러한 산업의 힘이 떠받치고 있었다.

미국의 경제적 성공은 정치적 신화를 창출해 냈다. 트루먼 대통령과 아이젠하워 대통령이 각각 두 번의 임기를 거치는 동안 자유 기업에 대한 정부의 간섭을 주제로 시끄러운 논쟁이 계속된 적이 있지만 그것은 요점을 벗어난 공방이었다. 1945년 이후 미국 연방 정부는 항상 최고의 소비 주체였고 그 중요성도 날로 높아졌다.

정부 지출은 으뜸가는 경제 자극제였고, 수백 개의 이익 집단들이 원하는 것이었다. 사람들은 균형 잡힌 예산에 의해 경제적으로 운영되는 기업 같은 행정부를 바랐다. 미국은 자본주의 국가였다. 탁상공론가들이 어떤 반대를 하든, 어떤 수사법을 동원해 공격을 하든, 사회는 시장의 주체인 유권자들이 원하는 방향으로 서서히 발전했다.

이런 현실은 민주당 연합이 장기 집권하는 데 일조했다. 1952년과 1968년에 선출되었던 공화당 출신 대통령들은 각기 전쟁으로 피폐해진 민심의 덕을 보았을 뿐이며, 그들 모두 반드시 공화당이 집권해야 한다는 국민적 공감을 얻어 낸 것은 아니었다.

그래도 일각에서는 공화당에 대한 신망을 놓치지 않았다. 1960년 이전 시기에는 공화당의 아이젠하워 대통령이 많은 남부 유권자들에게 인기를 얻으면서 민주당 진영에 긴장의 징후가 나타나기도 했고, 1970년이 되자 전국 보수 연합 같은 공화당을 지지하는 모임이 나타나기도 했다. 이는 민주당이 흑인들을 위해 만든 입법안에 기분이 상한 일부 남부인들이 결성한 것이었다. 그 후 20년이 지나자 남북전쟁 시기에 생긴 '솔리드 사우스'*에서는 더 이상 민주당을 지지하지 않는 경향이 종종 드러났다.

케네디 대통령 선출

대통령은 나라의 중심 방향을 결정지을 수도 있는 존재다. 아이젠하워 시대에는 국내에 별다른 일이 일어나지 않았다는 인상을 남겼다. 강한 국내 정책을 펴는 것은 아이젠하워가 추구하는 바가 아니었던 것이다. 이 때문인지 모르지만 1960년 선거에서 근소한 차이로 케네디가 당선된 후 대단한 변화가 생겼다는 느낌을 주었다.

뒤돌아보면 1961년부터 8년간 이루어진 민주당의 통치는 비록 케네디나 존슨 대통령이 취임할 때 희망했던 대로는 아니었다 하더라

* 솔리드 사우스 solid south 미국의 남북전쟁 후, 북부의 공화당 정부에 대한 반감으로 민주당 지지를 강력히 굳힌 남부의 여러 주들. 이곳 사람들은 남북전쟁의 패배를 크나큰 굴욕으로 여겼고, 이로 인해 공화당을 거부하며 무조건 민주당을 지지하게 되었다.

기초연구와 응용연구에 거대한 자금을 지원할 수 있었던 미국은 1960~1970년대의 기술혁명을 선도했다. 사진은 엔지니어와 연구자들이 해양학 연구와 석유산업에 거대한 영향을 미칠 시추 장비를 시연하고 있는 모습이다.

도 국내 정치나 외교에서 미국에 대단한 변화를 가져왔다.

미국 흑인 문제

'니그로' 문제라 불리던 흑인 문제는 1960년대에 불거져 나왔지만 사실 미국 정치에 이미 오래전부터 존재해 온 중요한 쟁점이었다. 노예해방 1세기 후 미 흑인들은 백인보다 더 가난했고, 구호금에 더 의지했으며, 실업자도 더 많았다. 주거 상태나 건강 상태 역시 더 열악했다. 슬프게도 세월이 지날수록 이런 상황은 더욱 악화되기만 했다.

이런 와중에도 1950년대에는 상황이 달라지리라는 낙관주의가 널리 퍼졌다. 미국 사회에서 흑인 문제가 더 이상 참을 수 없을 정도로 긴박한 문제가 되어 가고 있었기 때문이다. 사람들은 곧 어떻게든 변화가 일어나리라는 기대를 하게 되었다. 흑인 문제가 이렇게 정치화된 데에는 세 가지 사실이 밑바탕에 깔려 있었다.

첫째, 남부의 지역적 문제를 전 국가적인 문제로 바꾸어 놓은 인구 이동을 들 수 있다. 1940년부터 1960년 사이에 많은 흑인들이 북부로 이동했고, 북부 주들의 흑인 인구는 3배로 늘어났다. 뉴욕은 미국에서 흑인 인구가 가장 많은 주가 되었다. 이로 인해 흑인들은 새로운 위상을 지니게 되었다. 또한 흑인들의 당면 문제가 법적인 권리 문제뿐만 아니라 경제적, 문화적 결핍 문제에 있다는 것이 드러났다.

흑인 문제가 전국적인 문제가 된 두 번째 요인은 미국 외부에 있었다. 유엔에서 주류를 이루는 많은 신생국이 유색 인종 국가였다. 미국이 해외에서 그렇게 힘주어 말하는 민주주의 이상에 비추어 볼 때, 국내 흑인들의 빈곤한 처지는 대단히 낯 뜨거운 일이었으며, 공산주의는 늘 이런 약점을 십분 활용해서 미국을 공격했다.

마지막으로 간디의 비폭력·무저항주의에 영향을 받은 흑인들이 그들의 지도자를 추종하여 벌인 민권 운동이 백인 미국인들의 마음을 사로잡았다는 것을 들 수 있다. 결국 흑인들의 법적, 정치적 지위는 이전보다 상당히 향상되었다. 물론 그 과정에서 흑인에 대한 빈정거림과 분노는 사라지지 않았고, 일부 지역에서는 오히려 늘기도 했다. 그리고 여전히 많은 흑인들이 가난하게 살고 있었다.

흑인 민권 운동

흑인 동등권 운동에서 가장 처음으로, 그리고 가장 성공적으로 이뤄진 것은 '민권' 투쟁이었다. 그중에서도 가장 중요한 것은 참정권과 평등권에 관한 요구였다. 마침내 1954년과 1955년에 대법원으로부터 중요한 판결을 이끌어 냄으로써 이 투쟁은 최초로 성공을 거두게 되었다. 대법원은 공립학교 내에서의 인종

1967년 아칸서스 주 리틀록에서 한편에는 흑백분리 교육제에 찬성하는 백인 학생들이 욕설을 퍼붓고 있고, 또 한편에는 미 주방위군이 두 줄로 늘어서 경호하는 가운데 엘리자베스 에크포드란 흑인 여학생이 '백인' 고등학교로 들어가고 있다.

마틴 루터 킹 목사

앨라배마 주에서 침례교 목사의 아들로 태어난 마틴 루터 킹(1929~1968)은 미국 사회의 흑백 인종 차별을 개혁하는 데 큰 획을 그은 인물이다. 보스턴대학교 신학대학 재학 중 학생비폭력조정위원회를 설립했고, 전미유색인지위향상협회의 도움을 받아 앨라배마 주 몽고메리 공중화장실의 흑백분리제에 항거하는 일련의 보이콧 운동을 조직했다. 이후 전국적으로 알려지게 된 킹 목사는 흑인들의 지도자로서 비폭력 민권 운동을 엄청난 열정으로 이끌었다. 그 정점은 1963년 워싱턴 DC의 대행진으로 이어졌고, 그는 모든 인종이 모인 30만 명 군중 앞에서 역사에 남을 유명한 연설을 했다.

"저는 꿈이 있습니다. 저의 네 아이가 미래 어느 날엔가는 피부색이 아니라, 그들의 인격으로 판단되는 나라에 살리라는 꿈이 있습니다." 그는 1963년 타임지로부터 '올해의 인물'로 선정되었고, 1964년에는 노벨 평화상을 받았다. 킹 목사는 반흑백 분리법이 확실히 준수될 수 있도록 계속하여 저항 운동을 조직했다. 그는 변화를 불러올 수 있는 방법이 폭력밖에 없다는 조직에는 동의하지 않았고, 말콤 X의 흑인민족주의도 수용하지 않았다. 1968년 킹 목사는 멤피스에서 일련의 평화시위를 벌였고, 4월 4일 멤피스의 호텔 발코니에 서 있던 중 암살당했다.

사진은 워싱턴 DC 링컨기념관의 계단에서 "나는 꿈이 있습니다"라고 연설을 하는 킹 목사의 모습.

분리는 위헌이며, 따라서 아직 인종 분리 제도가 남아 있는 곳에서는 빠른 시일 내에 철폐해야 한다는 판결을 내렸다.

이로 인해 남부의 많은 주가 소요를 겪었지만 결국 1963년이 되자 미국의 모든 주에서 흑인과 백인 학생들이 공립학교를 함께 다니게 됐다. 물론 여전히 흑인만의 학교와 백인만의 학교에 다니는 학생들도 있었다.

흑인 지도자들에 의한 '연좌 항의' 운동이 성공적으로 시작된 후에, 케네디 대통령은 유권자를 확보하는 차원을 넘어서 흑백 분리와 각종 불평등을 시정하기 위한 프로그램을 실시했다. 이것은 그의 후임자에게서도 계속 유지되었다.

도시 지역의 빈곤하며 열악한 주택과 낙후된 학교들은 미국 사회 내 깊은 모순을 보여주는 것이었다. 이런 지역 한쪽에서는 갈수록 풍요로움이 더해져 그 불평등이 더욱 두드러져 보였다. 케네디 행정부는 이런 불평등을 제거하는 것이 미국의 '새로운 도전 과제' 중 하나라고 미국인들에게 호소했다.

미국의 사회·경제 문제

1963년 케네디가 암살되자, 뒤를 이은 존슨 대통령은 빈곤과 그에 따르는 문제를 없애기 위한 입법에 심혈을 기울였지만, 불행히도 법률은 별 도움이 되지 않았다. 미국 흑인 문제의 가장 깊은 뿌리는 미국 대도시의 이른

1992년 로스앤젤레스를 뒤흔든 흑인 폭동이 지나간 자리를 바라보는 어린이들. 3일 간의 폭동은 네 명의 백인 지방경찰이 흑인 운전자 로드니 킹을 구타한 것에 대해 현장 촬영 필름이 있음에도 불구하고 무죄 방면되었다는 뉴스가 보도된 후 일어났다.

* 게토
유대인이 모여 살도록 법으로 규정해 놓은 도시의 거리나 구역. 유대인을 격리하고 제한하기 위해 만들어진 제도로, 유럽 전역에서 존재했으며 나치가 집단수용소의 형태로 이를 부활시키기도 했다. 오늘날에는 흑인이나 소수민족이 따로 모여 사는 특정 지역도 게토라고 한다.

바 '게토'*라고 불리는 흑인 밀집 지역에 도사리고 있는 것 같았다.

노예 해방이 입법화된 지 100년 후인 1965년에 로스앤젤레스의 한 행정구역에서 최대 7만 5,000명까지 가담한 강력한 흑인 폭동이 발생했다. 다른 도시에서도 문제가 일어났지만 이만 한 규모는 없었다. 그러나 그 뒤로 25년이 흐르는 동안에도 이 지역에 일어난 변화라고는 모든 조건이 훨씬 더 안 좋아졌다는 것뿐이었다.

1990년이 되자 이 지역 로스앤젤레스 경찰은 거의 점령군처럼 인식되었다. 그 해 그들은 이미 소지한 무기에 더하여 일반 탄알보다 상처가 크게 나도록 만든 특수한 소총탄인 이른바 '덤덤탄'까지 소지할 권한을 부여받았다.

미국 전역에서 1990년대 흑인 청년들은 동일 연령대의 백인 청년들에 비해 살해당할 확률이 일곱 배나 높았고, 대학 진학보다는 감옥살이를 겪어야 할 확률이 더 높았다. 이즈음 흑인 신생아의 3분의 2가 미혼모에게서 태어나고 있었다.

문제는 흑인들에게 경제적 기회가 잘 주어지지 않는다는 점이었지만 그렇기 때문에 더욱 풀기가 쉽지 않았다. 그래서 문제는 늘 미해결 상태로 남아 있었을 뿐만 아니라 점점 해결에서 멀어지는 것 같았다. 결과적으로 이런 문제들이 쌓여서 도심의 흑인 밀집 지역에서 범죄로 폭발하고 있었다. 백인 중심의 미국 문화와 정치에서 피부색과 인종 문제는 매우 민감한 사안이 되었다.

린든 존슨 대통령은 가난한 남부 태생이라는 배경 덕분에 자타가 공인하는 '위대한 사회'의 지도자가 될 만했다. '위대한 사회'는 존슨 대통령이 미국의 미래를 위해 내놓은 경제 번영 정책이었다. 만약 이 정책이 제대로 효과를 발휘했다면 흑인들의 빈곤 문제를 어느 정도 퇴치할 수도 있었을 것이다.

하지만 어쩌면 미국을 개혁한 대통령으로 자리매김할 수도 있었던 존슨은 뼈저린 실패를 경험했다. 이는 존슨 대통령의 열망과 능력이 부족했기 때문이라기보다는 시대적인 상황이 나빴기 때문일 수도 있다. 존슨 대통령 임기 중 미국은 베트남 전쟁에 뛰어들었고, 아시아에서 일어난 이 전쟁으로 인해 '위대한 사회'는 뒷전으로 밀려나게 되었다.

베트남 전쟁

아이젠하워 정권에서 미국의 동남아시아 정책은 비공산주의 남베트남이 안보에 필수적 존재며, 남베트남만이라도 서방 진영에 두어야 한다는 신조를 바탕에 두고 있었다. 따라서 미국은 남베트남 보수정권의 후원자가 되었다.

케네디 대통령 역시 이 정책에 의문을 두지 않았다. 그는 군사 원조뿐만 아니라 '자문관'들까지도 보내 주었다. 케네디가 암살될 즈음에는 남베트남에 2만 3,000명의 자문관이 있었고, 그들 중 다수가 실전에 투입되었다. 뒤를 이은 존슨 대통령은 다른 나라와 맺은 서약은 견실하게 지켜야 한다는 신조로 이미 정해진 노선을 따랐다. 하지만 남베트남에서는 들어서는 정권마다 신통치 않았다.

1965년 초 존슨 대통령은 남베트남이 무너질 수도 있다는 말을 들었다. 공격권을 손에 쥐고 있던 존슨은 북베트남을 표적으로 공습을 시작했다. 얼마 후 최초의 미군 전투 부대가 남베트남에 공식 파병되었다. 1968년 베트남에는 50만 명 이상의 미군이 주둔했다. 그 해 크리스마스에 이르러서는 제2차 세계대전을 통틀어 일본과 독일에 투하한 것보다 더 많은 폭탄이 북베트남에 떨어졌다.

결과는 정치적 참패였다. 엄청난 전쟁 비용으로 미국의 국제 수지는 엉망이 되었고, 그로 인해 국내 개혁 프로젝트에 필요한 비용이 사라져 버렸다. 하지만 이것은 걱정거리도 아

1966년 미국은 베트콩이 지배하는 농촌 지역의 저지대를 '수색하여 제거하는 임무'를 통해 평화를 회복하려고 시도했다. 난민들은 도시로 피난하고, 미국은 정글에서 반군들을 가려주는 나뭇잎을 없애기 위해 화학약품을 사용했다. 사진은 미군 173 대대가 작전 개시를 위해 헬리콥터에서 내리는 장면.

니었다. 전쟁 사상자가 늘어나고, 협상 시도가 결실을 거두지 못하면서, 국민들의 원성이 높아진 것이 더욱 큰 문제였다. 원성은 점점 커졌고, 그와 함께 미국 온건주의자들의 우려도 높아졌다. 북베트남에 무기를 공급하는 소련 역시 비용이 엄청나게 많이 소요된다는 사실은 작은 위안에 지나지 않았다.

꿈에서 깨어난 미국

베트남 전쟁으로 미국의 젊은이들은 정부를 불신하며 시위와 폭동을 일으켰고, 보수층 국민들은 젊은이들이 애국심이라고는 없다며 군복무 거부에 분노했다. 하지만 이러한 표면적인 모습들보다 더한 변화가 일어나고 있었다. 그것은 베트남 전쟁으로 인해 많은 미국인들이 외부세계를 바라보는 관점에 변화가 생겼다는 것이다.

마침내 미국인들이 깨달은 것은 미국도 원하는 모든 결과를 다 얻을 수는 없다는 사실이었다. 1960년대 후반은 미국의 쇠퇴기였다. 물론 미국의 힘이 쇠퇴한 것이 아니라, 미국의 힘이 무한하고 거부할 수 없는 것이라는 꿈이 쇠퇴한 시기였다.

제2차 세계 대전 직후만 해도 미국인들의 이런 기대에는 전혀 흔들림이 없었다. 미국의 힘이 이미 두 차례 걸친 세계 대전의 운명을 결정지었기 때문이다. 게다가 거의 150년에 걸쳐 미국은 아무런 제재와 방해 없이 영토를 확장했고, 유럽의 개입을 받지 않았으며, 아메리카 대륙에서도 패권을 쥐고 있었다.

미국의 역사에서 전적으로 참패한 사건은 없었으며, 궁극적으로 실패라고 부를 만한 것도 없었고, 대부분의 미국인들이 죄의식을 느낄 만한 일도 없었다. 당연히 미국인들은 자신들의 무한한 가능성을 믿을 만했다. 이 믿음이 국내 문제에서 국외 문제까지 연장된 것도 당연했다.

미국이 오랫동안 성공 신화를 이룰 수 있었던 데에는 아메리카 대륙이 멀리 떨어져 있었다는 사실이 중요하게 작용했다. 미국인들이 이러한 특수 조건을 잊어버린 것도 이해할 만했다.

베트남전 종전

미국의 꿈이 깨지기 시작한 것은 사실 베트남전 이전에 1950년대 한국전쟁 때부터라고 할 수 있다. 미국은 한국전쟁에서 기대했던 바에 못 미치는 승리에 만족해야만 했고, 이후 20년 동안 국력이 미국의 10분의 1도 안 되는 나라들과 어려운 거래를 해야 했다. 그리고 마침내 베트남전에서 미국은 힘의 한계를 인식하고 그 대가를 치르게 되었다.

1968년 3월 미국 내 반전 운동의 힘은 예비 선거에서 분명히 나타났다. 존슨 대통령은 이미 그전에 미국이 이길 수 없다는 결론

1967년 베트남전 반대 구호가 적힌 피켓을 휘두르며 미 국방성 앞에서 시위하는 군중.

을 내리고, 폭격을 제한했으며, 베트남 북측에 협상재개를 요청해 놓았다. 또한 그는 1968년 극적으로 재선 불출마를 선언했다.

한국전쟁 덕분에 1952년 아이젠하워가 선거에서 이겼듯이, 베트남전 덕분에 또 다른 공화당 대통령이 1968년 당선되었고, 1972년 재선되었다. 베트남은 공화당의 대통령 당선에 유일한 기여 요인이 되었을 뿐만 아니라, 오랜 민주당 연합 전통을 꺾은 가장 큰 요인이었다.

신임 대통령인 리처드 닉슨은 취임 직후 미국의 지상군을 철수시키기 시작했다. 화해 협상은 3년이 걸렸다. 1970년 북베트남과 미국 사이에 비밀 협상이 시작되면서 군대 철수는 계속되었지만, 미군의 북베트남 폭격 역시 재개되었다.

외교는 험난하고 어려웠다. 미국은 사실상 우방국을 버리지 않을 수 없는 처지였지만 그런 사실을 인정할 수 없었고, 북베트남 역시 남베트남에 우호 세력을 남겨 두지 않는 협상 조건을 수락할 수 없었다. 미국에서 대중의 함성이 높아지는 가운데 1972년 말 폭격이 잠시 재개되었지만, 그것이 마지막이었다. 이후 머지않아 파리에서 휴전 협정이 조인되었다.

베트남전 종전의 영향

베트남전은 미국에 엄청난 재정적 손실과 5만 8,000명의 인명 손실을 가져왔다. 베트남전은 미국의 위신을 심각하게 손상시켰고, 미국의 외교적 영향력을 떨어뜨렸으며, 국내 정치를 쑥대밭으로 만들고, 개혁을 좌절시켰다. 반면 이룩한 것이라고는 인도차이나 반도 주민들에게 끔찍한 피해를 입히며 존속 자체가 위태로웠던 남베트남 정부를 잠시 동안 유지했다는 것뿐이었다. 아마도 미국이 만능하다는 꿈에서 깰 수 있었던 것이 득이라면 득일 수 있었다. 적어도 미국이 진창에서 빠져나왔다는 것은 국내적으로는 성공이었고, 어쨌거나 닉슨 대통령은 그 성공의 열매를 거두었다.

세계는 많이 변하고 있었다. 가장 놀라운 변화는 미국이 중국과의 관계 정상화를 위해 새로운 정책을 내놓은 것이었다. 이는 1972년 2월 미국 대통령이 중국을 공식 방문함으로써 그 정점에 이르렀다.

이것은 닉슨 대통령의 말대로 "25,000km와 22년에 걸친 적대관계를 해소하려는 시도"였을 뿐만 아니라, 미국 대통령의 첫 중국 본토 방문이기도 했다. 미국과의 외교 관계

베트남전으로 수십만 명의 난민이 생겼다. 그중에는 철수한 미군이 남기고 간 유라시아 혼혈아 및 아프리카-아시아 혼혈아도 포함된다. 사진은 1972년 안로이에 위치한 고아원의 모습.

1968년 초 베트콩이 주도한 구정대공세는 베트공에게 희생은 컸지만 정치적으로는 성공을 거둔 작전이었다. 이 때 미 해병들이 후에의 성 안으로 민간인들을 모으고 있다. 남베트남 도시들에 대한 기습 공격은 베트남 설날 (음력 1월1일, 구정)을 기하여 개시되었고, 베트남전의 전환점이 되었다. 사이공으로부터 수개월에 걸쳐 낙관적인 보도를 들어 왔던 미국인들은 '패배했다'고 믿었던 베트콩이 103개 마을을 점령하고, 사이공의 미 대사관까지 침투했다는 소식을 접하자 실망을 금치 못했다. 물론 이들은 곧 격퇴되긴 했지만, 정책 입안자들에게는 결정적 영향을 미쳤다. 그들은 공산주의자들이 이기기 위해서는 어떤 희생도 감수하리라는 것을 알게 되었다. 당시 북베트남과 베트콩이 치른 승리의 대가로 1백만 명에 가까운 병사가 목숨을 잃었다.

가 최고조에 달했을 때 중국은 또 하나의 이익을 얻었다. 바로 유엔과 안전보장이사회에서 한 좌석을 차지한 것이었다.

닉슨 대통령은 중국 방문에 이어 1972년 5월에는 최초로 모스크바를 방문했다. 무기 제한 협정도 거의 체결에 이르는 진전을 보였다. 극명하게 양분되었던 냉전의 양상이 확실히 사라지고 있었다. 베트남 전쟁이 끝난 것 역시 이런 변화와 무관하지 않았다. 종전이 이루어지기 위해서는 소련과 중국도 모두 흡족한 결과를 얻어야 했기 때문이다.

베트남 전쟁에 관한 중국인의 태도는 사실 단순하다고 할 수 없었다. 중국의 입장은 소련 정책이 가하는 잠재적 위험성에 대응하면서도 미국이 아시아의 다른 지역에 행사할 지배력을 경계해야 했다. 여기에 베트남의 민족주의가 얽혀 복잡한 상황이었다.

중국의 아낌없는 지원에도 불구하고 인도차이나 반도의 공산주의 위성국은 믿을 수가 없었다. 베트남은 프랑스 제국주의자뿐만 아니라 중국과도 싸운 역사가 있었다. 미군 철수 직후에도 베트남에서 일어나는 싸움의 본질은 점점 더 내전의 양상을 드러내고 있었다.

베트남 분쟁 재개

북베트남은 작전 재개에 시간을 끌지 않았다. 한동안 미국 정부는 이를 눈감아 주었다. 미국은 아시아에서의 자유세계 보호라는 의무를 포기한 데 대한 국내적 안도감이 너무 커서 북베트남이 저지르고 있는 조약 위반에 대해서 유감을 표명하기가 어려웠다.

워터게이트 사건*으로 리처드 닉슨 대통령이 사임한 후 미 의회는 베트남전을 무모한 모험이라고 판단해 앞으로 이 지역에 대한 어떤 개입도 하지 않을 태세였다. 이것은 남베트남 정권이 전복되지 않는 한 이전에 체결한 평화조약 조건 이행을 요구하는 시도가

미국 외교관이며 국가 안보 문제 자문관인 헨리 키신저와 북베트남 정치가 레득토가 1972년 베트남 평화회담 후 파리 국제회의센터를 나서고 있다. 이듬해 이 두 사람은 노벨평화상을 수여 받았다.

없으리라는 것을 의미했다.

결국 1975년 초 남베트남에 대한 미국의 원조가 단절되었다. 사실상 모든 영토를 다 잃은 남베트남 정부는 수도와 메콩 강 이남 지역을 지키고자 악전고투하고 있었다. 이와 동시에 캄보디아에서도 공산 세력이 이전에 미국의 지원을 받던 정권을 축출하고 있었다. 미 의회는 군사 및 재정의 추가 지원을 가로막았다. 결국 미국은 미국을 의지했던 사람들을 버리고 손실을 줄여야만 했다.

이는 역설적인 결과였다. 베트남전의 참패로 인해 아시아 정책에 대한 강경론자들의 주장이 옳았다는 것을 증명해 준 셈이 되었던 것이다. 그들은 항상 미국의 군사력은 최후의 수단이 되어야 아시아 국가들이 스스로를 지키기 위해 노력하고, 공산주의에 대항할 수 있다고 주장해 왔다. 또한 미국이 고립주의로 되돌아선 사실이 베트남전의 참패로 덮어지지 않았고 오히려 부각되었다.

미국의 여론은 인도차이나 전쟁을 스스로를 방어하기 위해 싸울 의지가 없는 사람들

*워터게이트 사건
1972년 6월 17일 미국 대통령 선거를 앞두고, 당시 닉슨 대통령의 공화당 측이 민주당 본부가 있는 워터게이트 빌딩에서 도청하려 했던 사건. 닉슨과 그의 보좌관들이 이 사건에 관여했음이 밝혀지면서 1975년까지 사건의 전말에 대한 무수한 보도가 이어졌고, 결국 닉슨 대통령은 1974년 8월 8일 대통령직에서 물러났다.

이전 사이공 정권 장교들이 1976년 남베트남 노동캠프에서 '재교육'을 받고 있다. 북베트남 장교가 확성기를 들고 지금 보여 주는 선언서를 장교들이 암기한다면 새 베트남에 분명 다시 동화될 수 있다고 말하며 죄수들을 안심시키고 있다. 하지만 이들에게 자유가 오려면 아직도 몇 년은 더 기다려야만 했다.

을 대신하여 수많은 미국인 사상자와 실종자, 엄청난 전쟁 비용을 들인 무의미한 싸움으로 보고 있었다. 하지만 동아시아 지역 내 미국의 위상에 대해 다른 해석도 가능했다. 베트남을 잃은 것보다 중국과의 우방관계를 얻은 것이 더 중요할 수도 있었기 때문이다.

미국 내 알력의 징후

1970년대 말 미국과 동맹국들은 혼란과 걱정에 휩싸였다. 국제 정세의 상황 파악이 쉽지 않았다. 하지만 객관적으로 안심할 만한 근거는 충분히 있었다. 미국의 민주 제도는 모든 문제에 답을 주지는 않았지만, 국가의 요구를 만족시키지 못한다거나 무너지는 징후를 보이지도 않았다.

놀랍게도 미국 경제는 수년 동안 엄청나게 높은 전쟁 비용과 인간을 달에 보내는 우주 탐사 비용, 그리고 세계 도처에 전례 없는 규모로 배치된 미 주둔군 유지 비용을 계속 부담할 수 있었다.

그러나 미국 흑인들의 운명은 악화일로에 있었고, 미국 내 일부 대도시는 도시 피폐화로 고통을 겪고 있었다. 또한 지금까지 미국인으로서 긍지를 갖고 살아왔던 사람들에게 베트남전이 준 심리적 상처는 깊었다. 이보다 더한 걱정은 소련에 비해 미국 군사력이 열등할지도 모른다는 사실이었다.

게다가 1970년대 초 이른바 워터 게이트라는 닉슨 대통령의 국내 스캔들이 터져 외교 문제를 다룰 지도력에 대한 신뢰가 무너졌고, 대통령의 행정 능력에 대한 불신도 새로운 걱정거리로 떠올랐다. 닉슨의 사임에 이어 1974년에 제럴드 포드 대통령이 취임했을 때 미 의회는 이미 인도차이나 동맹국 원조에는 동의하지 않겠다는 결의를 밝히고 있었다.

캄보디아와 남베트남 정권이 무너졌을 때,

미국의 세계 지배력에 대한 의문이 불거졌다. 미국이 더 이상 인도차이나를 위해 싸우지 않는다면 타이에서도 그럴 것인지, 궁극적으로는 이스라엘이나 베를린을 위해서도 싸우지 않을 것인지 등의 의문이 들기 시작한 것이다. 미국 내 포기와 실망의 분위기가 영원히 지속되지는 않을 것이 분명했지만, 그동안 동맹국은 이러한 미국을 지켜보며 불안한 마음을 감출 수 없었다.

두 개의 유럽

유럽은 냉전이 발생한 최초의 장소이자 오랫동안 냉전의 주 무대가 되었던 곳이다. 1970년 이전에 이미 유럽에서 냉전의 역사를 만드는 것이 북대서양조약기구와 바르샤바조약기구라는 단순한 제도만은 아니라는 사실이 조금씩 엿보였다. 오랫동안 소련 지배와 중앙 통제 경제로 외적 변화의 자극과 단절되어 있던 동유럽에서 서서히 분열의 징조가 보였다.

1960년대 소련과 중국의 사이가 틀어졌을 때, 유럽의 가장 작은 국가인 알바니아 공산국이 맹렬하게 소련을 비난하고 중국을 찬양하는 것을 소련은 그저 참아야만 했다. 알바니아는 바르샤바조약기구 회원국과 인접한 국경이 없었기 때문에 소련의 붉은 군대를 겁낼 필요가 없었다.

더욱 놀라웠던 것은 중국의 지원을 받은 루마니아가 '자국 경제에 관한 한 자국의 이해에 맞게 발전시키는 것이 자국의 권리'라며, 경제상호원조회의의 지시를 거부한 일이었다. 심지어 루마니아는 외교 정책에서 애매하게 중립주의적 입장을 취하기도 했다. 루마니아가 바르샤바조약기구의 회원이면서 동시에 동유럽에서 가장 엄격한 독재 정권의

1976~1979년 악명 높은 친중국 철혈정권을 이끈 캄보디아의 폴포트가 공산 게릴라군인 크메르 루주 병사와 함께 있는 모습. 폴포트는 베트남과 국경 분쟁을 일으키고 캄보디아에서 '킬링 필드'라 불리는 대학살을 자행했다.

리처드 닉슨(1913~1994)의 정치 생명을 앗아간 워터게이트 사건이 최고조에 달한 1974년, 이 사진을 찍을 때 그는 6년째 미 대통령 직에 있었다. 이때가 그의 대통령직 수행에서 거의 마지막 시기이며, 이후 제럴드 포드가 뒤를 이었다.

지배를 받고 있었음에도 그러했던 것이다. 루마니아는 북대서양조약기구의 국가와는 접경 지역이 없었지만 소련과는 약 800km 가까운 접경 지역이 있었다. 소련은 루마니아만큼은 자신들의 손아귀에 있다고 자신했고, 이런 점 때문에 오히려 루마니아의 변덕스러움을 관용으로 대할 수 있었다.

그러나 1968년 소련은 공산주의 체제의 획일적 통일성을 흐리는 행동을 허용하는 데에는 한계가 있다는 것을 증명해 보였다. 1968년 체코슬로바키아에서 민주자유화 운동이 일어나면서 체코슬로바키아 정부가 내부 구조를 자유화하고 서독과 무역 관계를 진전시키려 했을 때, 소련은 이를 관용으로 대하지 않았던 것이다.

체코슬로바키아 정부의 포기를 받아내려던 몇 차례의 시도가 성공을 거두지 못하자, 1968년 8월 바르샤바조약기구 동맹군이 체코슬로바키아를 침공했다. 헝가리와 같은 사태가 반복될 것을 두려워한 체코슬로바키아 정부는 저항을 하지 않았다. 잠시 동안이지만 체코슬로바키아의 어느 정치가가 한 말처럼 "인간적인 사회주의"를 선보이려 했던 시도는 그렇게 잊혀졌다.

다원주의

중국과 소련의 긴장 상태와 동유럽권의 분열 조짐, 미국과 라틴아메리카 국가들 간의 관계 불안정 등으로 세계는 이제 양극화를 버리고 '다원주의'로 가고 있다는 견해가 대두했다. 냉전의 견고함이 무너진 것은 실로 놀라운 일이었다.

이런 와중에 서유럽에서는 주목할 만한 새로운 변화가 일어나고 있었다. 당시 서유럽인들은 500년 전 조상이 통치하던 영토를 대부분 그대로 지배하고 있었지만, 사회가 급격하게 변하면서 이제 제국주의는 과거가 되었다. 그리고 1950년대부터 서유럽에서는 민족주의의 힘이 서서히 약해져 갔다. 민족주의가 태어난 본고장에서 민족주의가 와해되고 있었던 것이다.

서유럽의 통합

서유럽을 만들어낸 공통의 뿌리가 프랑스 카롤링거 왕조까지 거슬러 올라간다는 열성파들의 주장이 부당한 것은 아니지만, 현 시점에서는 1945년 정도까지만 되돌아가도 충분할 것 같다. 그 이후 40여 년간 서유럽은 두 차례에 걸친 세계 대전과 소련에 대한 대응 과정에서 점차 서로 뭉치게 되었다.

독일 문제가 분할로 끝을 맺자 프랑스는 오랜 두려움이 종식되었다. 독일 문제로 인해 서유럽에서 또다시 대규모 전쟁이 발생할 가능성은 없어진 것이다. 소련 정책은 서방국가들이 서로 더욱 긴밀히 협력해야 할 많은 이유를 제공했다.

1940년대 후반 동유럽에서 발생한 사태를 본보기로 삼아 유럽은 미국이 철수한 뒤 유럽이 분열된 상태로 남아 있을 경우 유럽에 닥칠 수 있는 일들을 숙고하기 시작했다. 마셜 플랜과 북대서양조약기구의 결성은 유럽 통합을 위한 기초 단계일 뿐이었다. 통합의 본질은 새로운 유럽 형성에 있었다.

새로운 유럽 기구들

서유럽을 통합하게 한 요인은 다양했다. 마셜 플랜의 개시에 이어 1948년 유럽경제협력기구OEEC가 설립되었고, 이듬해 유럽 10개 국가를 대표하는 최초의 정치 기구인 북대서양조약기구가 설립되었다. 그동안 통합을 뒷받침할 경제력은 빠르게 커져 가고 있었다.

1968년 프라하에서 일어난 대대적 민주자유화 운동인 '프라하의 봄' 당시 시민들이 정권의 자유화를 요구하고 있다. 그 해 8월 소련 탱크가 들어와 소동을 진압하고, 민주화 시도를 짓밟았다.

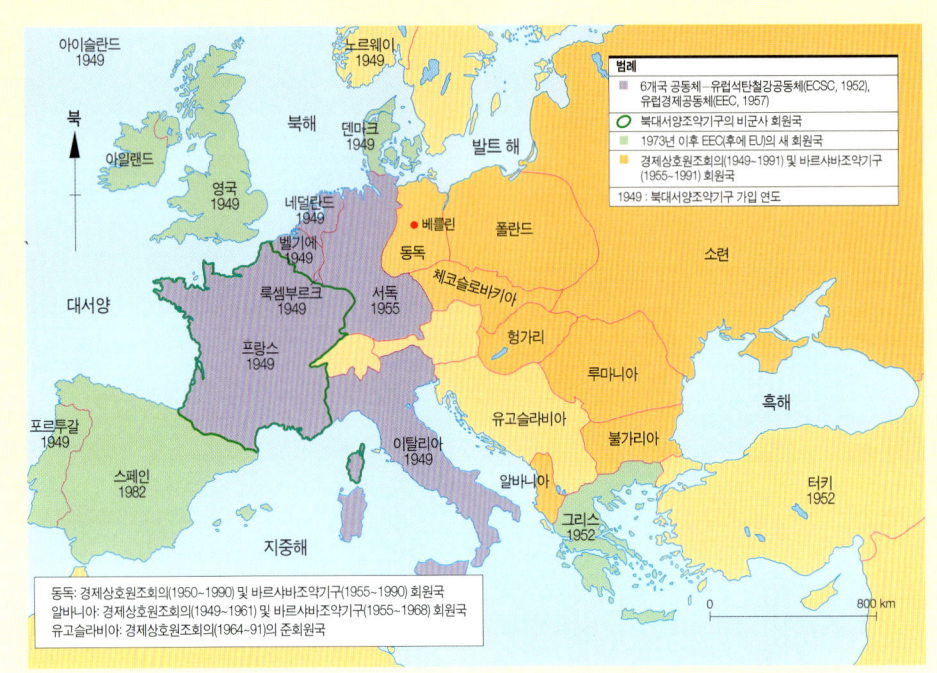

세계 대전 후 유럽의 경제공동체 및 군사공동체(1949~1991년)

제2차 세계 대전 종전 이후 북대서양조약기구NATO가 바르샤바조약기구와 대치하면서 정치적, 군사적 차원에서 유럽의 분할은 분명했다. 분할은 유럽 국가들의 경제 기구에서도 분명히 드러났다. 마셜 플랜의 원조를 받고 후에 유럽경제공동체EEC를 설립한 서유럽은 스탈린이 설립한 경제상호원조회의COMECON의 회원국으로 이루어진 동유럽 국가들과 극명한 대조를 이루었다. 쿠바, 몽골, 베트남도 경제상호원조회의 회원국이었다. 경제상호원조회의는 유럽에서 공산주의가 몰락한 1991년 해체되었다.

이미 1948년 벨기에, 네덜란드, 룩셈부르크의 베네룩스 3국 사이에, 그리고 프랑스와 이탈리아 사이에 관세동맹이 결성되었다.

경제적 통합을 향한 초기 단계에서 가장 중요한 조직은 프랑스가 제안한 유럽석탄철강공동체ECSC였다. 1951년 공식 설립되었고, 회원국은 프랑스, 이탈리아, 베네룩스 3국 그리고 가장 의미 깊은 회원국인 서독이 포함되어 있었다.

이로써 서유럽의 산업 중심 지역을 소생시킬 수 있게 되었고, 이는 새로운 국제 구조에 서독을 통합시키는 주요 요인이 되었다. 소련 육군의 위협을 받는 서유럽에게는 독일의 방어력이 필요했고 유럽석탄철강공동체라는 경제적 장치를 통해 서독을 살리는 동시에 제어할 수 있게 되었던 것이다.

유럽경제공동체 설립

다른 여러 가지 요인들 역시 유럽에 초국가적 단체가 탄생하는 데에 일조했다. 프랑스와 이탈리아에서 공산 정당은 대체로 경제 회복과 함께 약화되었다. 이미 1947년부터 공산주의자들의 정부 참여가 중단되었고, 1950년이 되자 프랑스와 이탈리아의 민주주의가 체코슬로바키아와 같은 운명을 겪을 위험은 사라져 버렸다.

반공주의자의 여론은 가톨릭계 정당이나 사회민주주의 정당들과 연합하는 경향이 있었다. 광범위하게 말해서 온건한 우익 성향을 지닌 서유럽 정부들은 1950년대에 경제 회복과 복지 서비스에 중점을 두었으며, 실질적 문제에서는 서유럽 통합을 함께 추구했다고 할 수 있다.

다른 단체들도 대두했다. 1952년 유럽방위공동체EDC는 서독의 군사적 위상을 공식화했으며, 이후 독일이 북대서양조약기구에 가입하면서 그 군사적 위상은 계속 유지되었다. 하지만 유럽을 하나로 뭉치게 만든 원동력은 이전처럼 여전히 경제적인 것이었다.

서유럽 통합의 중대한 결정은 1957년에 이루어졌다. 프랑스, 독일, 벨기에, 네덜란드, 룩셈부르크, 이탈리아가 로마 조약을 조인하면서 유럽경제공동체EEC가 탄생했던 것이다. 일부 열성파는 샤를마뉴 대제의 전통을 재건한다는 말까지 했다. 이에 자극을 받은 유럽경제공동체 미가입국들은 2년 반 후에 좀 더 느슨하고 제한적인 유럽자유무역연합EFTA을 결성했다.

1986년이 되자 유럽경제공동체는 명칭에서 '경제'를 제외한 유럽공동체EC로 바꾸고, 회원국도 6개국에서 12개국으로 늘렸다. 유럽자유무역연합은 4개국만 제외하고 나머지 회원국을 모두 유럽공동체에 빼앗겼다. 그리고 5년 후 여전히 유럽자유무역연합에 남은

유럽연합EU의 확대(1957~1995년)

유럽경제공동체는 1994년 유럽연합EU으로 개명했다. 최초에 6개 회원국으로 창립한 지 38년이 지난 1995년 말 유럽연합 회원국은 15개국이었다. 이 지도는 1995년 유럽연합 회원국과 각 국가의 가입 연도를 보여 준다.

소수의 국가들은 유럽공동체와의 합병을 원하게 되었다.

서유럽의 정치적 단합을 위한 행보는 느리지만 점진적으로 빨라지고 있었다. 이런 현상은 서유럽 국가들 사이에서 다시는 협력과 협상을 대신해 무력 분쟁이 일어나는 일은 없을 것이라는 점을 확실히 증명하는 것이었다. 민족국가에 뿌리를 둔 서유럽의 나라들이 이제 국경 전쟁의 시대를 마감한 것이다.

불행히도 영국 통치자들은 그런 사실을 인정하면서도 유럽 협력 기구에 가입을 하지는 않았다. 그러다가 뒤늦게 가입하려 했으나 두 번이나 거부당한 끝에야 유럽경제공동체에 가입할 수 있었다.

한편 유럽공동체는 공동 농업 정책으로 공동의 이해를 도모할 수 있었다. 이 공동 농업 정책은 독일, 프랑스 같은 회원국의 유권자 중에서 다수를 차지하는 농장주와 소작농에게 주는 일종의 뇌물이었다.

드골 치하의 프랑스

경제적 차원에서는 통합이 촉진되었지만, 사실 정치적 차원에서는 프랑스가 오랫동안 통합을 반대하고 있었다. 이는 프랑스가 알제리 내전으로 위협받던 시기에 드골 장군이 정계에 복귀하고 대통령이 되어 강력히 주장한 것이었다.

드골의 첫 번째 과제는 중요한 헌법 개정을 통해 이렇게 급변하는 상황을 잘 이용하는 것이었다. 다음으로 드골이 프랑스에 공헌한 일은 그의 전쟁 성과만큼이나 위대한 것으로, 바로 1961년 알제리에 대한 공약을 폐기한 것이었다. 이 결정에 일부는 불만을 품었지만 군대는 철수하여 귀국했다. 이로 인해 드골과 프랑스는 운신의 폭이 넓어져 비록 부정적인 역할이긴 했지만 국제 사회에서 더욱 활발하게 움직일 수 있었다.

드골이 생각하는 유럽통합은 독립된 민족국가들 사이의 협동에 한정되어 있었다. 그

프랑스의 드골 장군이 1963년 콘라드 아데나워 서독 총리를 만나고 있다. 애국자인 드골은 프랑스를 이전의 영광스러운 시대로 되돌려 놓겠다는 결의를 했다. 그는 유럽을 미국의 보호로부터 자유롭게 하고, 국가주권의 존중에 근거한 통합 단체를 출범시키려는 야심을 가지고 있었다.

는 무엇보다도 유럽경제공동체를 프랑스의 경제적 이해를 보호하는 수단으로 보았다. 그는 이런 자신의 뜻을 관철하기 위해 이 신생 단체에 무리한 요구를 할 태세였다. 게다가 그는 영국의 유럽경제공동체 가입 요청을 사실상 두 번이나 거부했다.

세계 대전을 경험한 드골은 '앵글로색슨족'에 대한 불신이 깊었다. 그런 불신은 사실 아주 부당한 것도 아니었다. 영국은 여전히 유럽 대륙의 통합보다는 미국까지 포함하는 범서양공동체의 통합을 열망하고 있었기 때문이었다.

1964년 드골은 공산주의 국가인 중국과 외교 사절을 교환함으로써 미국의 속을 태웠다. 급기야 드골은 미국의 보호를 거부하고, 프랑스의 독자적인 핵무기 개발을 추진했다. 북대서양조약기구에서도 여러 문제를 야기했던 프랑스는 마침내 북대서양조약기구에서 탈퇴했다. 이 탈퇴 역시 서유럽 진영에서는 '다원주의'로 해석될 수 있었다.

1969년 개헌을 추진한 국민투표에서 실패한 드골 대통령이 사임함으로써 서유럽에 불확실성과 무질서를 초래하던 주요 정치 세력이 사라졌다. 하지만 이후에도 20여 년간 프랑스는 여전히 유럽 공동 시장과 유럽 완전 통합을 반대하는 정책을 폈다. 하지만 프랑스 지도자들은 대부분 말은 드골과 같이 강경했지만 행동은 드골보다 타협적이었다.

영국의 불확실성

1973년 영국은 유럽경제공동체에 가입했다. 역사상 가장 보수적인 민족국가가 마침내 20세기의 현실을 인정한 것이었다. 이 결정은 제국주의의 철회를 보완하는 것이었고, 동시에 영국의 전략적 최전선이 이제 라인 강이 아니라 체코와 독일 사이를 흐르는 엘베 강임을 인정하는 것이었다.

25년 동안 영국 정부는 경제 성장과 사회복지 사업 확대에 힘쓰면서도 실업률을 낮게 유지하는 일에는 계속 시행착오를 겪었다. 특히 사회복지 사업은 궁극적으로 경제 성장에 의존하는 분야였는데도 어려운 시기가 다가오면 항상 경제 성장에 밀려나는 처지가 되었다. 어쨌든 영국도 유권자에게 아부해야 하는 민주국가였기 때문이다.

전통적으로 영국 경제는 국제 무역에 너무 치우쳐 있어서 그 취약성이 문제가 되었다. 또 다른 난제는 새로운 투자가 이루어지지 않는 낡은 기간산업과 극히 보수적인 영국민의 태도였다. 영국은 비록 부유해지고는 있었지만, 경제력이나 부를 창출하는 비율에서 다른 선진국보다 점점 뒤처지고 있었다.

결과적으로 영국의 국제적 영향력은 쇠락했다. 비록 다른 지역처럼 폭력이나 내부적 반감 없이 신속하게 탈식민지화에 성공했다 하더라도, 이제부터 영국이 과거를 다 떨쳐버리고, 소박한 번영이라도 이룰 수 있을지는 여전히 불투명한 일이었다.

아일랜드의 폭력과 동요

한편 북아일랜드에서는 질서와 문명을 위협

1922년 아일랜드자유국이 설립된 이후 벌어진 내전 중 더블린에서 일어난 시가전.

* IRA(아일랜드공화국군) 영국으로부터 완전히 독립하기 위해 설립된 아일랜드의 비공식적인 반#군사 조직. 1919년 북아일랜드에서 마이클 콜린스이라는 독립운동가에 의해 설립되었다. 이들은 영국의 아일랜드 지배를 무력으로 방어하고, 독립된 통일 공화국을 세우고자 했다.

하는 일이 벌어지고 있었다. 아일랜드 문제는 1921년에 영국 의회의 결정으로 이미 한 차례 마무리된 적이 있었다. 이 해 영국과 아일랜드 민족주의 정당은 평화조약을 맺었고, 이로 인해 공식적으로는 영연방 내 자치령이지만 사실상 영국으로부터 독립한 아일랜드자유국이 새로 창건되었다.

신생 국가인 아일랜드자유국은 이제 섬 대부분에 대해 주권을 가지게 되었다. 하지만 아일랜드 민족주의자와 그들의 주류를 이루는 로마가톨릭교도 후원자들은 개신교도가 주를 이루는 얼스터 지방과 북부 6개 주에 대해서는 영국에 양보를 할 수밖에 없었다. 이들 북부 지역은 영국 소속으로 남아 있으면서도 실질적으로 상당한 자치권을 갖고 있었다.

그러나 이런 해결책은 열성적인 민족주의자들에게는 불만을 남겼으며 아일랜드의 신 공화국에는 협상을 수용하는 측과 반대하는 측 사이에 즉각 내전이 일어났다. 이로 인해 많은 아일랜드인들이 동족의 손에 죽었다. 더블린 정부 휘하에 섬 전체의 통일을 원했던 민족주의자들은 심지어 영국 본토에서까지 살인과 폭력을 저질렀다.

1931년 더블린 정부는 아일랜드공화국군인 IRA*를 불법단체로 선언했다. 당연한 일이지만 북아일랜드에서 테러는 개신교도 측의 태도를 더욱 강경하게 했고, 주도권을 잡은 사람들은 엄청난 다수의 유권자를 동원해 소수 가톨릭교도를 차별했다.

그러나 1945년 이후 이런 상황에 저항하는 가톨릭 소수 집단의 목소리가 점점 커져 갔다. 인구의 자연 증가 추세로 보면 머지않아 이들은 분명 다수 집단으로 변하게 되어 있었다. 하지만 런던에서 이루어진 협상으로는 그들의 불만을 해결할 수 없었다. 이제는 북부, 남부 할 것 없이 모든 폭력주의자들은 상대방과 협력하느니 차라리 고국 땅을 파괴하고야 말겠다는 듯이 행동했다.

복면을 쓴 IRA 운동가들이 1972년 단식투쟁으로 죽은 마틴 허슨의 관을 옮기고 있다. 이즈음 IRA는 경찰과 휴가 중인 영국 병사들을 죽이고, 벨파스트에 폭탄을 장치하고 있었다. 1971년 8월 영국 정부는 생포된 테러리스트들을 재판 없이 수감시켰지만, 이는 단지 영국 지배에 저항하는 사람들의 숫자를 증가시켰을 뿐이다.

1970~1980년대에 북아일랜드의 얼스터에서는 광신적 민족주의가 그 어느 때보다 기승을 부렸다. 이러한 극단적 민족주의자들은 병사든 경찰이든 민간인이든, 또는 개신교도, 가톨릭교도, 아일랜드인, 스코틀랜드인, 영국인 등을 가리지 않고 수천 명의 인명을 앗아 갔다.

마침내 1990년대 중반, 협상을 할 수 있는 현실적인 기회가 보이는 듯했다. 분명 그들이 내뱉는 말과는 달리, 통일론자거나 민족주의자거나 모두가 분쟁에 진력이 나 있었고, 개신교도도 공화주의자도 이런 사실을 인식하고 있었기 때문이다.

한편 영국 정당 정치는 사실상 1920년대에 들어서면서부터 이전만큼 아일랜드 정치에 영향을 받지 않았다. 시간이 흐름에 따라 얼스터 지역을 제외한 대다수의 영국 유권자들은 점점 더 경제적인 문제에만 관심을 집중시켰다. 1970년대, 특히 석유 위기 이후에 전례 없이 높은 인플레이션이 일어나면서 산업계의 여러 병폐가 악화되었다. 광부 파업으로 정권이 물러나자 영국은 이제 '통치 불가능' 상태라는 추측까지 나왔다. 그리고 한편에서는 많은 지도자들과 여론 분석자들이 사회 분열이라는 주제에 몰두하기 시작했다.

1975년 6월에 '영국은 유럽경제공동체 회원국으로 남아야 하는가'에 대한 국민투표를 실시했다. 이 문제 역시 사회 분열이라는 주제 하에서 자주 언급되었던 것이었기 때문에 '회원국 자격 유지'라는 투표 결과가 나왔을 때 많은 정치인이 놀라지 않을 수 없었다. 국민의 대변인들이 반드시 국민 전체의 여론을 대표하는 것은 아니라는 사실이 밝혀지는 순간이었다.

인플레이션의 위협

영국의 경제 상황은 갈수록 악화일로로 치달

1979~1990년 영국 수상에 재임한 마거릿 대처. 그녀의 신자유주의 경제 정책은 발전된 영국의 복지, 특히 국가 보건사업에 대한 후원을 과감히 삭감한 것으로 유명하다. 이 '철의 여인'은 변화의 속도를 저지하기 위해 노조의 힘을 분쇄했고, 이로써 맹렬한 반대자와 열렬한 지지자를 함께 얻었다.

았고, 마침내 인플레이션은 영국 정부의 최대 위협 요소로 올라섰다. 인플레이션이 더욱 심해질 것을 예상한 노조는 상습적으로 임금 인상 요구 시위를 벌였으며 이제 사람들은 소비 시대가 끝나 가고 있음을 깨닫기 시작했다.

하지만 약간의 희망은 있었다. 북유럽 해저에서 거대한 유전이 발견되어 1976년에 영국이 석유 수출국이 되었던 것이다. 그렇다고 해서 바로 커다란 도움이 된 것은 아니었다. 이는 같은 해에 IMF 차관을 들여온 것만 봐도 알 수 있다.

영국과 유럽을 통틀어 최초의 여성 수상이자 보수당 최초의 여성 당수인 대처가 1979년 집권했을 때, 어떤 면에서 그녀는 잃을 것이 거의 없었다. 그녀의 정적들은 국민들로부터 불신을 얻고 있었다. 오랫동안 비판 없이 받아들였던 영국의 정책 결정 요소에, 이제 많은 국민들이 불신하기 시작했다.

대처 총리는 영국이 다시 한 번 혁신적인

아르헨티나가 2개월간 점령했던 포클랜드 섬에서 아르헨티나 탱크 부대가 영국군과의 치를 전투를 준비하고 있다. 이 전쟁으로 영국인 254명, 아르헨티나인 712명이 사망했다.

새 출발을 할 가능성이 있음을 보여 주었다. 이것이야말로 20세기의 어떤 영국 수상보다 가장 길게 집권한 대처가 해낸 업적이었다. 그녀는 재임 기간 동안 지지자든 적이든 가릴 것 없이 많은 이들을 놀라게 했다.

포클랜드 전쟁

대처가 총리에 취임한 지 얼마 지나지 않은 1982년, 뜻밖에도 영국의 마지막 식민지 전쟁이라 할 만한 사태가 발발했다. 아르헨티나 군대가 점령한 포클랜드 섬을 영국이 무력으로 신속히 탈환한 것이다. 이것은 영국 외교의 대성공인 동시에 우수한 무기가 이룬 수훈이기도 했다.

국제법 원칙과 영토 주권을 수호하기 위해서, 그리고 섬 주민들의 통치자 선택 권리를 위해서 싸우겠다는 본능적인 대처 총리의 결정은 대중들의 분위기와 잘 맞아떨어졌다. 또한 대처는 국제적 상황을 바르게 판단했다.

미국은 영국에게 실질적이고도 은밀한 도움을 주었다. 난폭한 이웃 나라가 편치 않았던 칠레 역시 남아메리카 대륙에서 영국의 비밀 작전을 반대할 마음이 없었다. 더욱 중요한 것은 유럽공동체 회원국 대부분이 유엔에서 아르헨티나의 행위를 규탄하고 아르헨티나의 고립을 지지했다는 사실이었다.

처음부터 영국이 프랑스 정부의 지지를 받았다는 사실도 특히 주목할 만하다. 프랑스는 아르헨티나의 행위가 국제안보와 국제법상 권리를 위협하는 행위임을 바로 알아보았던 것이다. 그러나 사실 아르헨티나의 행위는 포클랜드 전쟁*이 일어나기 몇 해 전부터 영국 외교진이 보여 준 애매한 반응을 잘못 받아들여 초래된 면도 있었다. 이런 이유로 영국 외무장관이 포클랜드 위기 초기에 사임했다.

포클랜드 전쟁이 낳은 결과 중 가장 긍정적인 것은 1976년 이래로 아르헨티나를 지배해 온 군사 정권의 권위가 치명적으로 손상된 것이라고 할 수 있다. 아르헨티나에서는 1983년 말에 군사 정권이 막을 내리고 국민이 선출한 입헌 정부가 들어섰다. 영국에서 대처 총리의 권위는 국민의 사기와 함께 올라갔다.

* **포클랜드 전쟁** 아르헨티나와 영국이 대서양 남서부의 포클랜드 제도와 주변 속령들의 영유권을 주장하기 위해 벌인 전쟁. 아르헨티나의 영유권을 영국이 계속 묵살하자 선전포고 없이 아르헨티나가 공격을 개시했고, 영국의 승리로 끝났다.

늘어나는 실업이 가져온 경제적 불안과 두려움으로 인해 1980년대에는 파업이 무수하게 이어졌다. 사진은 파업 중인 런던의 간호사들이 근무 환경 개선과 급료 인상을 요구하는 모습.

해외에서도 대처 총리의 입지가 향상되었는데 이는 매우 중요한 사실이다. 그의 영향력 덕분에 1980년대 말까지 영국은 다른 나라 수반들과의 관계에서 힘을 가질 수 있었기 때문이다. 이는 당시 영국 자체의 힘만으로는 절대로 지속될 수가 없는 것이었다.

하지만 그런 영향력이 항상 바람직한 방향으로만 작용했다고 볼 수는 없었다. 여기에서는 드골 대통령과의 비유가 적절할 것 같다. 대처 총리는 드골 대통령과 마찬가지로 개인적 신념이나 선입관, 편견을 항상 당당히 밝히는 사람이었다. 또한 드골처럼 대처도 유럽에 대한 감정적, 또는 실제적 책임을 위해서 자국의 이익을 버리지는 않았다. 즉, 둘 다 자국 문제에 집중할 뿐 유럽 전체를 위한 정치에는 관심이 없었던 것이다.

영국의 대처리즘

영국 국내 문제에서 대처 정책의 효과를 제대로 평가하려면 길게 바라보는 안목이 필요하다. 지금도 대처에 대한 새로운 인식과 평가가 계속 이뤄지고 있다. 대처 총리가 영국 정치의 조건을 변화시키고 오랫동안 굳게 합의되어 있던 국가적 목표를 바꾸었다는 평가 역시 그중 하나다. 이런 사실과 대처 특유의 정책들이 보여 주는 급진성으로 인해 어떤 사람들은 이에 열광하고, 또 어떤 사람들은 유별난 적대감을 내보이기도 했다.

하지만 그가 이룬 수많은 업적에도 불구하고 대처는 가장 중요한 두 개의 목표를 이루어 내지 못했다. 그것은 공공 지출을 감축하는 것과 중앙정부의 역할을 축소하는 것이었다. 비록 정부가 경제를 선도해야 한다는 이전의 주장은 버렸지만, 그녀가 취임한 지 10년 후에도 정부는 여전히 사회의 많은 분야에서 더 큰 역할을 하고 있었고, 보건 및 사회보장에 소비된 공적 자금은 1979년 이래 실제로 3분의 1이나 올라갔다.

1990년이 되자 대처의 정치적 동료들은 비록 영국 정치에서는 유일무이하게 세 번의 총선에서 연승을 이끌어 낸 그녀지만, 얼마 후 치러야 할 차기 선거에서는 표를 잃게 될 것이라고 확신했다. 지지와 후원이 전과 같지 않음을 깨달은 대처는 사임했다.

후임인 존 메이저 총리는 정치 일선에 모습을 드러낸 적이 별로 없어서 그 역량이 잘 알려지지 않은 인물이었다. 하지만 분명한 것은 이제 영국의 정책은 유럽공동체와 그 역할에 더 이상 장애로 작용하지는 않을 것 같다는 것이었다.

유럽공동체의 성장

1970년대는 유럽공동체 회원국 모두에게 어려운 시기였다. 성장세는 하락했고, 각 국가의 경제는 석유 위기의 충격으로 비틀거렸다. 이로 인해 유럽공동체 내에서는 경제와 재정 문제에 대한 싸움과 말다툼이 늘었고, 이는 유럽인들에게 유럽 통합에는 많은 어려움이 있다는 점을 환기시켰다.

어려움은 1980년대까지 계속되었다. 유럽은 일본이 주도하는 동아시아권의 경제적 성장에 불안을 느끼지 않을 수 없었다. 이에 유럽공동체의 회원국 10개국 외에 다른 나라들도 유럽공동체에 합류하기를 원하게 되었다. 이러한 인식 덕분에 유럽공동체의 미래에 대한 구상이 더욱 구체화되었다.

많은 유럽인들이 협동과 번영, 증진만이 유럽의 정치적 독립을 가능하게 하는 선결 조건임을 분명히 인식하게 되었다. 또한 유럽이 초강대 세력으로 변하지 않는다면 정치적 독립은 단지 껍데기에 불과할 뿐이라는 생각도 점차 강해졌다.

유럽 통합이 진전되면서 이것을 편안하게 받아들이는 분위기가 감돌기 시작했다. 1979년 대처 총리가 내각을 구성한 지 한 달 후에 이미 유럽 의회를 구성하기 위한 최초의 직접선거가 열렸다. 1981년에는 그리스가, 1986년에는 스페인과 포르투갈이 유럽공동체에 가입했다. 1987년에는 유럽 공통화폐와 공통통화 제도의 토대가 마련되었고, 1992년

펠리페 곤잘레스(중앙) 스페인 총리가 1985년 마드리드 조약에 서명하고 있다. 이로 인해 스페인의 유럽공동체 가입이 공식화되어 이듬해 첫날 회원 자격이 부여되었다.

에는 진정한 유럽 단일 시장이 개시되었으며, 이 시장을 통해 상품, 사람, 자본, 서비스가 자유롭게 국경을 이동한다는 합의가 이루어졌다.

비록 영국과 프랑스가 두드러지게 불안감을 표시하긴 했지만 회원국들은 심지어 유럽의 정치적 연합까지도 원칙상으로는 받아들이고 있었다. 그렇다고 해서 통합에 대한 유럽인들의 심리적인 편안함까지 바로 더 커진 것은 아니었지만, 어느 정도 진전이 이루어지고 있는 것은 틀림없었다.

마스트리히트 조약

1991년 12월에 네덜란드의 마스트리히트에서 유럽공동체의 회원국들이 모여, 공동체를 더욱 통합하는 조치에 동의했다. 이로써 유럽공동체는 또 한걸음 발전했고, 다시 한 번 의심 많은 영국에게 특별 조치를 취하게 되었다. 이 즈음 각 회원국이 임의대로 자국 화폐를 평가절하하거나 재평가하지 못하도록 독립성을 제한하는 공통화폐 제도가 이미 정립되어 있었다. 이것은 유럽 공통통화 제도를 향한 의미 있는 행보였다.

유럽공동체는 역사의 주요 시점마다 장래에 대한 싸움, 불안, 오해가 뒤섞이면서 기존의 만족스러운 성과들이 종종 잊히곤 했다. 하지만 이제는 유럽의 다른 많은 국가들이 유럽공동체의 문을 두드리고 있었다. 이는 회원국의 혜택을 인정한다는 좋은 증거였다.

1957년 이래 서유럽은 먼 길을 걸어왔다. 유럽공동체의 변화 저변에는 회원국들 사이에 정치·사회 구조, 소비 습관, 가치와 목적에 대한 믿음이 서로 비슷해지고 있다는 사실이 깔려 있었다. 오랫동안 격차가 컸던 경제 구조에서도 그 차이가 점점 줄어들고 있었다. 예를 들어 프랑스와 독일 모두 농부들의 수는 감소하고 부는 증가했다.

1997년 독일 건설 인력의 시위는 실업자 문제와 함께 헬무트 콜 독일 총리가 마스트리히트 회의에서 이들의 이해를 고려하지 않았던 것이 원인이 되었다.

한편 경제적으로 가난하고 정치적으로도 불안정한 국가들이 유럽공동체에 가입함에 따라 평준화와 관련된 새로운 문제들이 대두되었다. 그동안 회원국들 사이에 거대한 평준화 과정이 존재했다는 것은 부인할 수 없었다. 이 평준화가 미래에 어떤 결과를 낳을 것인지는 아직 미지수였다. 유럽공동체 회원국들은 이제 진정한 유럽공동체의 실현을 위한 지속적인 발전이 이루어질 것을 확신할 수 있었지만 결과를 꼭 낙관할 수만은 없었다.

1992년 유럽 공통통화 제도는 악천후를 뚫고 나아가야 할 양상이었다. 국제 환투기꾼들이 영국 파운드화에 몰려들어 투기 행위를 벌이기도 했다. 이에 메이저 총리 정부는 유럽 화폐를 다스려 온 유럽 환율 조정 체제에서 탈퇴했다.

영국에서는 이 경험으로 '유럽 프로젝트'에 대한 불신이 심화되었고, 이후 메이저 총

헬무트 콜(1930~) 서독 총리와 프랑수아 미테랑(1916~1996) 프랑스 대통령이 1988년 하노버에서 열린 유럽정상회의에서 포즈를 취하고 있다. 콜과 미테랑은 직무상 가까운 관계였고, 유럽통합을 위해 자주 함께 일했다.

리 내각의 남은 임기 동안 정당과 정부에서는 내분이 늘어났다. 1997년 5월 투표에서 보수당은 참패를 거두었다. 영국 보수당은 1979년 대처 취임에서 1997년 메이저 사임까지 18년간이나 집권했고, 이제 국민들 사이에서는 그만하면 충분하다는 정서가 팽배해졌다. 이후에는 노동당이 집권했다.

노동당의 지도자들은 유럽연합에 대해 비교적 부드러운 태도를 보이긴 했지만 새 정부 역시 통합 강화 제의에 대해서는 매우 신중함을 보였다. 특히 1999년 유럽 공통통화 제도를 도입하자는 제안에는 더욱 신중하게 대처했다. 하지만 유럽연합의 회원국 대다수는 항상 유권자들의 지지를 받은 것은 아니었지만 유럽 공통통화 제도에 대해서는 긍정적인 지지를 보냈다.

4 냉전 세계의 질서에 대한 새로운 도전

1975년 12월 제럴드 포드는 중국을 방문한 두 번째 미국 대통령이 되었다. 미국이 베트남 참패의 교훈을 서서히 깨닫기 시작하면서 중화인민공화국에 대한 미국의 고질적인 태도에도 변화가 생겼다. 중국의 태도 변화도 더욱 깊은 관점에서 이해할 필요가 있었다. 그것은 중국이 자국의 역사적 위상과 잠재력에 걸맞은 외교 역할을 다시 하게 되었다는 것을 의미했다.

중국의 변화는 1911년 신해혁명 이래 계속되어 왔다고 할 수 있지만 결실을 맺기 시작한 것은 중화인민공화국이 성립된 1949년 이후이고 완성된 것은 1970년대였다. 그런 다음에야 미국과 정상적으로 국교를 맺을 수 있었던 것이다. 여기에는 또한 중국이 위협적인 확장주의로 보이는 소련 정책을 우려했던 점도 한몫했다. 이제까지의 성과를 공식 인정한 것은 1978년 중·미 협약에서였다. 미국은 자국 군대를 타이완에서 철수시키고, 타이완의 국민당 정부와 공식 외교 관계를 단절한다는 중대한 양보를 했다.

마오쩌둥 이후의 중국

1976년 마오쩌둥이 사망했다. 문화혁명을 일으켰던 마오쩌둥의 측근으로 구성된 '4인방'이 체포됨으로써 이들이 다시 주도권을 잡을 위험은 사라졌다. 당 고참들이 주도하는 새로운 지도부 체제에서 명확해진 것은 과도한 문화혁명을 바로잡아야 한다는 것이었다. 이런 상황에서 문화혁명으로 인해 이미 두 번이나 치욕을 겪고 반대 사조를 신봉하던 덩샤오핑이 1977년 부총리로 정부에 기용되었다.

이제 중국에서도 사기업을 설립하여 이윤 추구에 능력을 발휘할 기회를 잡을 수 있게 되었다. 또한 중국은 비공산주의 국가와 경제적 유대도 추진할 예정이었는데, 그 목적은 기술과 산업 분야의 근대화를 재개하기 위한 것이었다.

1981년 열린 당중앙위원회 총회에서는 중국의 이러한 새로운 노선을 대대적으로 정의했다. 이와 동시에 마오쩌둥이 '위대한 프롤

마오쩌둥 사망 후 중국은 새로운 국면으로 접어들었다. 덩샤오핑은 중국 공산당의 수장과 국가 지도자로 집권하기 전에 먼저 극좌파를 몰아내야만 했다. 가장 으뜸가는 적수인 4인방이 체포, 구금되었다. 사진은 마오쩌둥의 부인 지앙칭江靑이 재판받는 모습. 그녀는 사형을 언도받았다.

레타리아 혁명가'로서 이룬 긍정적 업적과 이른바 '총체적 실책'을 구분하고, 이어 대약진 운동의 실패와 문화혁명에 대한 마오쩌둥의 책임을 논하는 어려운 일을 해냈다.

중국의 근대화

당시 중국 공산당 지도부는 많은 부침을 겪고 있었고 공산당 내부에서는 정치적 현실과는 동떨어진 탁상공론과 슬로건이 난무했다. 또한 덩샤오핑과 그의 측근들은 보수주의자들을 포함한 지도부를 통해야만 제대로 일을 해나갈 수 있는 실정이었다. 그럼에도 불구하고, 1980년대 중국은 새로운 변화의 바람을 맞이하고 있었다. 마침내 지난 30여 년간 중국 공산당과 중국 역사에서 가장 핵심적이었던 쟁점 하나가 명확해졌다.

근대화가 마르크스 사회주의보다 우선하게 된 것이다. 물론 그런 사실을 공공연하게 큰소리로 떠들 수는 없었고, 여전히 정부가 사용하는 말에는 마르크스주의 용어가 만연했다. 일각에서는 중국이 '자본주의 노선'을 재개한다고 말하는 사람도 있었지만 이런 표현 역시 공식석상에서는 할 수 없는 말이었다.

이전부터 당과 정부는 경제 계획을 적극적으로 펼쳐야 한다는 입장을 고수해 오기는 했다. 다만 새로워진 점은 경제 계획의 실질적 한계를 인정했다는 데에 있다. 중국 정부는 경제력과 국력의 강화, 생활수준 향상, 폭넓은 평등주의 같은 커다란 목표를 추구함에 있어서 정부가 효과적으로 규제할 수 있는 것과 그렇지 못한 것이 있다는 한계를 인정하고 그 둘을 구분하려는 의지를 가지게 되었다.

한 가지 놀라운 변화는 2~3년이 지나자 농업 분야에서 사실상의 사유화가 이루어졌다는 점이다. 물론 땅에 대한 소유권은 없었지만 농부들은 생산물을 자유롭게 시장에서 팔 수 있었다. 마을 단위의 기업 발전을 독려하기 위해 '부유해지는 것은 영광스럽다'라는 새로운 슬로건이 나왔고, 실용주의 발전 노선은 '4대 근대화' 설정으로 구체화되었다.

자본주의 세계와 자유무역을 할 수 있는 경제 특별구역도 생겼다. 첫 번째 경제 특구로 중국과 서양 교역의 역사적 중심지였던 광둥廣東이 선정되었다. 하지만 이 정책에 희생이 없었던 것은 아니다. 처음에는 양곡 생산이 감소했고, 1980년대 초에는 인플레이션이 나타났으며 외채도 늘었다. 새로운 노선 때문에 범죄와 부패가 증가했다고 비난하는 사람도 있었다.

중국의 경제 발전

경제 발전 정책이 성공을 가져왔다는 데는 의심의 여지가 없다. 1980년대에 이르러 중국은 타이완 같은 경제적 '기적'을 손에 쥘 수 있으리라는 기대를 보이기 시작했다. 중국은 1986년 세계 2위의 석탄 생산국이자 세계 4위의 철강 생산국이 되었다. 또한 1978~1986년에 GDP가 연 10% 이상씩 올랐고 산업 생산

덩샤오핑(1904~1977)은 1925년 공산당원이 되면서 그의 정치 인생의 대장정을 시작했다. 1952년 정무원 부총리와 당중앙위원회 비서장을 역임한 그는 문화혁명 중 개인적 비판을 받은 것 때문에 1966년 정치 생활을 접었다. 그러다가 1973년 국무원 부총리로 임명되고 마오쩌둥 사망 후 사실상 주도권을 잡았다.

중국 구이저우貴州의 중학교 학생들. 1949년 중국의 문맹률은 80%에 달했지만 정부의 적극적인 상황 개선 노력이 결실을 맺어, 최근에는 인구 90% 이상이 초등교육을 받고, 50% 이상이 중등교육을 받고 있다. 1987년 교육개혁과 성인 문자해독 운동으로 인해 중국의 문맹률은 30.5%로 떨어졌다.

가치는 두 배로 증가했다. 이 사이 농부의 1인 소득은 거의 세 배로 올랐으며, 1988년에는 농가 1가구당 평균 저축액이 6개월간 벌어들인 소득에 달했다. 관점을 좀 더 넓게 해서 대약진 운동과 문화혁명이 가져온 피해를 생각하면 이 같은 발전은 더욱 놀랍다.

이러한 경제적 변화 덕분에 사회적 혜택도 늘어났다. 식품 소비가 증가했고 수명이 늘어났으며 큰 인명 손실을 가져왔던 많은 질병들이 근절되었다. 문맹률 역시 낮아지고 있었다. 중국의 인구는 경악할 정도로 불어나고 있어서 정부가 나서서 제약을 가할 필요가 있었다. 하지만 중국의 인구 증가는 인도처럼 경제 발전에 해를 끼칠 정도는 아니었다.

중국의 국제 관계

중국의 새로운 노선은 근대화를 국력과 연결시켰다. 중국의 근대화는 1919년에 일어난 5·4 운동 이후의 중국 개혁가들은 물론 더 이전의 일부 개혁가들도 소망하던 것이었다. 중국이 국제적으로 차지하는 비중은 1950년대에도 이미 컸다. 다만 다른 점은 중국이 자국을 이전과 다른 방식으로 보여 주기 시작했다는 것이다.

홍콩 반환 기간이 1997년 마감됨에 따라 홍콩을 중국 영토로 다시 편입하는 조건을 가지고 1984년 영국과 협상을 진행하면서 중국은 달라진 위상을 보여 주었다. 마카오 반환을 위한 포르투갈과의 협정 역시 그렇게 성사되었다. 이러한 가운데 중국 인접국인 베트남은 중국과 여전히 적대적 관계로 남아 있었다. 중국과 베트남의 관계는 양국이 캄보디아의 지배권을 놓고 경쟁하면서부터 전쟁 상황으로 악화되기까지 했다.

하지만 타이완은 중국이 후에 타이완 섬을 다시 편입해도 경제 제도는 바꾸지 않을 것이라는 약속에 다소 안심하고 있었다. 중국은 홍콩에도 이와 유사한 약속을 했다. 외국과의 통상이 번창할 수 있도록 중국 본토에 경제특구를 설정한 것과 마찬가지로 이런 약속은 중국의 새 지도자들이 통상을 근대화의 수단으로 중요하게 여기고 있음을 보여 준다.

중국은 거대한 나라이기 때문에 중국의 정책 방향은 주변의 넓은 지역에 영향을 미쳤다. 1985년이 되자 동아시아 및 동남아시아 전체가 전례 없는 수준으로 단일 교역 지구를 이루었다.

동아시아와 일본의 성장

1980년대 아시아 교역 지구 내에서 새로운 산업 및 상업 활동 중심지들이 매우 신속히 생겨났다. 구시대에 세계 경제를 주름잡던 국가들의 판도가 이제 새롭게 바뀌었다고 해도 과언이 아닐 정도였다.

대한민국, 타이완, 홍콩, 싱가포르는 모두 후진 경제의 분위기를 떨쳐 버렸다. 말레이시아, 타이, 인도네시아 역시 1990년대에 들

아시아의 호랑이들

이른바 '아시아의 호랑이'라 불리는 대한민국, 타이완, 홍콩, 싱가포르 4개국은 1970년대에 선진국을 강타한 위기와는 대조적으로 고도 성장을 기록했다. 오늘날 이 네 개 지역은 세계에서 가장 빠른 시기에 가장 높은 산업화를 이룬 나라에 속한다. 1970년 이후 4개국 모두 비록 석유 수입국이며 천연자원이 매우 부족함에도 불구하고 연 7% 정도의 안정된 성장을 기록했다.

이들의 경제에서 가장 두드러진 변화는 수출에서 일어났다. 1964년 세계 교역의 1.4%를 차지하던 이들의 교역량은 1983년엔 5.7%, 1989년엔 8.4%로 증가했다. 그해 이들 4개 산업 중심 국가들은 모두 제조 상품에서, 특히 신발, 섬유, 의류, 전자부품, 플라스틱 및 완구 부문에서 세계 상위 15개국 안에 들었다. 아시아 호랑이들이 이처럼 놀라운 경제 성장을 이룬 데에는 근면하고 집단적인 문화가 큰 원동력이 되었다고 볼 수 있다. 또한 대규모 값싼 노동력이 1970년대 신속한 산업 성장을 가능하게 한 면도 있다.

타이완 타이베이의 타퉁 텔레비전 공장에서 텔레비전을 조립하는 근로자들.

어서며 이들 4개국의 대열에 합류하기 위해 신속히 움직이고 있었다. 이들의 성공은 동아시아 전체의 성공에 일조했고, 이런 성공의 선두에 선 국가는 일본이었다.

일본은 이전의 위상을 신속히 회복하고 심지어 중국을 능가함으로써 아시아뿐만 아니라 세계에서 일본의 위치를 확실히 보여 주었다. 1970년 일본은 비공산권에서 2위의 GDP를 달성했다. 일본은 산업 기반을 새롭게 하고 이전과는 다른 제조 분야에 도전해서 성공을 이루었다.

일본이 최초의 선박을 건조하여 수출한 것이 1951년이었다. 20년 후 일본은 전자제품, 자동차 등의 소비 산업에서 미국 다음가는 주도적 위치를 차지했다. 이는 미국 제조업자들 사이에서 반감을 일으켰다. 1979년 일본 자동차 업계는 영국과 제조 협약을 체결했고 이로써 유럽경제공동체 시장에도 일본 제품이 나타나기 시작했다. 이런 고도 경제 성장에는 인구의 빠른 팽창, 환경 파괴, 피폐한 도시 생활 같은 부작용이 뒤따랐다.

일본 사회의 변화

일본은 오랫동안 주변 상황의 호재를 누렸다. 일본으로서는 한국전쟁은 물론 그 이후의 베트남 전쟁 역시 매우 운이 좋은 상황이었다. 일본 점령 당시 미국이 소비보다는 투자에 중점을 둔 정책도 일조했다. 하지만 아무리 유리한 상황도 인간의 행동이 뒷받침되지 않는다면 무용지물인 것이다. 일본의 발전에서 무엇보다 중대한 역할을 한 것은 바로 일본인의 태도였다.

전후 일본 국민은 강한 자존심과 더불어 집단적이며 자발적인 노력으로 근대화를 이뤄냈다. 집단적 목적을 위해서라면 개인의 희생쯤은 감수하고 굳게 단결하는 일본 사회의 특징은 고도 성장의 가장 큰 원동력이 되었다. 이상하게도 그런 태도는 민주 사회가 도

고도 성장의 부작용으로 일본은 인구 과밀과 부동산 가격 급등의 몸살을 앓았다. 도쿄 철교 아래 건설된 가옥들이 이런 현실을 보여주고 있다.

래해도 별반 사라지지 않았다.

사실 일본의 민주주의 역사는 짧다. 일본 사회에 민주주의가 얼마나 깊이 뿌리를 내렸는지를 판단하기에는 아직 너무 이른지도 모른다.

전통적 가치 및 제도의 변화에 대한 불안이 고조되었고, 경제 성장은 도시 팽창과 오염 등 환경 문제뿐 아니라 일본인의 관습마저 왜곡시켜 사회 문제까지 안겨 주었다. 대기업은 전통적 태도와 제도가 밑받침해 주는 집단적 충성을 근간으로 지금까지도 성공적으로 운영되고 있다. 하지만 다른 측면에서 보면 심지어 일반 가정에서조차 경제 성장의 부작용을 겪고 있었다.

일본의 새로운 국제적 위상

일본의 경제 발전은 1960년대 외교 정책까지 변화시켰다. 일본의 경제력이 커지자 일본 엔화가 국제적으로 중요해졌고 유럽도 일본을 통화 외교권 안으로 끌어들였다. 번영으로 인해 일본은 세계의 많은 지역 사건에 개입하게 되었다.

환태평양 지역에서 일본은 다른 나라의 1차 생산품에 대한 주요 소비자였고, 중동에서 일본은 석유를 대량 수입하는 대구매자였다. 유럽에서 일본의 투자는 경각심을 느끼게 할 정도로 늘어났으며 일본 제조 상품의 수출도 유럽 생산자들을 위협할 만했다. 심지어 식료품 공급에서도 국제적 문제를 야기했다. 1960년대에 일본은 단백질 수요의 90%를 수산업에서 충당했고, 이로 인해 일본이 주요 어장을 남획한다는 우려를 불러일으켰다.

일본은 외교적 지위가 변화함에 따라 주변의 다른 세력들, 특히 태평양 지역 국가들을 대하는 행동도 달라졌다. 1960년대에 일본이 다른 태평양 국가들을 대하는 태도는 제1차 세계 대전 이전에 독일이 중부 유럽과 동유럽을 대하던 공격적 태도와 다르지 않았고, 이런 입장은 점점 더 굳어졌다.

또한 일본은 세계 최대 자원 수입국이 되었다. 뉴질랜드와 오스트레일리아의 경우, 이전에는 영국 시장에 주력했지만 이제는 일본 시장과 점점 더 많은 관계를 맺었다. 양국 모두 육류를 수출했고, 오스트레일리아는 석탄, 철광 같은 광물을 공급했다. 아시아에서는 소련과 대한민국이 일본 수산업에 대해 불평을 제기했다. 이것은 이 지역에서 또 하나의 경제적 난제가 되었다.

대한민국은 일본의 대외 수출에서 2위를 차지하는 큰 시장이었다. 일본은 한국전쟁 이후 계속해서 대한민국 시장을 차지하기 위해 투자를 해왔고, 이로 인해 전통적 불신감이 되살아났다. 대한민국의 민족주의는 강한 반일 정서를 지니고 있어서 1959년 이승만 대통령이 국민 단합을 호소할 때 북한이 아닌 일본에 대항해서 "한 사람처럼 단결하자"고 말할 정도였다.

일본 생산 활동 인구 가운데 3분의 1이 고용되어 있는 일본 산업은 거대한 초현대식 기업 단지와 소형 가내 기업이 병존하는 구조를 근간으로 한다. 일본의 자동차 산업은 다용도차 부문에서 세계 1위, 승용차 부문에서 미국 다음으로 세계 2위를 차지한다. 사진은 닛산 자동차 공장.

이후 20년도 채 안 되어 일본 자동차 제조업자들은 이제 왕성한 활동을 하는 후발 주자 대한민국을 불유쾌한 시선으로 바라보게 되었다. 대한민국과 타이완은 일본으로부터 전해진 기술을 기반으로 괄목할 만한 산업 성장을 이루었고, 서서히 일본을 위협했다. 더욱이 수입 에너지에 의존하는 일본은 1970년대 유가가 치솟자 혹독한 경제 쇼크를 겪었다.

하지만 이런 요인들이 일본의 성장을 막지는 못했다. 1971년 일본의 대미 수출은 60억 달러였고 1984년에는 그 10배가 되었다. 1980년대 말이 되자 일본은 GDP상으로 세계 2위의 경제 강국이 되어 있었다. 일본 기업들은 많은 부분에서 경쟁력을 잃었다고 말하고 있지만 그래도 아직까지는 일본 특유의 적응력이 크게 쇠퇴해 보이지는 않는다.

일본의 외교 정책

힘이 커졌다는 것은 책임도 커졌다는 것을 의미했다. 미국의 점령 통치는 1972년 오키나와가 일본에 반환되면서 막을 내렸다. 하지만 여전히 쿠릴 열도는 소련 영토로 남아 있었고, 사할린 문제가 재개될 가능성도 있었다. 이 문제에 대한 일본의 태도는 신중했다. 중국과 일본의 세력 회복으로 아시아 대륙의 정세가 변화하면서 이런 문제 역시 국제 정세에 중요한 부분을 차지하게 되었다.

한때 일본 정부는 미국과 지나치게 밀착 관계를 유지한 대가로, 베트남전에 대한 정치적 반대가 거세게 일어나 진퇴양난에 빠지기도 했다. 하지만 중국과 소련 간의 분쟁으로 인해 오히려 일본은 미국은 물론 중국, 소련에 대해서 어느 정도 자유를 누릴 수 있었다.

주변의 3대 강국이 1970년에 이르러 모두 핵무기 보유국이 되자 일본의 행동에는 제한이 따르게 되었다. 하지만 일본 역시 마음만 먹으면 단기간 내에 핵무기를 만들 수 있다는 사실에는 의심의 여지가 없었다.

전체적으로 볼 때 일본은 다양한 방향으로 발전할 가능성이 있었다. 1978년 중국 부수상이 도쿄를 방문했을 때, 그해 중국과 일본의 교역은 중국과 미국 및 중국과 서독의 교역을 합친 것과 맞먹었다. 분명 일본은 다시 한 번 세계 강국의 자리에 서게 된 것이다.

인도

인도는 독립 당시 다른 유럽 식민지들이나 패전국 일본이 누리지 못한 많은 이점을 안고 있었다. 1947년 독립을 맞이한 인도에는 효율적인 행정부, 잘 훈련된 군대, 교육 받은 엘리트, 70개에 이르는 대학이 있었고, 인도를 향한 세계의 시선은 호의적이었다. 게다가 곧 냉전도 일어나 인도는 이를 유리하게 이용할 수 있는 입장이었다.

그러나 인도는 빈곤, 영양실조, 공중보건 문제를 해결해야 했다. 이런 상황은 중국 역시 마찬가지였지만 1980년대에 이르자 양국의 차이는 매우 크고 분명해졌다. 1970년이 되자 중국의 도시 거리는 실용적인 옷을 걸치고 건강해 보이는 사람들로 가득했던 반면 인도 거리는 여전히 빈곤과 질병에 찌든 사람들로 넘쳐나고 있었다.

인도의 내적 분열

인도의 열악한 상황을 생각해 보면 모든 게 비관적으로 보일 수 있지만, 꽤 놀라운 성장을 보인 지역들도 있었다. 하지만 그런 성과조차 엄청난 인구 증가 때문에 빛을 보지 못했다. 인도인의 생활수준은 대체로 독립 당시와 엇비슷하거나 좀 나을 뿐이었다.

인도에는 분열을 일으킬 만한 요소가 너무나 많아서 인도가 분열되지 않고 존재하는 것만으로도 큰 성공이라는 주장이 나올 정도였다. 하지만 1980년대에 이르러 이런 성공마저 별로 오래 갈 것 같지 않아 보였다. 인도 군대가 암리차르에 있는 시크교 최대 성전을 공격한 후 1984년에 인디라 간디 총리가 암살되는 사건이 일어났고, 이로 인해 시크교 배타주의가 세계인의 주목을 받았다. 이후 7년간의 분쟁에서 1만여 명의 시크 투사, 죄 없는 민간

1990년 인도를 뒤흔든 종교 폭동 중 힌두교 근본주의자들이 아요디야에서 경찰 차량을 불태우고 있다.

인, 보안대원들이 살해당했다.

파키스탄과의 카슈미르 분쟁 역시 1980년대 후반에 다시 터졌다. 1990년 힌두교도와 이슬람교도 간의 폭동에서는 890명이 죽었다는 공식 발표가 나왔다. 1947년 이래 최악의 참사를 가져온 이 사건은 극보수 정통파 힌두당이 인도 정치계에 등장해서 사상 최초로 의회의 다수당이 바뀔 위험에 처하자 반동적으로 일어난 일이었다.

인도의 왕조적 정치

인도 의회의 패권은 외부 위협에도 불구하고 끄떡없었다. 독립 40년 후까지도 인도의 의회는 정책 정당이라기보다는 이해 집단, 유명 인사, 관직 임명권자들이 두루 모인 범인도적 연합단체였다. 이로 인해 네루 정권조차 네루의 사회주의적 열망에도 불구하고, 의회는 보수 성향을 띨 수밖에 없었다. 영국 세력을 축출한 후, 의회는 한번도 제대로 된 변화를 이끌지 못했고, 다만 변화를 수용하는 기능만을 간신히 해 왔다.

어떤 면에서는 인도 정부가 왕조적 성격을 띤 것이 이런 문제를 야기한 원인이 될 수도 있었다. 네루 총리의 뒤를 이은 것은 그의 딸 인디라 간디였고, 그녀가 암살된 뒤에는 그녀의 아들 라지브 간디가 뒤를 이었다. 그 역시 암살자의 폭탄에 죽자, 의회 지도자들은 거의 즉각적으로 라지브 간디의 부인에게 당 지도자가 되어 달라고 설득했다.

인디라 간디 여사가 1977년 자나타당에 패하자 인도는 독립 이후 최초로 비의회 정권을 갖게 되었다. 그리고 1980년 간디 여사가 집권하자 다시 의회 중심의 정치로 돌아갔다. 인디라 간디 총리의 아들이 1985년 선거에서 압승을 거두어 의회는 1989년까지 집권을 계속했다. 1989년 선거에서는 자나타당과 우익 정당들에게 표를 의존하는 소수 집단

인도는 최근 수십 년간 의회당과 자나타당 사이의 정치적 내부 싸움, 파키스탄과의 국경 분쟁, 종교 분쟁 등으로 몸살을 앓았다. 1984년에는 인디라 간디 수상이 암살되었다. 사진은 간디 수상이 아들 라지브와 함께 걷는 모습. 라지브 역시 1991년 선거 운동 중 암살당했다.

연합이 형성되었다.

인디라 간디 여사가 1970년대에 독재주의를 선보인 후로 인도의 민주 정치는 기반을 잡지 못하고 계속 흔들렸다. 그 후로 민주 정치에 반하는 행위들이 계속되어 대통령이 직권으로 입헌 정부의 권한을 자주 제한했고, 경찰과 보안대도 소수 집단에게 빈번하게 잔학 행위를 가했다.

인도의 과거 유산

인도는 과거의 무게에 짓눌린 채 오랫동안 답보 상태에 머물렀다. 불행히도 그 과거를 떨쳐 버릴 수 있는 역동적 세력조차 출현하지 않았다. 식민지 인도에 대한 기억이 희미해지자 과거의 전통적인 사회로 회귀해 버리는 것도 언제든 가능할 것처럼 보였다.

1947년 독립의 순간이 다가올 때, 인도의 공식 독립 시각은 자정으로 설정되었다. 당시 점성술사가 길일을 택하고, 새로운 국가의 탄생일로 두 날 사이에 놓인 시각을 택했기 때문이었다. 이후 40년간 이러한 전통의

냉전 세계의 질서에 대한 새로운 도전

힘은 전혀 수그러들지 않았고, 국가 건설 계획에는 힌두교적인 조건이 늘 우선시되었다. 1980년이 되자 영국 식민지 치하에서 고용된 마지막 공무원이 퇴직했다.

인도는 아직도 근대화를 이뤄 내지 못한 상태다. 인도인은 여전히 서양식 정치 제도와 그 제도를 떠안은 전통 사회 사이에서 의식적 괴리감을 느끼며 살아가고 있다. 많은 지도자 및 헌신적인 인도인들의 위대한 업적과 인도의 유서 깊은 과거에도 불구하고, 부정과 불평등은 여전히 인도의 앞길을 가로막고 있다. 하지만 이러한 인도를 폄하해서는 안 될 것이다. 어느 사회나 작은 변화조차 이루려면 많은 어려움과 고난이 뒤따르게 마련이며, 무엇보다 인도는 많은 잠재력을 가지고 있는 나라이기 때문이다.

이슬람 세계

인도의 인접국인 파키스탄은 그들의 전통인 이슬람교에 크게 의지했고, 다른 이슬람 세

1984년 수개월 동안 무장한 시크교도 극단주의자들이 암릿차르의 황금사원을 점령했다. 인도 군대는 결국 이곳을 3일 동안 포위공격하며 극단주의자 지도자를 죽이고 220년 역사를 가진 유서 깊은 사원을 폐허로 만들었다.

계에서 일어난 이슬람 부활 운동에 줄곧 참여했다. 이슬람교는 이처럼 서쪽으로는 모로코에서부터 동쪽으로는 중국 일부에 이르기까지 광대한 영역에 뻗어 있던 신앙이었다. 동남아시아에서 가장 큰 나라인 인도네시아를 비롯해서 파키스탄, 말레이시아 그리고 방글라데시에는 전 세계 이슬람교도의 절반이 살고 있다. 이 나라들을 넘어가면, 아랍과 소련 그리고 아프리카에서 가장 인구가 많은 나이지리아에도 이슬람교도 수가 많다.

하지만 시간이 흘러가면서 이슬람 세계에 대한 새로운 인식이 나타나기 시작했고, 1970년대에 이르러서는 이슬람 세계라고 하면 중동의 아랍 국가들, 그중에서도 특히 석유가 많은 나라들을 떠올리게 되었다.

냉전과 이슬람

세계는 1974년 석유 위기 이후 이슬람 지역 문제에 대해 민감하게 반응하기 시작했다. 냉전 갈등으로 인해 이슬람 세계에 대한 인식은 갈수록 왜곡되었다. 냉전으로 인해 이슬람 세계에 영향력을 갖고자 했던 소련에게는 때때로 만족스러운 상황이 펼쳐지기도 했다.

1970년 소련은 미국과 맞먹는 해군 기지를 전 세계에 보유하고 있었고, 냉전의 충돌이 아직 일어나지 않은 유일한 해양인 인도양에조차 해군 기지를 두고 있었다. 아라비아 반도의 남쪽 해안에 위치한 예멘의 도시 아덴에서 1967년 영국군이 철수한 후 그곳 기지는 소련의 차지가 되었던 것이다. 소련은 남예멘 정부의 비준을 얻어 그 지역에 해군 기지를 보유하게 되었다.

미국이 전략적으로 남쪽에서 후퇴한 때부터 이런 일들이 종종 일어났다. 아프리카의 뿔* 지역과 이전 포르투갈 식민지 지역에까지 불어 닥친 냉전 때문에 북쪽에서 일어나는 사건들은 더욱 중요해지기 시작했다.

중동

그러나 장기적인 관점에서 볼 때 1970년대 중반 중동에서 보인 미국의 혼란 양상으로 소련이 이슬람권에서 얻은 이익은 별로 없는 것 같다.

이 즈음 이집트는 사회주의 노선을 걷고 있던 시리아와 이미 사이가 벌어져 있었다. 이집트는 이스라엘과 표면적으로나마 평화를 유지할 수 있으리라는 희망으로 미국에 의지하고 있었기 때문이다. 1975년 유엔이 이스라엘을 비롯한 유대인들의 시온주의에 대해 인종차별이라는 비난을 하면서 그와 동시에 팔레스타인 해방기구에게 총회 '참관자' 자격을 부여하자 이집트는 점점 더 다른 아랍 국가들로부터 소외되었다.

이 즈음 북부 국경을 아우르는 팔레스타인 해방기구의 활동은 이스라엘을 괴롭히는 동시에 레바논 지역을 황폐와 분열로 계속 몰아가고 있었다.

서양 세력에 오랫동안 영향을 받아 왔음에도 인도 사회는 뿌리 깊은 전통을 잃었던 적이 없다. 사진은 힌두교에서 신성시되는 소들이 뭄바이 거리를 거니는 모습으로, 인도에서는 여전히 흔한 풍경이다.

* 아프리카의 뿔
아프리카 북동부, 아덴 만의 남쪽에 돌출된 부위에 있는 에티오피아, 소말리아, 지부티 지역. 수많은 종족으로 이루어져 다양한 종교가 뒤섞여 있으며 최대의 난민 발생 지역이다. 코뿔소의 뿔과 닮았다는 데서 유래했다.

1979년 2월, 15년간의 망명 생활 끝에 테헤란으로 돌아온 이란의 종교 및 혁명 지도자 아야톨라 호메이니(1900~1989)의 손을 잡으려고 충실한 지지자들이 손을 뻗고 있다. 호메이니는 신속히 이란 이슬람공화국을 세우고 새 정권에 반대하는 자들을 구금하거나 처형했다.

1978년 이스라엘은 팔레스타인 해방기구의 습격을 단절하고자 레바논 남부를 침입했다. 그리고 이듬해 이스라엘과 이집트 총리가 워싱턴에서 만나 평화조약을 체결하면서 이스라엘은 시나이 반도에서 철수하게 되었다. 이때 비이슬람권은 박수를 쳤지만, 이집트 총리는 3년 후 이집트가 팔레스타인의 명분을 배신했다고 생각하는 사람들에게 암살 당하는 대가를 치러야 했다.

이스라엘과 이집트가 한정적인 협상을 체결할 수 있었던 데에는 1976년 미국 대통령 선거에서 승리한 지미 카터 대통령의 영향이 컸다. 당시 미국은 중동 문제만이 아니라 다른 여러 가지 이유로 인해 사기가 저하되어 있었다. 베트남전으로 한 명의 대통령이 물러났고 그 후임자는 임기 내내 미군 철수 관리와 1973년의 휴전 합의에 힘을 쏟느라 분주했다. 또한 많은 미국인들이 소련의 탄도 요격미사일에 대해 두려움을 느끼고 있었다.

이런 상황에 1979년 이란에서 팔레비 국왕이 폐위되는 사건이 일어나자 미국인들은 민감하게 반응할 수밖에 없었다. 이 예기치 못한 사건으로 인해 미국은 치명타를 입었고 중동 지역에는 새로운 골칫거리가 더해졌다.

이란 혁명

오랫동안 미국의 우방으로 신뢰받아 온 이란 국왕이 1979년 1월 분노한 자유주의자와 이슬람 보수주의 연합에 의해 권좌에서 밀려나 조국에서 추방되었다. 곧이어 입헌 정부를 확립하려는 시도는 민중들이 이슬람 당파를 지지하는 쪽으로 쏠려 무산되었다.

이란의 팔레비 국왕은 근대화 정책에 있어서 선왕인 레자 칸의 노선을 따랐지만 조심성이 부족했던 까닭에 이란의 전통 방식과 사회구조가 많이 무너졌다. 그 때문에 연로한 광신적 성직자들이 이끄는 시아파들을 주축으로 한 이란 이슬람공화국이 대두되었고 팔레비 국왕은 축출되었다.

미국은 즉시 새 정권을 인정했지만 헛된 일이었다. 그동안 국왕의 보호자이자 자본주의와 서구 물질주의의 대표 격이었던 미국은 그들에게는 이미 적이나 마찬가지였기 때문이다. 소련도 이란 종교 지도자들로부터 이슬람의 순결성을 위협하는 제2의 '사탄'이라는 비방을 받았다.

한편 이라크의 바트 정권은 이라크 공산당을 가차 없이 처형하고 추적하여 이미 미국의 호의를 얻고 있었다. 하지만 이슬람교도 사이에 역사적으로 존재하던 두 대립파들, 즉 메소포타미아의 수니파와 페르시아의 시아파 때문에 비종교 정권인 바트 정권은 이란의 새로운 정권과 사이가 벌어졌다. 이를 긍정적으로 여기는 미국인들도 있었다.

1979년 7월 사담 후세인이 이라크 대통령이 되자 미국 국무성은 이를 고무적인 일로 받아들였다. 후세인은 걸프 지역에 존재하는 이란의 위협을 상쇄해 줄 것처럼 보였다.

아랍의 반서구 감정

이란 혁명은 미국이 단지 종속국을 상실한 것 이상을 의미했다. 불만을 품은 연대 집단이 국왕을 폐위시키긴 했지만, 이후 이란이 낡은 옛 전통으로 재빨리 되돌아가는 것을 보면서, 그들이 거부했던 것은 단지 통치자만이 아니라는 것을 미국은 인식하게 되었다.

이란 이슬람공화국은 비종교적 서구화가 시작된 이후 근대화의 약속이 제대로 이루어지지 않자 그 분노가 표출되어 세워진 것이었다. 이러한 분노는 세계 이슬람교도들의 공통 분모였다. 중동에서는 다른 지역과는 달리 민족주의나 사회주의, 자본주의가 지역 문제를 해결하지 못했다. 이런 사상들은 아랍인의 열정과 욕망을 제대로 충족시켜주지 못했다.

이슬람 근본주의자들은 터키의 아타튀르크든 이란의 레자 칸이든 이집트의 나세르든 모두 국민을 잘못된 길로 인도했다. 이슬람 사회는 무신론적 공산주의의 전파를 막아 냈지만 이제 서구 사상의 확산이 훨씬 더 위험했다. 역설적이게도 자본주의와 노동 착취라는 서구적 혁명 개념이 이슬람인들 사이에 급속도로 퍼지게 된 것이다.

이슬람 근본주의

이슬람 근본주의의 뿌리는 다양하고 매우 깊다. 그 뿌리는 수백 년에 걸친 그리스도교와의 투쟁에 닿아 있을 수도 있다. 1960년대 이후 서구 열강들이 냉전의 양극화에 직면하면서, 중동과 페르시아 만에 대한 입김이 약해지자 이 지역에서는 이슬람 근본주의가 새로이 고개를 들었다.

1880년대 투르크 세력이 쇠퇴하면서 나타난 불안정 상태를 구조적으로 치유하기 위한 수단으로 서구형 국가 모델이 채택되었지만 아랍인의 눈에는 이것이 전혀 효과가 없어 보였다. 이러한 상황은 이슬람 국가들을 하나로 모았고 석유는 이 결합을 더욱 단단히 해 주었다. 하지만 1945년 이후 경건한 이슬

이슬람 혁명의 가장 분명한 결과는 여성 의상의 변화였다. 테헤란의 마살라 광장에 모인 이 이란 여성들은 서양 옷을 버리고 차도르를 택했다.

람교도들 사이에는 산유국에 제공되는 서양의 물질적 공세가 이전의 군사 위협보다 오히려 더 위험하다는 자각이 커지고 있었다.

이를테면 이집트 총독이며 근대 이집트의 창시자인 메헤메트 알리의 후손들이 하버드 대학이나 옥스퍼드 대학에서 공부할 때 사람들은 그들이 단지 학문적인 교육만 받는 것이 아니라 서구의 나쁜 습관까지 습득했을지 모른다는 두려움을 갖고 있었다. 이것이 이슬람권 내에 긴장을 유발했다.

이슬람교도들을 분열시킨 것은 이것이 전부가 아니었다. 수니파와 시아파 간의 적대감은 수백 년 전으로 거슬러 올라간다. 1945년 이후 이라크에 기반을 굳힌 바트 사회 운동은 많은 이슬람교도들에게 영감을 주었지만 이슬람 형제애를 분열시키는 요인이 되기도 했다.

이슬람 근본주의자들은 국민 주권을 거부했다. 그들은 모든 측면에서 이슬람이 통제하는 사회를 추구했다. 파키스탄은 혼성 하키 게임을 금지했고, 사우디아라비아는 죄인을 돌로 때려죽이거나 사지를 절단하여 범죄를 다스렸다. 오만에서는 남녀 학생이 분리되어 수업을 듣는 대학을 건설했다. 세계인들은 이러한 소식에 점점 더 익숙해지기 시작했다.

1980년이 되자 근본주의자들은 일부 이슬람 국가에서 그들의 목적을 달성했을 정도로 막강해졌다. 비교적 '서구화된' 이집트의 학생들조차 이미 1978년 선거에서 근본주의자들에게 투표했다. 일부 여학생들은 의대에서 남자 시체를 해부하는 것을 거부했고, 분리 교육 제도를 요구하기도 했다.

급진주의자들의 국가 구조 거부

이러한 이슬람 근본주의자의 태도를 제대로 이해하려면 이슬람권에 오랫동안 서구와 같은 국가 이론이나 제도 이론이 부재했다는

1969년 무아마르 카다피(1942~) 대위가 이끄는 젊은 육군 장교들이 리비아에서 군사 쿠데타를 일으켜 이드리스 왕을 밀어내고 사회주의 및 민족주의 성향이 있는 이슬람 국가인 리비아 아랍공화국을 수립했다. 대령까지 진급한 카다피는 전 세계 테러 혁명 집단들을 지원했다는 비난을 듣고 있는 인물이며, 석유가 풍부한 리비아는 서구와 여러 건의 충돌을 일으켰다.

사실을 이해해야만 한다. 이슬람식 사고에 의하면 비록 정당한 방법으로 정권을 차지해서 국민들이 원하는 것을 충족시켜 준다 해도, 그런 국가가 당연하게 정당한 권위를 가지게 되는 것은 아니었다. 더욱이 19세기 이후 아랍 땅에 도입된 모든 국가 구조는 의식적이든 무의식적이든 서양을 모방했다는 점이 문제였다.

좌익 사회주의 정치를 원하고 이를 시도했던 젊은 급진주의자들은 국가라는 구조에는 어떤 본질적인 가치도 없다고 느꼈다. 그래서 그들은 먼저 리비아, 그다음은 이란에서 권위를 정당화하는 새로운 방식을 찾아내려 했던 것이다. 공적 제도를 지양하고 부족주의와 이슬람 형제애를 지향하는 오랜 이슬람의 편향이 계속될 수 있을지는 두고 봐야 알 일이다.

많은 아랍 국가에서 폭압적 정치 형태는 한쪽으로는 억압적 독재주의, 다른 쪽으로는 근본주의가 대치하는 단순한 양극화 양상을

1981년 뉴욕 시에서 색종이가 뿌려지는 가운데 석방된 미국 인질들을 위한 환영 행진이 벌어지고 있다. 이들은 이란에서 444일 동안 구금되었다가 석방되었다.

보였다. 이 상황은 아랍 땅의 인구 구성 특성 때문에 더욱 위험하고 폭발적인 것이 되었다. 이슬람 사회는 평균 연령이 15~18세로 매우 어리고 인구도 매우 빠른 속도로 증가하고 있다. 장래의 평화 가능성을 바라보기에는 지나치게 젊은 에너지가 많은 것이다.

인질 사건과 그 시사점

1979년 이란 혁명 직후 테헤란에서 학생들이 미국대사관에 진입해 외교관들과 직원들을 인질로 잡고 누적된 분노를 분출시킨 사건이 발생했다. 이에 놀란 세계가 더 놀란 일은 이란 정부가 학생들을 도와 인질을 구금하고, 팔레비 국왕을 귀국시켜 재판을 받도록 하라는 학생들의 요구를 옹호했다는 점이었다.

이슬람권에 대한 미국 정책이 소련이 개입된 아프가니스탄 문제에 우선 전념하고 있는 상황에서 카터 대통령에게 이보다 더 거북스러운 상황은 없었다. 미국의 최초 반응은 이란과의 국교를 끊고 경제적 제재를 가하는 것이었다. 그런 다음, 인질 구출 작전을 실행했지만 참패로 끝나고 말았다.

불행한 인질들은 결국 협상을 통해 몸값을 지불하고 구해 내야 했지만 이 과정에서 미국은 전례 없는 굴욕을 겪었다. 하지만 더 중요한 것은 이 인질 사건이 이후 국가 정책에 많은 영향을 끼쳤을 뿐만 아니라 상징적 의미에서 사람들에게 큰 충격을 주었다는 사실이다. 300년 이상 문명 세계에서 지속되어 온, '외교 사절은 간섭받지 않는다'는 치외법권에 대한 전통이 반격을 당했기 때문이다.

이란 정부의 행동은 공인된 규칙을 따르지 않겠다는 선언과 다를 바 없는 것이었다. 그것은 서양의 원칙에 대한 노골적인 거부였고, 이로 인해 일부 서구인들은 이슬람 혁명에 반감을 갖게 되었다.

5 한 시대의 종말

역사가는 중단 없이 흘러가는 역사의 사건들로부터 알맞은 이야기를 추출해 내야만 한다. 그러나 현대에는 역사적 사건들이 전례 없이 빠르고 강력하게 전개되어 알맞은 핵심을 추려 내고 조리 있게 의견을 밝히는 일이 갈수록 어려워지고 있다. 더욱이 여러 역사적 사건들은 상호작용을 하기는 하지만 그 흐름이 고르게 진행되지 않는다. 한곳에서는 흐름이 머뭇거리거나 막히고, 다른 곳에서는 또 급속하게 흘러간다. 한 사건과 다른 사건이 모순될 때도 많다.

그렇지만 이런 와중에도 때로는 전체적인 변화의 흐름이 존재한다. 또 매우 중요한 문제들에 관하여 오랫동안 수용되었던 사실과 가정이 전격적으로 뒤바뀌기도 한다. 한순간 새로운 사상이나 계획이 필요한 듯이 보이기도 한다.

과거의 무게는 잠시 잊히기도 하고 과거 속의 어떤 것이 새로운 방식으로 파괴되기도 한다. 이렇기 때문에 역사가는 역사적 큰 사건에 대해 특별한 중요성을 부과할 수 있는 것이다. 예를 들면 로마 제국이 그리스도교로 개종한 일이나 16~17세기 그리스도교 세계의 통일성이 붕괴된 것, 프랑스대혁명으로 인해 새로운 정치 시대가 열린 것 같은 일들

1969년부터 팔레스타인 해방기구 지도자로 활약한 야세르 아라파트가 1974년 유엔총회에서 연설하고 있다. 그는 팔레스타인 사람들의 어려운 처지에 대해 열정적으로 말하며 이렇게 경고했다. "오늘 저는 양손에 올리브나무 가지와 자유 투사의 총을 들고 있습니다. 올리브나무 가지가 제 손에서 떨어지게 하지 마십시오."

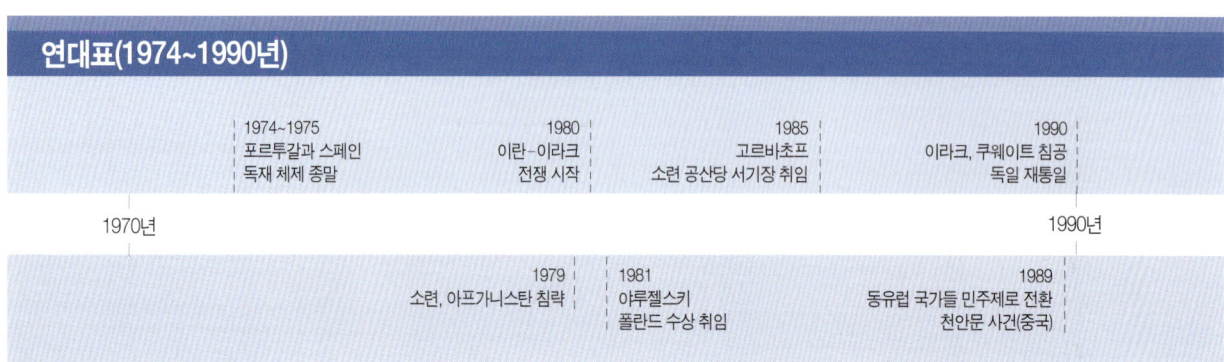

연대표(1974~1990년)

| 1970년 | 1974~1975 포르투갈과 스페인 독재 체제 종말 | 1979 소련, 아프가니스탄 침략 | 1980 이란-이라크 전쟁 시작 | 1981 야루젤스키 폴란드 수상 취임 | 1985 고르바초프 소련 공산당 서기장 취임 | 1989 동유럽 국가들 민주제로 전환 천안문 사건(중국) | 1990 이라크, 쿠웨이트 침공 독일 재통일 · 1990년 |

128 새로운 세계화 시대

이 역사적 큰 전환점에 해당한다.

이제 우리 시대는 이 같은 큰 변화의 시작점에 있는 것처럼 보인다. 우리는 지금의 세계 질서에 익숙해져 있기 때문에 지금 막 일어나고 있는 새로운 변화에 대한 의미는 고사하고 심지어 희미한 윤곽마저 잘 알지 못한다. 하지만 1985년 이후 분명해지기 시작하다가 1980년대 말로 갈수록 점점 더 명확해지는 변화의 양상은 최소한 정치적 체제와 원리 면에서 세계적 추세임에 틀림없다.

이슬람의 중동

1980년대가 시작될 즈음 중동에서는 금방이라도 커다란 변화가 일어날 듯한 불안한 분위기가 고조되고 있었다. 이 지역의 긴장 수위는 갈수록 높아졌지만 실제로는 별다른 일이 일어나지는 않았다. 아랍과 이스라엘 간의 난국이 잘 해결되기를 희망했던 사람들에게는 언제나 실망스러운 현실이 기다리고 있었고, 한동안 이란 혁명이 차후의 정세를 바꿀 것처럼 보이기도 했지만 크게 달라진 것은 없었다. 10년 후에도 실제로 무엇이 변화했는지, 이슬람 근본주의의 진정한 의미가 무엇이었는지 등은 여전히 제대로 평가하기 어려웠다.

이스라엘이 예루살렘에서 이슬람 성지의 3분의 1을 점령하자 한순간 이슬람의 단결심이 향상된 듯 보였다. 1980년 이라크의 이란 공격은 8년간의 유혈 전쟁으로 이어졌고, 수백만 명의 목숨을 앗아갔다. 다시 한 번 이슬람교도들은 옛 노선을 따라 분열했다. 이라크는 수니파였고, 이란은 시아파였다.

이란이 초강대국들을 화나게 하고 경악하게 할 수는 있어도 그들의 뜻을 꺾을 수는 없다는 사실이 곧 명백해졌다. 1979년 말 소련 군대가 아프가니스탄으로 진격해서 이슬람 반군을 진압하려는 꼭두각시 공산 정권을 지

1989년 소련의 붉은 군대가 아프가니스탄에서 철수했다. 소련은 이슬람 근본주의자로 구성된 아프가니스탄의 무장 게릴라 무자히딘과의 전쟁에서 1만 5,000명의 군사를 잃었고, 9년 동안 아프가니스탄에 머물면서 분쟁에 휩쓸렸다. 소련군이 철수한 지 3년 후 아프가니스탄의 마르크스주의 정권은 이슬람 세력에 의해 전복되었다.

원할 때, 이란 통치자들은 두 손 놓고 바라볼 수밖에 없었다. 소련의 아프가니스탄 침공에 이란은 테러리스트와 납치자들을 후원하는 것 외에는 아무런 일을 할 수 없었다. 그것은 그들이 할 수 있는 최선의 일이었다. 또한 미국대사관 인질 사건을 성공적으로 마무리했음에도 불구하고, 이란은 팔레비 전 국왕을 소환하여 이슬람 정의를 실현할 수는 없었다.

미국의 힘

이란이 미국대사관 인질 사건으로 미국에 모욕감을 준 것은 사실이지만, 지금 생각하면 이 사건은 그리 중요하게 보이지 않는다. 지금 돌이켜보면 1980년 카터 대통령이 미국은 페르시아 만을 중대한 이해관계가 있는 지역으로 간주한다고 했던 선언이 훨씬 더 중요해 보인다. 이는 미국의 불확실성과 패배주의를 과장되게 염려하던 분위기를 쇄신하는 것이었다.

이 선언은 쿠바 위기 이후의 모든 극적 변

화에도 불구하고, 1980년 미합중국은 여전히 '그들의 참여가 없이는 단 하나의 국제 문제도 해결될 수 없는' 위상을 지닌 세계의 두 초강대국 중 하나라는 것을 확인시켜 주었다.

미국의 참여는 때때로 은연중에 행해질 때도 있었지만 대부분은 세계를 움직이는 근본적인 원동력이 되었다. 국제 테러리즘뿐만 아니라 동아시아의 놀라운 경제적 성장이나 아랍의 석유 파동도 그런 사실을 변화시킬 수는 없었다.

소련의 무장

쿠바 위기 이후 많은 사람들이 소련의 국력 성장에 놀라기는 했지만 1970년대 초반에 이미 소련 통치자들이 어려움에 처했다는 징후가 충분히 포착되었다. 소련은 "의식은 물질적 상태와 함께 진화한다"는 마르크스 이론과 일치하는 상황에 직면해야 했다.

그리고 소련의 국민들도 제한적이나마 조금씩 변화해 가기 시작했다. 비록 소규모이긴 하지만 정신적 자유를 요구하는 일이 분명히 드러났으며, 좀 더 많은 물질적 이익을 원하는 목소리가 높아져 갔다.

소련은 무기 증강에 엄청난 돈을 계속 투자했다. 하지만 무기 증강이란 아무리 해도 끝이 없는 일이었다. 이런 부담을 계속 짊어지고 가려면 서구의 기술, 관리 기법 그리고 자본이 필요했다.

소련 내에서 구체적으로 어떤 사회적 변화가 일어날 것인지는 논쟁의 여지가 있지만 변화가 일어날 것이라는 점은 확실했다.

확실한 상호파괴

1980년에 이르러 양대 초강대국 사이에 연대가 점점 더 강력해져서 세계는 한시름을 놓게 되었다. 소련은 미국보다 우월한 핵 공격력을 갖추려고 모든 노력을 동원하고 있었다. 하지만 미·소가 이런 경쟁을 통해 얻을

모스크바 붉은 광장에서 벌어진 노동절 행진 중 광장을 지나가는 소련 육군의 핵 미사일. 소련은 국력을 과시하기 위해 종종 이런 행진을 벌이곤 했다.

1973년 6월 개최된 무기회담에서 브레즈네프 소련 총리와 닉슨 미국 대통령의 모습은 이제 막 부상하는 동·서 화해를 상징하고 있다.

수 있는 우월성이란 물질적인 것이 아니라 좀 더 관념적인 것이었다.

미국인들은 눈길을 끄는 슬로건을 만드는 천부적 재능을 동원하여 이 상황을 간략하게 'MAD'라고 요약했다. 이는 '확실한 상호파괴Mutually Assured Destruction'의 약자로 양국 모두 서로를 확실히 파괴할 수 있다는 의미였다. 좀 더 정확히 말하면 두 나라가 모두 충분한 공격력을 갖추고 있어서, 만약 한쪽이 기습 공격을 하여 상대방의 최고 무기를 다 파괴한다 해도 피해국이 나머지 무기로 반격을 하여 적의 도시를 황폐화시킬 수 있을 정도로 양국이 막상막하의 실력을 가지고 있다는 것이다.

양국이 섣불리 상대를 공격하지 못하는 것도 모두 이러한 가능성 때문이었다. 즉, 한 번의 실수가 인류 멸망이라는 큰 결과를 불러올 수 있다는 점을 인식하고 있기에 극도로 신중해질 수밖에 없었다. 1970년대에 미국과 소련이 싸움을 계속하면서도 새로운 차원의 협동을 하는 이유도 여기에 있었다.

1972년 체결한 미사일 감축 협약은 그 최초의 결실이다. 여기에는 이제 과학이 그런 협약의 위반을 감시할 수 있다는 양측의 새로운 자각도 큰 영향을 미쳤다. 이듬해에 무기를 더욱 감축하기 위한 회담이 시작되었고, 유럽에서는 총체적인 안보 사항들을 논하는 토론들이 시작되었다.

동·서 화해

유럽이 서독과 동독 사이의 경계를 암묵적으로 인정한 것에 대한 보답으로, 소련 협상가들은 1975년 마침내 핀란드 헬싱키에서 미국, 유럽 등 35개국과 함께 동유럽과 서유럽 사이에 경제 교류를 증가시키기로 합의하고, 인권과 정치적 자유를 보장한다는 협약에 서명했다. 물론 후자는 실현되지 못했지만 그럼에도 이 협약은 매우 중요했다.

서방 측에서 인권 향상이 이뤄지자 유럽 공산권과 소련에서도 더 많은 반체제 인사들이 나타났을 뿐만 아니라 이전에는 공산국가의 내부 문제에 대한 간섭으로 간주되던 것들에도 조금씩 제약을 가할 수 있게 되었다. 비록 매우 느리긴 했지만 종국에는 동유럽 공산 정부에 변화를 가져올 공개적 비판의 물결이 흐르기 시작했던 것이다.

그동안 동유럽과 서유럽 사이에 교역과 투자는 서서히 증가하기 시작했다. 그것은 제2차 세계 대전을 종결 지은 평화조약에 가장 가까운 해결법이었다. 또한 소련의 지도자들은 그들이 가장 원하던 영토 안보에 대한 확신을 갖게 되었다.

로널드 레이건 대통령은 재임 기간(1981~1989) 동안 소련에 대한 비판의 목소리를 드높였다. 비록 그는 냉전의 완화에는 반대했지만 군사력 제한에는 동의했다. 미국의 여론도 무제한적인 대립에는 반대하고 있었다.

로널드 레이건 미 대통령

동·서 간에 접촉이 증가하고 있는 상황에서 미국인들은 대통령 선거가 치러질 1980년이 다가오자 세계 문제에 대해 걱정을 하지 않을 수 없었다. 18년 전 쿠바 위기 때 미국은 세계의 최강자임을 보여 주었다. 당시 미국은 비록 엄청난 국내 문제와 씨름하고 있었지만 우월한 군사력, 동맹국의 지원, 세계 곳곳에 산재한 종속국가와 위성국가 그리고 세계 외교 및 군사적 노력을 지속시키겠다는 국민의 의지가 있었다.

그러나 1980년에 접어들었을 때 많은 미국인들은 세상이 변했다고 느끼게 되었고, 그에 대해 감정이 편치 않은 사람들도 늘어났다. 1981년 공화당 출신의 신임 대통령 로널드 레이건이 취임하자, 많은 후원자들은 미국이 점점 무기력해졌던 지난 10년간을 되돌아보게 되었다.

레이건 대통령이 물려받은 것은 엄청난 예산 적자와 최근 소련이 아프리카와 아프가니스탄에서 주도권을 잡은 것에 대한 국민적인 실망감, 그리고 1960년대 이래 미국이 누려 왔던 핵무기의 우월성에 대한 상실 같은 것이었다.

이후 5년간 레이건은 놀라운 리더십을 발휘하여 국민의 사기를 회복했다. 그의 취임식 날, 이란은 상징적인 행위로 미국 인질들을 풀어 주어, 이 치욕스러운 사건은 마침표를 찍었다. 이에 대해 많은 미국인들은 새로운 정부의 후원자들이 극적 효과를 위해 석방 시기를 배후에서 조종했다고 믿었다. 하지만 이로써 중동과 페르시아 만에서 미국이 직면한 문제가 끝난 것은 아니었다.

기본적인 문제는 여전히 사라지지 않았다. 냉전이 지속되는 한 중동 지역에서 국제 질서를 위협할 위험 요소는 늘 존재하는 것이며 이스라엘에 관한 문제들 역시 쉽게 해결

1979년 말 이란의 테헤란에서 한 무리의 학생들이 미국 대사관을 공격해서 인질극을 펼쳤다. 이로 인해 미국은 몇 달 동안이나 곤욕을 치러야 했다. 사진은 반미 시위자들이 미대사관 앞에 대거 모여서 미국 성조기를 불태우는 모습이다. 이 모습을 본 미국 국민들은 충격을 받지 않을 수 없었다.

되기 어려운 것이었다. 많은 사람들은 이란-이라크 전쟁이 그런 위협의 증거라고 생각했다. 또한 일부 아랍 국가들의 불안정성이 수면 위로 떠올랐다.

레바논은 사실상 무정부 상태로 진입했고, 이런 레바논을 두고 시리아와 이란의 후원을 받은 무장 세력들이 서로 다투고 있었다. 팔레스타인 해방기구의 혁명가들은 이런 상황 덕분에 이 지역을 반 이스라엘 공작 기지로 활용하는 데 과거보다 훨씬 더 유리해졌다.

그로 인해 이스라엘은 북쪽 국경과 그 너머까지 점점 더 폭력의 강도를 높였으며 군사 작전에 더 많은 비용을 쏟아 부었다. 점차 긴장이 고조되면서 1980년대에는 유대인과 팔레스타인 사이에 그 어느 때보다도 격심한 분쟁이 이어졌다.

이슬람의 급진화

지속적인 병폐로 곤란을 겪는 강대국은 미국만이 아니었다. 소련이 1979년 아프가니스탄을 무력으로 침공했을 때, 이란과 이슬람의 분노는 소련 안의 이슬람교도들에게까지 영향을 미쳤다.

이런 상황을 희망의 징조로 보는 사람도 있었다. 그 이유는 이슬람 세계의 혼란 확대로 미·소 양국이 신중한 입장을 취하게 되어 이 지역의 위성국과 동맹국에 무조건적으로 지원하던 행태를 줄일 것이라고 예상했기 때문이다. 당연히 이런 상황은 이스라엘에게 매우 중요했다.

한편 이란 혁명의 경악할 만한 주장과 표현 때문에 잠시 문명 간의 심각한 충돌이 일어날 것처럼 보이기도 했다. 이란 혁명의 공격적 청교도주의는 보수적 아랍인들과 걸프 지역의 석유 부자 왕국인 사우디아라비아도 오싹하게 만들 정도였다.

그런데 대부분의 이슬람 국가에서 이란 혁명의 이러한 급진적 보수주의에 대한 공감이 확산되고 있는 정황들이 자주 포착되었다. 1981년 이슬람 근본주의자들은 이집트 대통령을 암살했다. 또한 파키스탄 정부는 자국의 이슬람 정통성을 계속 강조했고, 아프가니스탄의 반공산주의 이슬람 반군을 지원했다.

1980년대에 들어 북아프리카는 더욱 급진적인 이슬람 정서를 보였다. 흥분한 리비아 독재자의 말과 행위에서만 문제의 심각성이 드러나는 것은 아니었다. 진짜 더 심각한 것은 이보다 먼 서쪽에서 일어나는 정치적 변화에 있었다. 알제리는 독립을 쟁취한 후 출발은 좋았지만, 1980년에 들어 경제가 침체되고, 독립 운동을 지속시켰던 국민적 합의는 무너졌다. 젊은이들은 일자리를 찾아 유럽으로 떠나는 것을 유일한 해결책으로 삼게 되었다.

1990년 치러진 알제리 선거에서 아랍 국가들 중 처음으로 이슬람 근본주의 정당이 과반수가 넘는 표를 차지했다. 그 전 해에는 수단에서 군사 쿠데타가 일어나 이슬람 근본주의 정권이 집권하면서 이 불행한 땅의 국민에게는 그나마 남아 있던 약간의 자유마저 사라져 버렸다.

이슬람 근본주의의 약점

이슬람 급진주의는 많은 이슬람교도들을 끌어들이는 흡인력을 갖고 있었지만 모두에게 그런 것은 아니었다. 1990년에 들어서자 온건하고 보수적인 아랍 정치가들은 이 급진주의에 대해 적대적으로 돌아섰다. 근본주의자에 대한 그들의 반대는 나름대로 상당히 컸고, 때로는 효과적이기도 했다.

이러한 정치적 현실을 제외하더라도 이슬람 근본주의가 과연 이슬람 혁명을 성공시킬 수 있는 충분한 힘을 가지고 있는 것인지는 단언하기 어려웠다. 미래의 잠재적 혁명가들 중 다수가 무의식적으로 이슬람의 가르침이나 관습과는 대립되는 목표를 실현하려고 했

1990년 이슬람 근본주의자인 탈레반 시민군 대원들이 카불 시민들에게 무력을 사용하여 모스크로 가서 금요 기도에 참석하도록 강요하고 있다. 탈레반 군이 점유한 아프가니스탄 지역에서는 엄격한 회교율법이 강요되었다.

기 때문이다.

리비아는 다른 아프리카 국가들을 불안정하게 만들고 아일랜드 테러리스트들을 무장시킬 수는 있었지만, 그 밖에 다른 성과는 얻지 못했다. 미·소의 오래된 경쟁 관계를 이용하는 것도 이제는 세계 정세가 변하고 있었기 때문에 점점 더 힘들어졌다. 근본주의자들에게 남은 수단은 두 개의 잠재적인 부유국인 이라크와 이란뿐이었고, 양국은 1980년대의 대부분을 많은 비용을 투입해야 하는 분쟁 속에서 얽혀 보냈다.

또한 미국의 후원을 받는 이라크 통치자가 단지 전술적 목적이나 실용적 용도에 의해서 이슬람을 후원하는 것이라는 증거가 쌓여 갔다. 사담 후세인은 이슬람 집안에서 태어났지만 공적으로는 비종교파 바트당 정권을 이끌고 있었으며, 그의 정권은 사실상 정실주의와 족벌주의, 병권 장악에 바탕을 두고 있었다. 후세인은 권력과 기술적 근대화만 추구했을 뿐 이라크 국민의 복지에는 그다지 관심을 쏟지 않았다.

후세인이 이란과 전쟁을 시작한 뒤로 분쟁이 장기화되고 고액의 비용이 투입되자 오히려 다른 아랍 국가들, 특히 걸프 지역의 다른 산유국들은 안심을 하게 되었다. 이 전쟁이 길어질수록 그들에게 위협이 되는 무리들과 이란 혁명가들의 발이 묶인다고 생각했기 때문이다. 하지만 그 후 일어난 걸프전으로 인해 세계의 관심이 팔레스타인 문제로부터 멀어지고, 이스라엘의 손에 힘이 실리는 것은 분명 못마땅한 일이었다.

팔레스타인의 봉기

거의 10년 동안 지속된 걸프 지역의 떠들썩한 소동은 서방 측의 석유 공급에 차질을 빚게 하지 않을까 하는 우려를 자아냈고, 때로는 무력 분쟁이 미국과 이란 간의 전쟁으로

사담 후세인(1937~2006)은 1979년 이라크 대통령이 되었다. 1980년 그는 이란 혁명을 꺾을 목적으로 이란에 선전포고를 했다. 이로 인해 벌어진 이란-이라크 전쟁은 1988년까지 계속되었다. 마지막 평화협상이 진행되던 1990년 8월 후세인은 쿠웨이트를 침공하여 걸프전을 야기했고, 이어 유엔 다국적군이 개입했으며 이라크는 패배했다.

확대될지 모른다는 두려움을 주기도 했다.

그동안 레반트 지역에 일어난 사건들은 걸프 지역의 교착 상태를 더욱 악화시켰다. 이스라엘의 골란 고원 합병, 레바논에서 이스라엘이 벌인 팔레스타인 게릴라 및 게릴라 후원자 소탕 작전, 외국의 유대인들을 자국 내로 더욱 많이 유치하려는 이스라엘 정부의 노력 등이 합쳐져, 이스라엘은 다시 한 번 아랍 연합군과 싸워야 하는 그날을 대비해 만반의 준비를 해야만 했다.

1987년 말 이스라엘 점령 지역에서 팔레스타인인들 사이에 최초의 폭력 사태가 벌어졌다. 사태는 수그러들지 않은 채 점점 확대되었다. 이른바 인티파다*가 계속된 것이다.

팔레스타인 해방기구는 이스라엘의 생존권을 공식적으로 인정하여 국제사회의 공감을 얻었음에도 불구하고, 1989년 이란-이라크 전쟁이 끝났을 때 불리한 입장에 서 있었다. 이듬해 이란의 아야톨라 호메이니가 죽고, 그 뒤에 집권한 후임자가 팔레스타인과 이슬람 근본주의자들에 대해서 전처럼 적극

*인티파다
'봉기'를 뜻하는 아랍어로, 반 이스라엘 투쟁을 통칭한다. 비무장 시민운동이며 팔레스타인 사람들의 이스라엘에 대한 저항에서 비롯되었다. 이는 1993년까지 계속되었고, 1996년 팔레스타인 자치정부가 수립되면서 다소 완화되었다.

적인 지원을 하지는 않을 것 같은 징조를 보였기 때문이다.

걸프전

미국은 이란-이라크 전쟁 중에는 이슬람 근본주의의 위협을 과대평가했기 때문에 이란을 위험 요소로 보고 이라크를 지지했다. 그렇지만 미국이 마침내 걸프 지역에서 전쟁을 벌이게 되었을 때 미국의 적은 이란이 아니라 이라크였다. 1990년 후세인은 이란과 화해를 한 후 이전에 있었던 쿠웨이트와의 국경 분쟁을 재개했다. 또한 그는 쿠웨이트 통치자와 석유 생산 할당량 및 가격을 두고 싸웠다.

사실 이런 불만들이 핵심적인 쟁점이었다고 보기는 어렵다. 그런 문제들이 후세인 자신에게 어떠한 상징적 의미를 가졌든, 그를 움직이게 한 가장 결정적인 요인은 쿠웨이트 석유의 거대한 부를 움켜쥐겠다는 단순한 결의였다. 1990년 여름에 이르러 후세인의 위협은 점점 커지더니 결국 8월 2일 이라크군이 쿠웨이트를 침공했고 몇 시간 만에 점령해 버렸다.

이후 유엔에서 이라크를 반대하는 세계적 여론이 거세게 일어났다. 후세인은 자신의 약탈자적 야망을 이스라엘에 대한 아랍권의 증오심으로 교묘히 가림으로써 이슬람과 아랍을 모두 선동하려 했다. 그러나 그를 지지하는 시위가 중동 도시 곳곳에서 일어났지만 그외에는 그런 시도가 별 가치가 없다는 것이 곧 드러나게 되었다. 오직 팔레스타인 해방기구와 요르단만이 그를 지지했다. 반면 사우디아라비아, 시리아, 이집트는 그에게 반대하여 신속하게 동맹을 형성했다. 이는 후세인이 충격을 받을 만큼 놀랄 일이었다. 그리고 그에게 이 일만큼 놀라울 일은 소련의 침묵이었다.

하지만 가장 놀라운 일은 유엔 안보이사회가 압도적인 다수 표로 이라크의 행동을 비난하는 결의를 했고, 종국에는 쿠웨이트를

1991년 1월 바그다드를 공습한 미국과 연합군 폭격기를 향해 이라크의 대공포화가 터지고 있다. 사담 후세인이 "모든 전투의 어머니"라 불렀던 걸프전으로 인해 이라크는 인명 손실뿐만 아니라 환경파괴라는 막대한 대가를 치러야 했다. 수백만 리터의 원유 누출로 수질이 오염되었고, 후세인은 군대에 유정을 불태우라고 지시했다.

해방시키기 위해 이라크의 침략 사태를 진압하기 위한 무력 사용을 인준한 것이다. 큰 두려움의 대상이 되었던 석유 위기는 다시 오지 않았다.

걸프전 이후의 중동

미국 지휘 하에 대규모 군대가 사우디아라비아에 집결하여 1991년 1월 16일 행동에 들어갔다. 큰 손실을 감수한 채 이라크는 한 달 만에 쿠웨이트를 포기하고 철수했다. 그 치욕의 모든 여파를 제대로 평가하기는 아직 이르지만 분명한 것은 후세인의 생존을 위협하지는 않았다는 것이다.

많은 사람들이 갈망했음에도 걸프전은 중동 사태의 전환점이 되지 못했다. 하지만 후세인은 이스라엘을 반대하는 이슬람 성전聖戰을 선동했음에도 호응자를 얻지 못했다. 걸프전은 아랍 혁명가들에게도 전환점이 되지 못했다. 커다란 패배를 떠안은 것은 팔레스타인 해방기구였고, 가장 득을 본 것은 이스라엘이었다. 이스라엘의 자발적 희생으로 아랍이 군사적 성공을 거두는 일이란 가까운 장래에는 생각할 수 없는 일이었다. 여전히 이스라엘과 아랍 문제는 그대로 존재할 수밖에 없었다.

미국은 이스라엘이 비타협적 태도를 조금이나마 굽히지 않을까 하는 희망을 품었다. 적어도 급진적이며, 근본주의적인 범이슬람 운동이라는 두려운 요소는 사라졌기 때문이다. 이슬람 국가들은 여전히 서구에 대해 불안감과 불만을 가지고 있었지만 이러한 반감이 다시 한데 뭉쳐 표출될 징조는 보이지 않았고 그들 역시 서구 세력이 제공하는 근대화가 없이는 살 수 없었다.

걸프전 이후 석유라는 무기는 그 힘이 많이 줄어들었다. 이런 배경을 기반으로 하여, 미국은 마침내 1991년 아랍과 이스라엘이 중동회담에 임하도록 설득할 수 있었다. 대단한 노력 끝에 사전 교섭과 비공식 논의가 이어졌고, 마침내 1993년 오슬로에서 평화협정을

걸프전에서 미국 병사가 이라크 병사 시체 옆을 지나고 있다. 여러 나라에서 지원한 50만 연합군에 맞서 이라크가 이길 승산은 별로 없음이 곧 분명해졌다.

맺으며 이스라엘과 팔레스타인 해방기구 간에 원칙적인 합의를 끌어냈다.

이것은 팔레스타인에게 역사상 처음으로 의미 있는 외교적 성과물을 안겨 준 것이었고, 양측은 차후 5년간 협약의 세부사항을 신중하게 관리하기로 했다. 그러나 불행히도 이스라엘 점령 지역들 안에 새로운 유대인 정착촌을 지속적으로 건설한 것이 분위기를 다시 악화시켰다. 이로 인해 이스라엘 국내 정치권에 새로운 논란거리가 생겨났고, 1996년 한 광신적 시온주의자가 이스라엘 총리를 암살하는 충격적 사건을 낳게 되었다.

고르바초프의 새로운 행보

1980년대 세계에는 큰 변화가 있었지만, 중동 지역은 1980년대 말까지 뚜렷한 변화가 없었다. 다만 미국과 소련의 행동에 변화가 생겨서 중동에서도 그 영향을 받았을 뿐이었다.

1979~1980년 미국은 대통령 선거전을 치르면서 소련에 대한 대중의 두려움을 의도적으로 이용했다. 이로 인해 공식적 차원에서 소련에 대한 적대감이 다시 부상했다. 소련의 보수적 지도자들은 미국 정책의 흐름을 의심의 눈초리로 지켜보았다. 군축을 향한 단계별 공약들은 제대로 지켜지지 않았고 상황은 더욱 악화된 것 같았다. 하지만 결국 미국 행정부는 외교에서 실용주의적 자세를 보였고, 소련도 내부의 변화로 인해 더욱 유연한 태도를 보이기 시작했다.

그런 와중에 소련에서 중대한 사건이 일어났다. 1982년 11월 브레즈네프가 사망한 것이었다. 그는 흐루쇼프(흐루시초프)의 후임으로, 18년간 소련 공산당 서기장을 지냈다. 브레즈네프의 후임자 역시 곧 사망했고 그 뒤를 이은 70세의 지도자도 전임자보다 더 빨리 죽음을 맞는 바람에 마침내 1985년 정치국의 최연소 인물인 미하일 고르바초프가 서기장으로 취임했다. 그의 나이는 54세였다. 그는 스탈린 시대 이후에 정치를 시작한 젊은 정치가였다.

고르바초프가 소련과 세계에 미친 영향은 아직 제대로 평가될 수 없는 상태다. 그가 서기장이 된 개인적 동기와 그를 후임자로 만든 힘이 무엇이었는지는 지금도 불분명하다. 소련의 국가보안위원회인 KGB는 그의 승진에 대해 반대하지 않은 것 같았고, 그의 첫 행동과 발언은 정통적인 것이었다.

그러나 그는 곧 새로운 정치를 설파했다. 그는 '공산주의'란 말을 덜 사용했고, '사회주의에는 박애정신이 결여되어 있다'고 재해석했다. 서구인들은 다른 마땅한 용어가 없어서 고르바초프가 목적하는 바를 '자유화'로 표현했다. 이것은 그가 매우 자주 사용하던 러시아어인 '글라스노스트(개방)'와 '페레스트로이카(개혁)'를 종합해서 표현하려는 시도였지만 적합한 용어는 아니었다.

이 새로운 노선이 의미하는 바는 심오하고도 극적인 것이었다. 고르바초프는 1980년대 말까지 글라스노스트와 페레스토이카를 표방했다. 그는 결국 소련 경제가 더 이상 이전의 군사력을 유지하고 외국 동맹국들에게 했

1990년 모스크바의 맥도널드 패스트푸드점 밖에서 사람들이 줄을 서 있다. 소련이 외국 기업에 점차 문호를 개방하자 소련에서도 이 같은 장면을 점점 더 자주 볼 수 있게 되었다.

미하일 고르바초프

1985년 3월 미하일 고르바초프(1931~)가 소련 공산당 서기장이 되었다. 1986년 2월 제27차 당 회의에서 고르바초프는 소련 국민들이 점점 의문을 제기하고 있는 국가 정책 일부 수정하겠다고 말했다. 고르바초프는 시민의 자유를 존중하고, 이러한 기본법을 옹호하는 것을 근간으로 하는 입헌 민주국가를 세우고자 하는 듯이 보였다. 이것은 국가로부터 당을 분리하고, 정부의 중심이 당에서 국가 기관으로 이전되는 것을 의미했다. 이것은 또 단일당 체제의 종말을 의미했다. 고르바초프는 외교 문제에서 '냉전의 긴장 완화'를 강조했고, 높은 비용으로 소련 경제에 악영향을 미쳤던 소련 군대의 피해를 줄이기 위해 군축 협약에 조인했다.

1990년의 미하일 고르바초프. 이 해에 그는 소련 최초의 대통령이 되었다.

던 약속을 이행하면서 국내 생활수준을 개선할 수는 없다고 인식했다. 또한 근본적인 현대화 없이 자연발생적으로 기술혁신을 이룩할 수는 없다는 점도 받아들였다.

미·소 무기 감축 회담

고르바초프의 권좌 등극으로 가장 득을 본 사람은 레이건 미국 대통령이었다. 외교 영역에서 소련 지도자의 새로운 노선은 곧 미·소 간의 회담에서 분명해졌다. 무기 감축 논의가 재개되었던 것이다. 그 외에 다른 쟁점에서도 많은 합의가 이루어졌다. 이것이 더 용이해진 것은 1989년 소련 지도층이 아프가니스탄에서 군대를 철수시키기로 결정했기 때문이었다.

미국 국내에서는 정치적 봉기를 일으킬 만한 엄청난 예산 적자와 경기 침체를 겪고 있었지만, 국제무대에서 일어나는 만족스러운 변화 덕분에 수년 동안 국민들은 내부 정치에 눈길을 돌리지 않았다. 소련에서 내부 분열 양상이 엿보이고 개혁에 어려움을 느끼는 듯하자 미국의 낙관주의와 자신감은 더욱 커졌다. '악의 제국'으로 간주했던 소련에 대한 두려움과 경각심이 사라지기 시작한 것이다.

더욱이 미국 정부는 국민들에게 우주 공간에 새로운 방위 체제를 구축하겠다는 놀라운 약속을 했다. 비록 수천 명의 과학자들이 이 프로젝트가 현실성이 없다고 말하기는 했지만 미국이라면 시도는 해볼 수 있을 것 같았다. 소련 정부는 이런 시도를 해볼 만한 비용을 댈 수도 없는 처지였다. 1986년 리비아의 통치자가 반미 테러리스트들을 후원한 일을 징벌하기 위해 미국 폭격기가 영국에서 출발했을 때 미국인들의 사기는 더욱 고무되었다.

레이건 대통령이 성공하지 못한 일도 있었다. 중앙아메리카에 대해 미국의 이익을 더 추구해야 한다는 그의 설득이 국민들에게 통하지 않았던 것이다. 하지만 그는 놀랄 만큼 인기가 높았다. 그가 백악관을 떠난 후에야 미국인들은 그의 집권 시절에 더 가난해졌다는 것을 깨달았다.

1987년 미국과 소련이 중거리 핵전력 협정을 맺음으로써 무기 제한 협상의 열매가 결

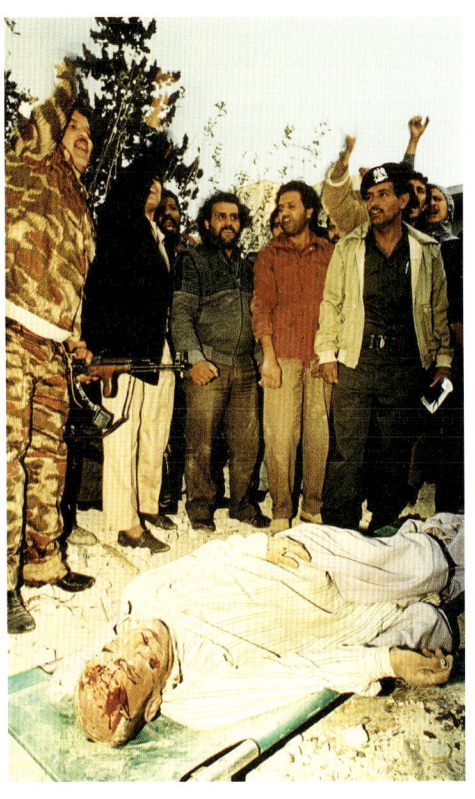

1986년 미국은 리비아의 트리폴리에 공습을 가했다. 그러나 카다피 제거에는 실패한 채 수많은 민간인을 죽이거나 장애인으로 만들었다. 사진은 리비아 병사들이 반미 구호를 외치면서 미국 공습으로 죽은 노인의 시체를 에워싸고 있는 모습이다.

동안 유지되었다. 미국과 소련은 전면전에 돌입하지 않더라도 분쟁과 위기를 적절하게 관리할 수 있음을 보여 주었다.

핵무기를 보유하려는 다른 나라들은 몰라도, 적어도 미국과 소련에게는 만약 핵전쟁이 일어난다면 사실상 인류의 멸망 가능성을 인정하는 것과 다름없었다. 결국 미국과 소련은 서서히 핵무기 감축 조치들을 취하기 시작했고, 마침내 1991년 기존 핵무기 보유량을 대폭 줄이기로 합의하면서 극적인 전개를 보였다.

실을 맺었다. 새로운 핵무기 보유국들이 속속 부상했음에도 불구하고, 핵 균형은 양대 초강대국이 감축 논의를 시작할 때까지 오랫

| 동유럽 |

국제무대에서 양대 초강대국이 서로 양보를 하는 거대한 변화가 일어난 것과 더불어 다른 국가들에서도 여러 가지 주목할 만한 일들이 일어났다. 각각의 사건들은 인위적으로 구분해 설명할 수밖에 없지만 대부분 서로 연관되는 면이 많다. 하나의 사건이 일어남

1987년 12월 고르바초프와 레이건이 워싱턴에서 중거리 핵미사일의 비축을 끝내는 중거리 핵전력 협정에 서명하고 있다. 이로써 무기 경쟁은 종말을 고했고, 이 조약은 이후 다수의 지역적 분쟁들이 상호 공존 가능한 방향으로 나아가는 데 영향력을 미쳤다.

사진은 이전의 유고슬라비아 시베르니크에 있는 국립 섬유산업 건물이다. 내전이 발발하기 전 이 나라는 중앙 통제 경제 체제였고, 국가 노동력의 4분의 1이 국가가 운영하는 제조 산업에 근무했다.

으로써 또 다른 사건이 야기되는 경우가 많았던 것이다.

1980년 말까지만 해도 동유럽과 소련의 운명이 급격히 변화할 것이라고는 짐작하기 어려웠다. 당시 눈에 띈 것은 유럽 공산 국가들이 이전의 소박한 성장률을 유지하는 것조차 점점 어려워지고 있다는 것뿐이었다. 비공산권의 시장경제와 비교하면 공산권의 경제 상황은 매우 어두웠다. 하지만 1980년까지도 소련은 여전히 동유럽을 전처럼 단단히 움켜쥐고 있었다.

동유럽의 경제적 정체

동유럽 국가들이 바르샤바조약기구라는 갑옷 안에 갇혀서 미처 알아차리지 못하는 사이 지난 30년간 사회적, 정치적으로 많은 변화가 지속되었다. 가장 큰 변화는 특정한 경제 발전 모델을 장기간 실험한 결과 나타난 놀라운 단일성이었다. 각 공산주의 국가에서 최고 권력을 가진 것은 당이었다. 많은 사람들의 삶이 당을 중심으로 이루어졌다.

어떤 국가든 말하기 힘든 사실과 조사하기 어려운 과거를 가지고 있게 마련이었지만 이들 국가에서는 특히 그런 과거들을 토로하거나 개탄할 수 없었다. 과거의 무게 때문에 지식인의 삶과 정치적 토론은 억눌리고 부정부패로 물들어 갔다.

동유럽 경제에서 중공업과 자본재에 대한 투자는 초기에는 발전을 급상승시켰지만, 다음 단계에서 소련이 다른 공산 국가와의 국제 교역 체제를 지배함으로써 중앙통제적 경향에 따라 경제가 경직되어 갔다. 국민에게는 필요한 소비재가 늘어났고 이에 따라 국민들의 수요는 커졌지만 그 요구를 만족시켜 줄 수 없다는 사실이 점점 더 분명해졌다. 서유럽에서는 당연히 여겨지는 물건들이 동유럽 국가에

한 시대의 종말

1968년 1월 알렉산더 두브체크(1921~1992)가 체코슬로바키아 공산당의 제1서기가 되었을 때, 그는 즉시 자유화 개혁을 실행하기 시작했고, 그로 인해 대중의 폭넓은 지지를 받았다. 하지만 소련의 감시자들은 '프라하의 봄'이 일어나자 즉시 인내심을 잃어버렸다. 8월 소련은 체코슬로바키아를 제자리에 돌려놓기 위해 65만 명의 바르샤바조약기구 군대를 파견했다. 사진은 한 용감한 젊은이가 침입자 탱크에 올라타 체코 국기를 흔드는 장면.

서는 사치품이 되어 공급이 중단되곤 했다.

토지의 경우 1950년대 중반에는 사유 토지가 많이 감소하고, 대신 협동조합과 국가 소유의 농장이 들어섰다. 물론 넓게 보면 단일한 토지 제도 안에서도 이후 다양한 형태들이 나타났다. 예를 들면 폴란드에서는 1960년에 이르러 농부들이 자작농 형태로 되돌아갔고, 종국에는 공산 정권 하에서도 농부의 5분의 4가 사유재산을 가지게 되었다.

수출은 여전히 낮았다. 대부분의 동유럽 국가에서 농업 생산력은 유럽공동체 국가들에 비해 2분의 1이나 3분의 4 정도의 수준이었다. 1980년대에는 동독을 제외하고는 동유럽 국가들 모두가 경제적 위기에 처해 있었다. 동독에서조차 1988년 일인당 GDP가 연 9,300달러로, 서독의 1만 9,500달러와는 비교가 되지 않았다.

브레즈네프 독트린

이른바 '브레즈네프 독트린'이라는 선언은 동유럽권 내에서 체코슬로바키아처럼 사회주의 경제 체제를 자본주의 방식으로 환원하려는 시도가 일어날 경우 소련과 동맹국이 직접적으로 개입해야 한다는 내용을 담고 있었다.

하지만 소련의 당서기장인 브레즈네프는 '긴장 완화'에도 관심이 있던 사람이었다. 그래서 브레즈네프 독트린은 유럽 공산권 내부에서 일어나는 변화가 국제 정세의 안정성을 해치는 것으로 보고 분명한 선언을 통해 그런 변화를 억제하려 한 것으로 해석되기도 했다.

하지만 그 후 서유럽 국가들은 지속적으로 경제적 번영을 이루었고 동·서 간의 긴장 역시 더 이상 고조되지 않았다. 1980년이 되자 스페인과 포르투갈에서 혁신적인 변화가 일어났고, 이후 '철의 장막' 서쪽으로는 독재 정치가 살아남지 못했으며 곳곳에서 민주주의가 승리했다.

30년 동안 정부에 대항하여 산업 근로자의 봉기가 일어난 곳은 동독, 헝가리, 폴란드, 체코슬로바키아 등의 공산국가뿐이었다. 1970년대, 특히 1975년의 헬싱키 협약 이후로 동유럽권이 점점 더 서유럽권과 차이가 난다는 자각이 커지면서, 반체제 집단이 생겨나기 시작했다. 극심한 억압에도 불구하고 이들의 입지는 갈수록 커졌다.

서서히 일부 관리와 경제 전문가들, 심지어 일부 당원들까지도 중앙통제 경제에 대해 회의를 느끼기 시작했고, 시장 제도의 장점에 대한 논의가 늘어나기 시작했다. 그러나 동유럽 지역의 정치, 경제 등 모든 것은 소련군이 열쇠를 쥐고 있었다. 만약 브레즈네프 독트린이 지속되어 소련이 자국에 순종하는 정부만을 지원하고 그 반대의 경우 계속 제재를 가한다면, 바르샤바조약기구 회원국 중 그 어떤 국가도 근본적인 변화를 일으킬 수 없을 것 같았다.

폴란드와 연대노조 운동

1980년 초반에 마침내 폴란드에서 소련 진영 가운데에서 처음으로 변화의 조짐을 보이기 시작했다. 통치자보다 성직자를 믿었던 폴란드는 놀라울 정도로 집단적인 신앙심을 품고 있었다. 로마가톨릭 교회는 폴란드인의 가슴 속에 늘 국가적 존재로 남아 있었다. 이런 경향은 폴란드 출신 교황이 즉위한 후로 더욱 확고해졌다.

가톨릭 교회는 1970년대 경제 정책에 대항해 시위하는 근로자들을 대변하여 이들에 대한 잘못된 처우를 비난했다. 이런 상황과 경제 악화가 1980년 폴란드 위기의 배경이 되었다. 근로자들의 파업이 연달아 일어났고, 그다니스크 조선소에서 일어난 투쟁에서 그 절정을 이루었다. 이로부터 '연대노조'라는 새로운 노동조합 연합이 생겨났다. 연대노조는 파업자들의 경제적 목표에 정치적 요구를 더했고, 자유로운 독립 노조도 회원으로 받아들였다.

연대노조를 이끄는 지도자인 레흐 바웬사는 전기노조 조합장 출신으로 여러 차례 투옥된 이력을 지닌 사람이었다. 신실한 가톨릭교도였던 바웬사는 폴란드 성직자단과 긴

1523년 이후 최초로 선출된 비이탈리아인 교황인 요한 바오로 2세(1920~2005)가 1979년 6월 폴란드를 방문했다. '교회는 공산주의에 반대한다'는 그의 암묵적 의사 표현은 폴란드의 연대 운동에 힘을 실어 주었다. 사진은 교황이 1991년 방문 중 연대 운동의 지도자이며 1990년 말 폴란드 대통령이 된 레흐 바웬사와 함께한 모습.

1980년 그다니스크에 위치한 레닌 조선소에서 연대노조 지도자 레흐 바웬사가 파업 중인 폴란드 근로자들 앞에서 연설을 하고 있다.

밀히 접촉하고 있었다. 그는 투쟁 장소인 조선소 정문에 교황의 사진을 걸었고, 파업자들과 함께 야외 미사도 보았다.

파업이 확산되자 당황한 폴란드 정부는 한 발 물러섰고 이를 지켜보던 세계는 놀라움을 금치 못했다. 폴란드 정부는 연대노조를 자율적 독립노조로 인정할 수밖에 없었고, 일요일마다 가톨릭 미사를 정기적으로 방송하는 것도 허용하게 되었다. 하지만 국내 질서는 잡히지 않았고, 겨울이 다가오자 위기의 먹구름이 짙어졌다.

폴란드 인접국들이 개입할 수도 있다는 위협의 소리가 들려왔다. 동독과 소련 국경 지대에 40개 소련 사단이 전투 준비를 마쳤다는 소식도 전해졌다. 하지만 소련 군대는 움직이지 않았고, 브레즈네프의 출전 명령도 없었으며, 그의 후임자들 역시 그런 행동을 하지 않았다. 이것은 소련의 태도 변화를 보여 주는 최초의 징조였다. 이것은 이후 10년 간 동유럽에서 여러 가지 사태가 일어날 수 있었던 중요한 배경이 되었다.

레흐 바웬사 폴란드 대통령

1981년에 접어들자 폴란드에서는 갈수록 긴장이 고조되고 경제 상황이 악화되었다. 바웬사는 터져 나오려는 도발을 막으려 애쓰고 있었고, 그런 와중에 바르샤바조약기구 군대의 소련인 사령관이 다섯 번이나 바르샤바를 방문했다. 그러자 결국 연대노조의 급진주의자들은 바웬사의 통제권을 벗어나서 만약 정부가 비상 권력을 발동한다면 총파업을 하자고 선동했다.

12월 13일 계엄령이 선포되고, 이어 가혹한 진압이 뒤따랐다. 하지만 사실 이런 폴란드 군부의 행동이 있었기에 소련군의 개입을 막을 수 있었다. 연대노조는 지하로 들어갔고, 이후 7년간 이어지는 투쟁이 시작되었다. 그동안 군사 정권은 경제 악화를 더 이상 막을 수 없었고, 다른 국가로부터 협력을 얻을 수도 없었다.

폴란드에서는 사상적 혁명이 일어나고 있었다. 한 서구 논평자의 표현대로 폴란드인들은 "마치 자유국가에 살고 있는 것처럼" 행동하기 시작했다. 은밀한 단체와 출판물이 증가했고 파업과 시위가 지속되었다. 또한 현 폴란드 정권에 대한 교회의 비난도 계속되었다. 이런 상황은 때때로 내전 같은 분위기를 자아내기도 했다.

계엄령이 선포된 지 2~3개월 후 정부는 신중하게 공식 계엄령을 철회했지만, 그래도 여전히 다양한 억압 정책을 구사했다. 한편 경제 상황은 더욱 나빠졌고, 서유럽 어느 국가도 일말의 도움을 주거나 공감을 보이지 않았다.

마침내 1989년 폴란드는 변화와 혼돈의 정점에서 극적인 결실을 맺기에 이르렀다. 그리고 이런 폴란드의 영향을 받아 다른 공산 국가들도 차츰 변화를 일으키기 시작했다. 1989년 새해가 되자, 폴란드 정부는 다른 정당들과 연대노조를 포함한 단체들을 수용하기에 이르렀다. 이어서 진정한 정치적 다원주의를 위해 6월에 선거가 실시되었고, 일부 직위에서는 자유 경쟁이 허용되었다. 이 선거에서 연대노조는 압승을 거두었다. 이어 새 의회는 1939년 8월의 독·소 협약과 1968년 소련의 체코슬로바키아 침입을 비난했으며, 1980년대에 일어난 정치적 암살에 대한 수사를 착수했다.

폴란드공화국

1989년 8월 바웬사는 연대노조가 연립 정부를 후원할 것이라고 말했다. 고르바초프도 공산주의 골수분자들에게 이 제안은 정당한 것이라고 언명했다. 그리고 9월이 되자 폴란드에서는 연대노조가 주도하고 1945년 이후

1990년 12월 폴란드 대통령으로 취임한 레흐 바웬사가 바르샤바의 성당으로 걸어가고 있다.

최초의 비공산주의자 총리가 이끄는 연립체제 정부가 출범했다. 서유럽도 잇따라 경제 원조를 약속했다. 이제 폴란드 인민공화국은 역사에서 지워지고, 역사적인 폴란드공화국이 부활했다.

폴란드는 동유럽을 자유화로 이끌었다. 폴란드에서 일어난 사건은 다른 동유럽 공산 국가에도 신속히 전해졌고 그곳의 지도자들을 매우 놀라게 했다. 동유럽 국가들은 각각 정도는 달랐지만 비공산주의 국가에 관한 정보를 텔레비전을 통해 지속적으로 접할 수 있었고, 점차 그 정도가 증가했다. 정치 활동의 자유 역시 늘어나고 외국 서적과 신문도 더 많이 접하게 되었다. 그런 가운데 폴란드와 마찬가지로 비평 활동도 점점 활발해졌다. 정부는 정보를 통제하려고 계속 시도했지만 그럼에도 불구하고 의식의 변화는 이미 일어나고 있었다.

소련의 경제적 몰락

고르바초프는 공산주의 국가들이 변화하기 시작한 초기 단계에 집권했다. 그리고 집권

5년간 그의 활약으로 소련에서도 혁명적인 변화가 일어났다. 그는 먼저 당에서 권력을 빼앗았다. 이 과정에서 새로운 기회들이 생겨났고, 이런 기회는 새롭게 부상한 반대 세력들, 특히 소련 내의 공화국들이 장악했다. 그 결과 공화국들은 각각 정도의 차이는 있었지만 자율을 주장하기 시작했다.

오래지 않아 고르바초프는 자신의 권력 토대를 스스로 무너뜨리고 있는 것처럼 보였다. 또한 역설적으로 경제 상태는 악화일로에 있었다. 시장경제로 전환하는 것은 많은 소련 시민들에게 상상 이상으로 훨씬 더 많은 고통을 부담시키는 일이었다. 1989년이 되자 소련 경제는 통제할 수 없이 추락하고 있었다.

과거에 소련의 근대화는 독재적 구조를 통해 중앙에서 시작해 주변부로 퍼져 나갔다. 하지만 지금은 그런 것을 기대할 수 없게 되었다. 우선 특권 계층의 저항이 컸고, 중앙통제 경제의 행정 관습이 여전했기 때문이다. 또한 1980년대 말에는 중심부 세력이 빠르게 무너지기 시작했다.

1990년이 되자 소련의 실상과 소련 시민들의 태도가 그 어느 때보다도 널리 전 세계에 알려졌다. 소련 대중들의 여론을 뚜렷이 보여 주는 징조들이 여기저기서 나타났을 뿐만 아니라 글라스노스트 정책의 일환으로 소련 최초의 여론 조사까지 실시되었다. 소련 당국은 미봉책을 취할 수는 있었지만 근본적인 해결책을 내놓지는 못했다. 가장 큰 문제는 당과 특권 계층에 대한 소련 대중의 불신이 깊다는 사실이었다.

소련의 붕괴

소련의 전면적인 경제 실패는 정치 과정의 자유화에 분명 먹구름을 드리우고 있었다. 외국 논평자뿐 아니라 소련 시민들도 1989년에는 내전 가능성에 대해 이야기하기 시작했다. 과거의 쇠사슬이 풀리면서 경제적인 기회가 주어지기 시작했고, 이에 자극을 받아 민족주의와 지역 정서가 힘을 드러내기 시작했다.

소련은 70년 동안 소비에트 시민의식을 고취시키기 위해 노력했지만 소련은 하나로 단결되지 못했다. 15개 공화국으로 구성된

1990년 겨울이 되자 소련 경제가 무너져 식량 부족 사태가 도시를 강타했다. 사진은 모스크바 시민들이 진열대가 대부분 비어 버린 슈퍼마켓 앞에 줄을 서서 얼마 되지 않는 물건을 사려고 기다리는 모습.

소련 경제가 무너짐에 따라 도시는 식량 부족으로 절망에 빠졌고, 특히 겨울철에는 더욱 심각했다. 사진은 한 연금 생활자가 모스크바 외곽의 쓰레기 처리장에서 먹을 것을 찾기 위해 뒤적이고 있는 모습이다.

소련과 그 계승자들

소련의 마지막 영토 획득은 제2차 세계 대전 중 서쪽 국경에 연하에 있는 영역을 합병한 것이었다. 여기에는 발트 3국, 즉 에스토니아, 라트비아, 리투아니아도 포함된다. 1945년 이래 15개 공화국으로 구성된 소련이 위협받은 경우는 중국과 벌인 사소한 국경 분쟁뿐이었다. 그러나 1991년 소련 공산주의 붕괴 이후, 이전의 소련 공화국들은 하나 둘 독립을 선언했다. 그리고 발트 해 국가를 제외한 모든 공화국이 이제 독립국가연합의 일원이 되었다.

소련에서 일부 공화국들은 합병에 불만을 표시했고, 종국에는 정치적 변화를 주도했다. 특히 아제르바이잔과 아르메니아는 소련에 강하게 저항함으로써 소련 전체에 이슬람 문제까지 더하게 되어 사태가 더욱 복잡해졌다. 설상가상으로 군사 쿠데타의 위험이 있다고 믿는 사람들까지 있었다. 미국 장성들의 일부가 베트남 철수에 불만이 있었듯이, 소련 장군들 중에서도 아프가니스탄 철수에 불만을 품은 사람들이 있었다. 이들은 나폴레옹과 같은 독재 정권에 대한 가능성을 언급하기도 했다.

비록 고르바초프는 성공적으로 권좌를 지켰고 명목상 권력은 공식적으로 더 커졌지만, 소련 해체의 징조는 배로 늘어났다. 급기야 1990년 3월 리투아니아 의회가 1939년의 합병을 무효라고 선언하며 리투아니아의 독립을 다시 주장하는 극적인 일이 벌어졌다. 그리고 리투아니아에서 소련 군대의 무력 진압이 발생하지 않도록 하기 위한 복잡한 협상이 이어졌다.

라트비아와 에스토니아도 독립을 주장했다. 고르바초프는 이들의 연방 탈퇴를 인정하는 대신, 다른 발트 해 공화국들은 계속해서 소련에 남도록 보장하는 합의를 이끌어 냈다. 하지만 이 사건은 고르바초프 시대의 끝을 알리는 서곡이었다. 그는 신속한 행보가 요구되는 시대에 개혁파와 보수파 사이에서 갈팡질팡했고, 1990년 말에는 이미 낡고 효과가 없는 과거의 타협안을 되풀이했다.

1991년 새해 초반 리투아니아의 수도 빌뉴스와 라트비아의 수도 리가에서 KGB와 소련 군사들의 무력 진압 행위가 일어났고, 소련 정부는 이를 묵인했다. 하지만 이미 대세를 막기에는 역부족이었다. 이 무렵 소비에트 연방의 아홉 개 공화국 의회가 이미 자주국임을 선언했거나 연방정부로부터 상당한 정도의 독립을 주장하고 있었다. 일부는 지역 언어를 공용어로 선언했고, 일부는 소비에트식 내각과 경제 기관을 지역 통제형으로 바꾸었다.

소련의 가장 핵심인 러시아공화국 역시 연방에서 분리하여 자체적으로 경제를 운영하고자 했고, 우크라이나공화국은 자국의 군대를 설립하겠다고 공표했다. 3월 선거로 인해 고르바초프는 또다시 개혁의 길로 들어섰고, 소련 체제를 유지할 수 있는 새로운 연방 조약안을 탐색했다. 세계는 빠르게 변해 가는 이 지역 상황을 멍하니 지켜볼 따름이었다.

베를린 장벽 붕괴

1986년 이후 소련은 점점 분열되어 갔다. 이제 소련이 더 이상 위성국들의 내정에 개입하지는 않을 거라는 인식이 퍼지면서 동유럽 국가들은 하나 둘씩 폴란드의 뒤를 밟아 나갔다. 헝가리는 사실 확실한 정치적 변화를 보이기 이전부터 폴란드 못지않게 신속하게 경제 자유화를 추진해 가고 있었다. 이런 헝가리가 유럽 공산 진영 해체에 큰 몫을 하게 된 매우 중요한 사건이 1989년에 일어났다.

당시 동독인들은 헝가리를 자유롭게 출입할 수 있었는데, 많은 동독인들이 이 기회를 이용해 서독 영사관이나 대사관을 찾아가 망명을 신청하곤 했다. 1989년 9월 헝가리와 체코의 국경이 완전히 개방되자, 헝가리로 향하는 동독인의 유입 물결은 홍수를 이루었다. 국경을 개방한 후 3일 동안 1만 2,000명의 동독인들이 두 나라를 통해 서독으로 건너갔다. 소련 당국은 이것을 '특이한 일'이라고 언급했다. 동독에게 이것은 종말의 시작이었다.

국경을 개방하고 3일이 지난 이날은, 동독이 개국 40주년을 맞아 사회주의 국가로서의 '성공'을 축하하기 위해 면밀히 기획된 행사

1989년 11월 동베를린 시민들이 쓸모없어진 베를린 장벽 위로 기어 올라가고 있다. 이 장벽이 무너진 후 공산주의 동독의 붕괴와 독일의 재통일이 이어졌다. 이는 10년 전만 해도 생각조차 할 수 없는 일이었다.

를 치르려던 전날이자 고르바초프의 방문 기간 중이기도 했던 날이었다. 이날 동베를린 거리에서 반정부 시위대의 폭동이 일어났고, 경찰은 곧 이들을 진압했다. 정부와 당은 시위대를 격퇴했지만, 사태는 거기서 끝나지 않았다.

그해 11월 동독의 수많은 도시에서 부패 정권에 대한 반대 시위가 대규모로 벌어졌다. 그리고 마침내 11월 9일 베를린 장벽을 허무는 상징적인 행위가 벌어졌다. 동독 정치국은 굴복할 수밖에 없었고, 장벽은 완전히 파괴되었다.

동유럽의 자유선거

동독처럼 공산주의가 뿌리를 깊게 내린 국가에서도 국민 정서가 국가 체제와 멀어져 있다는 점이 분명해졌다. 다른 동유럽의 공산 국가 역시 마찬가지였고, 1989년은 그러한 국민 정서의 표출이 절정을 이룬 한 해였다. 동유럽 전역에서 이제 공산주의 정부는 국민을 짓밟고 배신하는 존재로 확실히 인식되었다.

국민들이 이러한 감정을 제도적으로 표출한 것이 자유선거 요구였고, 이것은 반대파들도 자유롭게 선거운동을 할 수 있음을 의미했다. 폴란드는 새로운 헌법을 준비하면서 부분적으로 자신들만의 자유선거를 실시했다. 이로써 1990년 11월 바웬사가 폴란드 대통령으로 선출되었다. 그보다 2~3개월 전에 헝가리는 국회의원을 선출했고 의회는 비공산주의 정부를 탄생시켰다.

소련 군대는 철수하기 시작했다. 체코슬로바키아에서는 1990년 6월 선거로 자유정부가 탄생했고, 1991년 5월까지 소련 군대가 철수하기로 합의를 보았다. 어떤 국가에서도 이전의 공산주의 정치 세력이 16% 이상의 득표를 얻지 못했다. 불가리아의 자유선거에서는 개혁자로 변신한 이전의 공산당원들이 진정한 사회주의자를 자칭하면서 선거에서 이겼다.

이제는 혁명위원회의 기지가 된 이전 공산당 본부에서 루마니아 혁명위원회 대원이 정숙하라는 신호를 보내고 있다. 루마니아의 독재자 니콜라에 차우셰스쿠와 그 아내의 재판 과정이 1989년 12월 텔레비전을 통해 루마니아 전국으로 방송되었고, 두 사람은 곧 처형되었다.

1990년 초 동독 마을 마그덴부르크에서 동·서독인이 한데 모여 선거 운동 중인 서독 총리 헬무트 콜의 연설을 듣고 있다.

독일의 재통일

루마니아와 동독은 사태가 다르게 전개되었다. 1989년 루마니아에서는 앞날에 대한 불확실성과 불길한 분쟁을 예고하는 봉기가 일어났고, 곧이어 폭력적인 혁명을 겪었다. 그러나 여전히 이전 공산주의자들의 영향을 크게 받고 있던 루마니아 정부는 1990년 6월 광부들로 구성된 민병대를 동원하여 비판자들을 공격하고 학생 시위를 짓밟았다. 이 사건으로 약간의 인명이 희생되었으며, 해외에서는 비난의 눈초리가 쏟아졌다.

동독은 특이한 우여곡절을 겪었다. 동독에게 정치적 변화라는 것은 독일 재통일과 맞물려 있을 수밖에 없었다. 베를린 장벽의 붕괴를 통해 소련이 더 이상 공산주의를 후원할 정치적 의지가 없을 뿐만 아니라 동독을 후원할 의지도 없음이 드러났다. 1990년 3월 총선에서 서독의 집권당인 기독교 민주당이 주도하는 정치 연합이 다수 석을 차지했다. 이제 독일 통일에는 더 이상 의심의 여지가 없었다. 오직 절차와 시간만이 남아 있을 뿐이었다.

그해 7월에 경제, 사회, 통화 등의 면에서 드디어 두 개의 독일이 통합되었다. 10월에는 마침내 완전한 재통일이 이루어졌고 이전의 동독 영토는 하나의 행정구역이 되었다. 이는 기념비적인 변화였지만 이에 대해 소련조차 어떤 심각한 언급을 하지 않았다. 고르바초프가 이를 묵과한 일은 독일로서는 다행한 일이었다.

하지만 새로운 독일의 존재는 소련에게 경각심을 주기에 충분했다. 왜냐하면 통일 독일은 서유럽에서 거대한 세력이 될 가능성이 컸기 때문이다. 이제 소련은 세력 면에서 1918년 이래 최악의 상태로 기울었다. 고르바초프에게 돌아온 보상은 소련 근대화에 경제적 도움을 약속하는 새 독일과의 조약 체결뿐이었다.

새로 태어난 독일은 제2차 세계 대전을 기억하는 사람들을 안심시키기 위해 옛날 독일을 그대로 재생한 것이 아니라는 사실을 확인시켜 줄 필요가 있었다. 독일은 이제 동부의 옛 독일 영토를 포기했고 비스마르크의 제국이나 바이마르 공화국처럼 프로이센의

유고슬라비아 내전 중 유엔 평화유지군의 영국 병사들이 순찰을 도는 모습이다.

지배를 받지도 않았다.

독일연방공화국은 연방제를 채택한 하나의 국가이자 경제적 성공을 확신하는 입헌주의 국가였다. 또한 유럽 공동체와 북대서양조약기구 체제 안에 편입되어 있었고, 바로 이런 점들이 서유럽인들의 불안을 덜어 주었다. 나쁜 기억을 오래 품고 있는 서유럽 사람들이지만 적어도 당분간은 속는 셈치고 독일을 믿어 볼 수밖에 없었다.

유고슬라비아 내전

1990년 말이 되자 한때 획일적으로 보였던 동유럽 진영의 국가들은 이제 각각 다른 길을 걷기 시작했다. 체코슬로바키아, 폴란드, 헝가리 같은 이전 공산주의 국가들이 유럽공동체에 가입 신청을 하거나 그런 준비를 하게 되자 유럽의 단결 가능성이 이전보다 훨씬 더 커졌다. 하지만 새로운 동부 유럽에는 민족주의의 재부상과 집단 간 분열이라는 부정적 현상이 도사리고 있었다. 무엇보다도 동유럽 전 지역에 걸쳐 경제 실패의 먹구름이 모여들었고, 이로 인한 동요가 예상되었다.

1991년 아무도 예측하지 못했던 의외의 일이 일어났다. 유고슬라비아를 구성하는 2개 공화국이 연방에서 분리하겠다는 결정을 선포했던 것이다. 이는 세르비아인이 주도하는 공화국 안에서 뿌리 깊은 민족적 적대감이 몇 년간에 걸쳐 점점 더 커졌기 때문에 내려진 결정이었다. 유럽의 평화로운 변화를 기대했던 낙관주의적 관점은 이로써 무너졌다.

8월 공군과 지상군을 동원한 산발적인 전투가 세르비아와 크로아티아 사이에서 시작되었다. 외부인의 개입은 기대할 수 없었다. 그해 7월 소련이 지역 분쟁이 국제적 차원으로 확산될 수 있는 위험을 경고했기 때문이다. 그해 말 마케도니아, 보스니아–헤르체고비나, 슬로베니아가 크로아티아에 합세하여 유고슬라비아 연방에서 독립을 선언했다.

불행히도 역사는 이 지역에 인종적, 종교적 증오라는 마치 독약 같은 유산을 남겼고, 신속하게 구질서를 해체하기에는 지역 간의 특수성으로 인해 협상 과정이 너무나 복잡했다. 결국 야만적인 투쟁이 시작되었다. 세르비아와 보스니아의 이슬람교도들이 각각 추방과 대학살, 테러를 자행하면서 그들의 권리를 주장했다. 투쟁은 보스니아 지역이 어느 곳보다 심했다.

종국에는 1995년 북대서양조약기구가 개입하고 외부 세력이 영토를 강제로 분할함으로써 투쟁이 끝났다. 하지만 이 공식적인 평화 뒤에는 언제 또다시 민족주의 집단이 봉기할지 모르는 가능성이 도사리고 있었다.

1991년 소련 쿠데타

7월 유고슬라비아에 대해 소련이 했던 경고는 소련 정권의 마지막 외교 압력이었다. 곧이어 놀라운 사건이 일어났다. 8월 19일 보수주의자들이 고르바초프를 몰아내려는 쿠데타를 일으킨 것이다. 쿠데타는 실패로 끝났고, 3일 후 고르바초프는 다시 대통령직에 복귀했다. 하지만 고르바초프의 위상은 이전과 같지 않았다.

고르바초프는 타협안을 찾아 계속해서 편을 바꾸었다. 결국 이 때문에 정치적 신뢰를 잃게 되었다. 그는 당과 연방에 너무 오래 매달려 있었다. 소련 정치는 비틀거리면서도 진전이 있는 상황이었지만 많은 사람들에게 그것은 마치 해체로 가는 길처럼 보였다.

쿠데타 상황으로 연방 최대 공화국인 러시아공화국의 지도자 보리스 옐친이 권력을 장악할 기회를 차지하게 되었다. 옐친 지지자들에게 유일하게 위협적 존재가 될 수 있었던 육군은 옐친을 배척하지 않았다. 옐친은 이제 그의 동의 없이는 아무것도 할 수 없는

1991년 실패로 끝난 쿠데타가 진행되는 동안 모스크바에서 시위자들이 탱크 운전자와 악수를 나누고 있다. 고르바초프의 반대파들은 그가 수도에 없는 틈을 타서 쿠데타를 모의했다. 그들은 대중이 '정상으로의 귀환'을 칭송하며 자신들을 반겨 주리라 생각했지만 여론의 방향을 잘못 읽었다. 다만 극소수 집단만이 쿠데타를 지지했던 것이다.

소련의 강자이자 다른 공화국들을 위협할 수 있는 러시아 국수주의의 기수로 보였다.

외국 논평자들이 사태를 관망하는 동안, 쿠데타를 후원했거나 묵인했던 사람들은 숙청되어 각급 연방 공무원들의 교체가 확실하게 이루어졌다. 또한 KGB의 역할이 한정되었고, 연방과 공화국들 사이에 권한의 재분배가 이루어졌다.

무엇보다도 가장 놀라운 변화는 거의 단숨에 시작된 소련 공산당의 붕괴였다. 그리고 거의 유혈 사태 없이 1917년 볼셰비키 혁명으로부터 자라난 거대한 국가가 종말을 맞이하고 있었다.

독립국가연합의 결성

해가 저물어가면서 공산주의의 종말이 희비가 엇갈리는 결과를 가져왔다는 사실이 더욱 명백해졌다. 곧 러시아공화국에서 가격규제를 포기하기로 결정하자, 소비에트 연방 제도가 수립된 이래 전례가 없는 인플레이션이 일어났을 뿐만 아니라 수백만 소련인들에게 기아가 닥쳤다. 그루지야공화국에서는 최초의 자유선거로 선출된 대통령의 지지자들과 불만을 품은 반대자들 사이에 싸움이 벌어졌다.

결국 위대한 소비에트 연방 자체가 무너지면서 이런 모든 일들은 산발적인 내부 문제로 묻혀 버리게 되었다. 볼셰비키 혁명이라는 유혈 사태와 함께 탄생하여 거의 그 종말에 이르기까지 70년의 세월 동안 전 세계 혁명가들의 희망이었고, 역사상 가장 위대한 군사력을 지니고 있던 거대한 초강대국이 하루아침에 와해되어 무기력하게 여러 국가들로 분리된 것이다. 유럽 최후의 다국가 제국이 이렇게 사라졌다.

1991년 12월 8일 러시아, 우크라이나, 벨로루시 지도자들이 민스크에 회동하여 소비에트 연방, 즉 소련의 종말을 선언하고, 독립 국가들로 구성된 새로운 '독립국가연합CIS'을 세웠다. 그리고 12월 21일에 이전 공화국들 중 11개국이 알마티에 모여 이 사실을 확인했다. 그들은 1991년의 마지막 날을 소련의 공식적 종말일로 정했다. 그리고 그와 동시에

스탈린이 태어난 그루지야는 1991년 4월 9일 소련에서 독립했다. 압하지아와 남부 오세티아의 인종 집단들이 그루지야 탈퇴를 시도하자 독립 직후 유혈 내전이 발생했다. 남부 오세티아 여성들이 남편과 아들이 그루지야 병사들에게 총살당했다며 사진을 들고 시위하는 장면.

고르바초프는 사임했다.

이것은 현대사에서 가장 놀랍고도 중요한 변화들의 정점에 서 있는 사건이었다. 앞날에 무엇이 놓여 있는지는 아무도 확신할 수 없었다. 다만 이전 소련 시민들에게는 위험과 어려움의 시대이자 고난의 시기가 되리라는 것은 분명해 보였다.

중국

소련 외의 다른 국가들은 소련의 행보에 대해서 대체로 신중한 자세를 보였다. 앞날이 너무나 불확실했기 때문이다. 소련의 이전 우방들은 침묵했다. 몇몇 나라는 소련의 쿠데타가 실패한 데에 아쉬움을 드러내기도 했다.

리비아와 팔레스타인 해방기구가 그런 입장을 보인 것은 이해할 만했다. 냉전 당시와 유사한 상황으로 돌아간다면, 미·소의 긴장 완화와 소련의 무기력 상태로 인해 제한받던 국제무대에서 새로운 작전을 펼치는 것이 가능해질 것이었기 때문이다.

중국은 분명히 각별한 관심을 가지고 이 사태를 지켜보았을 것이다. 동유럽의 공산주의 붕괴 이후, 중국 통치자들이 중국과 가장 긴 국경을 접한 나라에서 일어나는 사건들에 촉각을 곤두세우며 불안해하는 데는 나름대로 이유가 있었다. 1991년 말 중국은 여전히 유일무이한 다국가 제국으로 남아 있었고, 그런 사실은 비록 중국이 1980년대 내내 상당한 경제적 자유화에 바탕을 둔 근대화를 추진하고 있었음에도 변함이 없었다.

중국의 통치자들은 경제적 자유화로 인해 권력 의지가 약해지지는 않았다. 그들은 국가 권력을 굳게 장악하고 있었고, 앞으로도 그럴 것이었다. 중국인의 오랜 사회적 관습과 문화혁명 이후 수백만 명이 느꼈던 안도감 그리고 경제적 보상은 제도를 통해 농부들에게 흘러가야 한다는 정책 등이 중국 통치자들을 도와주었다. 이로 인해 농촌의 구매력이 향상되었고 시골 주민의 만족감이 증가했다.

시골 지역에서는 집단 간의 권력 변동이 일어나서 1985년에는 중국 전역에서 가족 농장이 다시 농촌 생산의 주도적 단위가 되었다. 동시에 많은 중국인들은 중국이 해외에서 존경과 높은 대접을 받는다는 것을 분명히 인식하게 되었다. 일례로 1985년에 영국 여왕인 엘리자베스 2세가 중국을 방문하기도 했다.

민주 개혁에 대한 압력 증가

엘리자베스 여왕이 방문한 지 몇 해가 지난 후, 중국은 대대적인 어려움을 겪고 있었다. 외채는 불어났고 1980년대 말 인플레이션은 매년 30% 비율로 치솟고 있었다. 민중은 집권층의 부정부패에 분노했고 지도층 내부에서는 분열이 일어났다. 정치적 통제를 주장하는 사람들이 세력을 얻기 시작하자 그들은 덩샤오핑을 끌어 내리려는 작전을 꾸미기도 했다.

하지만 서양 논평자들과 일부 중국인들은 경제 자유화 정책을 굳게 신뢰한 나머지, 정치적 긴장 완화에 대해서는 지나치게 낙천적이고 비현실적인 관점을 취하고 있었다. 동유럽의 고무적인 변화는 이런 희망을 더욱 자극했다. 하지만 그런 헛된 기대는 한순간에 무너졌다.

1989년 초 중국의 도시 거주자들은 극심한 인플레이션과 이를 막기 위해 부과된 긴축 경제 계획의 압박을 동시에 받고 있었다. 이것이 학생 봉기라는 새로운 물결이 일어난 배경이었다. 소수 독재 정치 정부 안에 자유화의 동조자가 존재한다는 사실에 고무된 학생들은 당과 정부가 새로이 발족한 비공식 학생연합을 대상으로 부패 척결 및 개혁에 관한 대화를 시작하도록 주장했다.

포스터가 붙고 집회가 개최되면서 '민주 정치' 실현을 요구하는 목소리가 커져 가기 시작했다. 놀란 정부 지도층은 이것이 새로운 붉은 군대 운동의 전조일지도 모른다는 두려움 때문에 학생연합을 인정하지 않았다. 많은 도시에서 시위가 일어났고, 5·4 운동 70주년이 다가오자 학생 운동가들은 자신들의 운동에 광범위한 애국의 색채를 입히기 위해 5·4 운동의 기억을 불러일으켰다.

학생 운동가들은 시골이나 남부 도시들에서는 별 지지를 얻지 못했지만, 중국 공산당 총서기인 자오쯔양趙紫陽의 공감적인 태도에 힘입어 천안문 광장에서 대규모 단식 연좌 시위에 돌입했다. 이들은 베이징에서 널리 대중의 공감을 얻었다. 투쟁은 고르바초프가 베이징에 도착하기 직전에 시작되었다.

고르바초프라는 국빈의 방문은 중국의 국제적 위상에 대한 확신을 더욱 심어 주기는커녕, 중국 시민들에게 자유화 정책의 결과로 어떤 일이 일어나고 있는지를 상기시켜 주었을 뿐이었다. 이 투쟁으로 인해 장래 개혁자들은 고무되었고, 보수주의자들을 두려움에 떨게 되었다.

이즈음 덩샤오핑을 포함한 정부의 최고참 인사들은 이 사태를 심각하게 받아들이기 시작했다. 그들은 가까운 장래에 무질서가 만연해져서 중국이 대대적으로 위기에 처할 것이라는 생각을 하게 되었다. 사태가 수습되

스페인 국왕 후안 카를로스와 소피아 왕비가 중국을 방문했다. 1980년대 중국 정부의 자유화 시도는 교역 관계를 수립하려는 서양 국가 원수들의 공식 방문으로 이어졌다. 중국은 발전을 가속화하기 위해 외국 자본이 필요했고, 세계는 12억 잠재 고객이 있는 중국 시장에 접근하고자 했다.

중국인 한 명이 1989년 6월 5일 천안문 광장에서 전진하는 탱크를 가로막으며 죽음을 맞이하고 있다. 군대가 농성 본거지를 파괴할 때, 100여 명의 학생 시위자가 죽었다. 이 일로 국제사회는 중국에 제재를 가했다.

지 않으면 새로운 문화혁명이 일어날 수도 있다며 두려워하는 사람들까지 있었다. 결국 1989년 5월 20일 계엄령이 선포되었다.

피로 얼룩진 천안문 광장

잠시나마 정부의 의지를 꺾을 수 있을 것 같은 징조도 보였지만 곧 군부의 힘이 더 세다는 것이 밝혀졌다. 가차 없는 진압이 이어졌다. 학생 지도자들은 모든 역량을 베이징의 천안문 광장으로 집중했다. 그곳은 40년 전 마오쩌둥이 인민공화국 설립을 선포한 곳이었다.

고궁인 자금성의 대문 위에 걸린 거대한 마오쩌둥의 초상은 시위자들의 상징물인 '민주정치의 여신' 석고상을 내려다보고 있었다. 이 석고상은 의도적으로 뉴욕의 자유의 여신상을 상기시키는 모습으로 만들어졌다.

6월 2일 드디어 군대가 베이징 교외로 진입해 천안문 광장을 향했다. 임시변통으로 만든 무기를 든 학생들은 바리케이드를 치고 저항했다. 군대는 무력으로 밀고 들어왔다. 6월 4일 학생들과 소수의 동조자들은 소총 사격과 최루탄 공격, 무자비한 탱크 부대의 진격으로 진압되었다. 며칠 동안 살상이 계속되었고 학생들은 무리지어 잡혀 갔다.

당시 베이징에 체류 중이던 영화 스태프들 덕분에 대부분의 진압 행위가 세계인의 눈앞에 펼쳐졌고, 텔레비전 시청자들은 며칠 동안에 걸쳐 시위자의 야영지를 볼 수 있었다. 천안문 사태에 대해 외국으로부터 쏟아진 비난은 엄청났다.

중국의 미래

중국의 여느 사건들과 마찬가지로 천안문 사태가 계속되는 동안 실제로 무슨 일이 일어났는지 정확히 알기는 어렵다. 어쨌든 중국 통치자들이 심각한 위협에 직면했다고 생각했다는 것은 분명하다. 그들의 행동은 중국인들마저 개탄하고 반대했을 만하다. 하지만 농촌 대중들은 시위자에게 공감하지 않았고 오히려 시위에 반대하기도 했다.

지배적 위계질서가 변했고 정치적 정통성을 부과하려는 활발한 움직임이 뒤따랐다.

1989년 5월 30일 밤 천안문 광장에서 야영을 하던 학생 시위자들은 이 '민주 정치의 여신' 석고상을 혁명 역사 박물관 꼭대기에 세웠다. 그것은 고궁 자금성의 대문에 걸려 있는 마오쩌둥의 초상을 마주보고 있었다.

경제적 자유화의 고삐가 늦춰졌고 신마르크스주의의 슬로건도 다시 들려왔다. 중국은 분명 동유럽이나 소련과는 다른 길을 가게 될 터였다. 하지만 어떤 길을 가게 될 것인지는 확실치 않았다. 아마도 이 단계에서 내릴 수 있는 안전한 결론은 중국이 다시 한 번 자신만의 보폭과 생각으로 걸어가고 있으며, 그들의 행보를 서양세계가 구분한 범주에 끼워 맞출 수는 없다는 것이었다.

천안문 광장의 학생들은 그들의 자유를 상징하는 석고상을 둘러싸고 탱크를 맞이했으며, 공산주의 혁명가인 '인터내셔널의 노래'를 부르며 연행되어 갔다. 이들이 이토록 강력하게 자유를 부르짖은 데에는 다른 비중국권과 서양으로부터 영향을 받은 면도 없지 않아 있었다. 이것은 중국에서 여전히 영향력을 미치고 있는 과거의 관습과는 동떨어진 모습이었다.

1987년 여론조사 결과 도시 중국인들 사이에서 윤리적으로 가장 강력한 개탄의 대상이 되는 것은 '불효'로 나타났다. 이런 관점에서 학생들을 비난하는 사람들이 있었던 게 사실이었다. 비록 세상의 많은 부분이 변화했지만, 그럼에도 천안문 광장 사태에 대응하는 중국의 모습은 국경 밖의 흐름과는 전혀 무관한 것이어서 세계를 놀라게 했다.

중국 정부의 전통적 역할 중 하나는 항상 중국의 가치를 수호한다는 것이었다. 근대화가 곧 '서양화'를 의미하는 것은 아니라고 주장하는 곳, 그곳이 바로 중국이었다.

6 역사를 바라보는 관점

인류가 말살되지 않는 한 역사는 끝이 없다. 인류가 존재하는 한 누군가는 인류의 과거를 생각할 것이며 선조들을 생각할 것이다. 이 책을 쓰고 있는 순간에도 역사는 펼쳐지고 있으며, 앞으로도 계속 그러할 것이다. 세계의 역사는 연대에 맞춰 경계선을 지으며 깔끔하게 정리할 수 없으며, '의미 있는' 주제와 사건에 따라 일정한 날짜에 맞춰 고정시킬 수도 없다. 세월이 지난 후 역사가가 현실의 흐름을 재구성하여 연구하고 분석해서 여러 사건들 중에서 중요한 것을 선택하고 조리 있게 분류해 낼 뿐이다.

역사적으로 의미심장한 것은 언제나 한 시대가 다른 시대를 바라볼 때 주목할 만한 가치가 있다고 생각하는 것들이다. 우리 시대의 사건들은 미래인들이 자신의 현실 세계를 구성하고 있는 것이 무엇인지 궁금해지기 시작할 때 새로운 의미를 얻게 될 것이다.

변화하는 관점

최근 몇 년처럼 변화의 속도가 가속화된다면, 오늘 중요하다고 생각한 것이 몇 달만 지나도 괴상해 보일지 모른다. 근·현대사를 전문적으로 다루는 역사가들은 다른 시대 전

세계 인구의 증가는 점점 더 가속화되고 있다. 이 홍콩의 해변은 부유한 사람들조차 인구 과밀의 영향을 받고 있다는 사실을 잘 보여 준다.

1997년 캘리포니아 모데스토 근처의 제방이 홍수로 무너져 보수 작업을 펼치고 있다. 많은 사람들이 최근 전 세계 곳곳에 나타나는 이상 기후의 원인이 지구온난화 때문이라고 비난하고 있다. 이를 증명하기는 쉽지 않지만, 확실한 것은 1900년 이래 지구의 평균기온이 0.5℃ 올랐으며, 지금도 계속 오르고 있다는 사실이다. 이로 인해 해수면이 상승해서 세계 해안 중 많은 곳이 향후 물에 잠길 것으로 예상된다.

문 역사가보다 관점이라는 문제에 더 많이 부딪히게 된다. 사람들은 좋은 이미지가 있으면 그 근본 원인과 문제점은 잊어버리고 쉽사리 당연하게 받아들이는 경향이 있다.

지난 10여 년간 엄청난 정치적 변화를 겪은 이후 우리는 역사적인 사건들이 놀랍도록 빠르게 관점을 바꾸어 놓을 수 있다는 것을 알게 되었다. 눈에 바로 보이지는 않지만 지금도 변화는 계속 일어나고 있고, 아마도 우리의 관점도 계속 변화할 것이다.

다양한 역사적 변화와 이 변화를 평가해야 하는 어려움에 직면했을 때, 우리가 할 수 있는 최선의 일은 무언가를 너무 많이 하려 하지 않는 것과 적어도 무언가 판단을 할 수 있다는 것에 만족하는 것뿐이다. 머지않아 분명 세상은 더 많이 변할 것이고, 많은 것들이 새로 등장해서 우리를 놀라게 할 것이다. 더구나 지금처럼 빠르게 세상이 변화하는 시대에는 심지어 몇 년 전 과거조차 매우 다르게 인식될 것이다.

역사가의 역할

역사가는 최소한 예언만은 피해야 한다. 설령 역사의 경향을 따라가 본 것이라 해도 이는 역사가가 할 일이 아니다. 물론 교육적 목적으로 역사의 경향에 따라 추정을 해보고 논의를 하는 것은 인정될 수 있다. 또한 가정을 해봄으로써 추상적인 것을 명확하게 인식할 수도 있을 것이다.

하지만 이런 추정이 때로는 이상한 결과를 가져올 수도 있다는 위험은 인지하고 있어야 할 것이다. 예를 들면 세상의 과학자들이 1760년부터 200년 동안 증가했던 속도로 계속 증가한다고 추정한다면, 세계 인구는 머지않아 과학자로만 채워질 것이다. 추측도 현재 사실을 조명하는 예상이라면 타당하다.

1991년 유고슬라비아로부터 독립을 선언한 슬로베니아 병사들이 축하 행사에 참여했다. 비교적 동족으로 구성된 인구 집단이기 때문에, 슬로베니아는 이전 유고슬라비아의 다른 지역을 뒤흔들었던 민족주의와 인종 분쟁으로 인한 공포와 폭력을 피해 갈 수 있었다.

아마도 화석 연료는 머지 않아 사라질 것이라고 추측된다. 물론 그러지 않을 수도 있다. 화석 연료 문제를 이야기하면 1970년대의 석유 위기를 빼놓을 수 없다. 이러한 위기 덕분에 석유 최대 소비국들은 좀 더 신중한 태도를 가지게 되었다.

그러나 어쨌든 역사가의 주제는 늘 과거를 상기하는 것이라는 점이 중요하다. 역사가는 과거만을 말해야만 한다. 가까운 과거의 경우 역사가는 이미 지나간 과거에 비추어 일관성과 연속성이 있는지의 여부만을 판단할 뿐이다.

우리는 현재 우리를 에워싸고 있는 방대한 사실들이 부과하는 중압감에 눌려 있다. 엄청난 양의 사건이 야기하는 혼란 자체가 지금 시대가 이전의 어떤 시대보다 더욱 혁신적인 시대임을 시사한다. 때로는 혁신적이다 못해 폭력적이기까지 한 전면적인 변화가 나타나기도 하지만 이런 일들이 과거와는 아무 상관없이 갑자기 나타나지는 않는다. 어떤 사건이든 인과관계에 의해서 일어나게 마련인 것이다.

지속적인 국가 간 갈등

만약 인류 역사에 일반적 경향이라는 것이 있다면 두 가지뿐일 것이다. 하나는 인류가 공통의 경험을 많이 하게 된다는 점이고, 다른 하나는 인류가 환경을 제어하는 능력이 커져 간다는 점이다. 여기에서부터 이야기를 시작하고자 한다.

예를 들어 '세상은 하나'라는 표현은 현재 단지 유행어에 불과하다. 그 표현을 처음 사용한 사람들은 세상이 쉽게 정치적으로 하나가 될 수 있을 것을 희망했는지 모르지만 이런 희망은 이미 깨진 지 오래다. 분쟁과 싸움이 너무나 많기 때문이다. 1930년대 이후 이 세상 어디에선가 인간이 서로 싸우지 않았던 기간은 2~3주를 넘어 본 적이 없다. 더욱이 정치적 분열은 그 어느 때보다 심각했다. 과거의 냉전 사례가 이를 너무나 잘 증명해 준다.

1945년 제2차 세계 대전에서 연합국의 승리로 유엔이란 국제 기관이 부상했고, 이후 유엔은 집단 행동의 가능성을 조금 보여 주기도 했다. 하지만 역설적으로 유엔은 지구의 땅 전체를 아우르는 단체가 아니라 세계가 각각의 주권 국가가 속해 있는 영토로 분할되어 있다는 것을 전제로 하여 수립된 단체였다. 현재 주권 국가는 200개국에 이르고 그 수는 더욱 증가할 가능성이 높다. 1995년까지 이전 유고슬라비아에서 일어난 내전은 분명히 각각의 세력들이 주권 국가로 분리되기 위한 것이었다. 이것은 절대 부정할 수 없는 사실이다. 이런 현실을 살펴보면 유엔의 한계를 짐작해 볼 수 있다.

근대 세계는 그 모든 갈등에도 불구하고 분쟁의 양상이 내전을 닮아 가고 있다. 즉, 문명의 갈등과 문화의 충돌은 과거보다 드물게 일어나지만 공통적인 배경을 가진 집단들 간의 갈등은 심화되고 있는 것이다. 물론 이런 주장에는 약간의 과장이 있을 수도 있다. 좀 더 소소한 사건들을 살펴보는 것이 중요할 것 같다.

인류의 공통적 경험

이전 시대에 개인의 경험은 지금보다 훨씬 더 분화되어 있었다. 지금처럼 상호 의사소통이 이뤄지지 못한 채 서로 다른 언어를 사용했고, 대부분의 사람들이 일생 동안 특별한 경우라 해도 고작 20km 내에서 여행했다. 그러다 보니 사람들은 외양만 보고 지적 수준과 의식, 관습이 다르다는 평가를 내릴 수 있었다.

현대는 향상된 통신기술, 대중교육, 필수 가공품 등의 대량생산 덕분에 과거보다 물리적·인종적·언어적 분열을 더 잘 극복할 수 있게 되었다. 여전히 이국적이고 낯선 나라들이 있긴 하지만, 이제 지구촌 대부분의 지역에서 사람들은 거의 비슷한 생활을 하고 있다. 문명의 손길이 미치지 못하는 오지나 의식적으로 민족주의를 고수하고 있는 지역에서만 그들만의 독특한 차림새와 문화를 고수할 뿐이다.

스코틀랜드의 킬트와 터키의 카프탄, 일본의 기모노는 이제 관광객의 기념품이 되었거

필리핀을 찾은 관광객이 전통 의상을 입은 사람들을 사진에 담고 있다. 많은 지역에서 활성화된 관광은 전통 생활양식을 파괴하는 한편 지역의 문화유산 및 마을공동체가 지속되도록 하는 양면성을 가지고 있다.

나 정성스럽게 보존되는 과거의 유물이 되었다. 한편 눈길을 끌지 못하는 전통 의상은 점점 더 빈곤과 후진성의 상징이 되고 있다. 소수의 보수 민족주의 정권들의 아집이 이러한 현상을 낳았다고 볼 수 있다.

18세기에 루소는 폴란드인에게 민족 재건을 강조하면서 민족 의상과 민족 오락을 지키고, 외국의 패션을 거부하라고 열정적으로 주장했다. 오늘날에도 루소의 수제자라 불릴 만한 정권이 존재한다. 우간다는 미니스커트를 불법화했고, 이란은 여성을 차도르 속에 가둬 두었다. 외부 세계의 일반화된 것들이 전통을 잠식한다고 느꼈기 때문이다.

하지만 이와 정반대의 현상도 있었다. 아타튀르크는 터키인들에게 전통 모자인 페즈모 착용을 금지했고, 러시아 표트르 대제도 전통을 파괴하기 위해 신하들에게 서유럽 의상을 입혔다. 이들에게 중요했던 것은 단순한 취미나 패션이 아니라, 새로운 것에 대한 적응력을 키우는 것이었다. 그들은 인류의 진보적 공통 문화 속에 한 구성원이 되는 것을 중요하게 생각했던 것이다.

경험의 공유

이제 경험의 공유는 인류가 거부할 수 없는 문제다. 근대 사회에 사는 인간은 전기, 냉난방

인도 콜카타의 기차 플랫폼 아래쪽, 선로 바로 옆에서 부모와 함께 사는 어린이들이 기차가 지나가기를 기다리고 있다. 철도 주변 거주자 가운데 매일 최소한 두 명이 기차에 치여 죽는다. 전 세계 어떤 도시에서나 인구 과밀과 빈곤으로 이와 유사한 충격적 현장을 볼 수 있고 이런 상황에서 가장 큰 피해자는 어린이들이다.

영화의 영향

1895년 프랑스의 뤼미에르 형제가 최초의 영화 '뤼미에르 공장을 떠나는 근로자들'을 상영했다. 이 사건은 차후 새로운 형태의 예술 표현, 대중 통신, 교육 그리고 대중 오락이 될 존재를 탄생시켰다. 이제 대량산업이 된 영화는 20세기 내내 거대한 영향력을 행사했다.

초기의 무성 영화 시대에도 이미 영화 제작자들은 한편으로는 예술적 표현과 다른 한편으로는 상업적 성공이라는 두 가지 선택 앞에 갈등해야 했다. 영화에 예술적 토대를 마련한 감독들로는 프랑스의 조르주 멜리에(1861~1938), 미국의 D.W. 그리피스(1875~1948)·에리히 폰 슈트로하임(1886~1957)·찰리 채플린(1889~1977), 독일의 F.W. 무르나우(1888~1932)·프리츠 랑(1890~1976), 소련의 세르게이 에이젠슈타인(1898~1948) 등이 있었다.

할리우드는 일찍이 영화가 거대 산업이 될 것을 깨달았다. 영화 공장이라 할 수 있는 스튜디오를 세우는 가장 큰 목적은 돈이었다. 성서 이야기를 다룬 세실 B. 드밀의 1927년 작 '왕 중의 왕'은 80만 관객을 모았다.

유성 영화 시대에 들어와서도 상업과 예술의 양극화는 여전했다. 1945년까지는 흑백 영화가 주를 이루었지만, 1935년 월트 디즈니(1901~1966)가 컬러 영화를 만든 적도 있었다. 영화 예술의 최전선을 계속 확장해 간 감독으로는 프랑스의 르네 클레르(1898~1981)와 장 르누아르(1894~1979), 미국의 오손 웰스(1915~1985) 등이 있다.

한편 독일의 에른스트 루비치(1892~1947)와 영국의 알프레드 히치콕(1899~1980)은 거대 스튜디오 안에서 일을 하면서도 극히 개인적인 스타일을 작품에 표현했던 감독이다. 관객 동원을 목표로 거대 스튜디오를 운영하는 할리우드식 제작 방식으로 1946년 영화산업은 17억 달러 규모의 산업으로 성장했다.

정치적 주제를 담은 초기의 소련 영화와 요제프 괴벨스의 나치 선동영화 그리고 전후 이탈리아의 네오리얼리즘 영화는 이미 인간의 태도와 행동에 영향을 줄 수 있는 영화의 힘을 보여 주었다.

1960년대의 뉴웨이브 프랑스 감독들은 현실과 상상의 경계선을 없애 버리는 듯한 영화를 창작하기 위해 점점 더 자유자재로 카메라를 사용했다. 최근에는 영화가 텔레비전 및 비디오와 결합함으로써 생활양식, 꿈, 소망 등을 표현하는 영화 제작자의 능력이 한껏 향상되었다. 좋든 싫든 영화는 예술과 오락 사이에 존재할 것이며, 사실상 20세기 세계 문화 발전에 이 정도로 공헌한 매체도 없다.

찰리 채플린이 히틀러를 풍자한 영화 '위대한 독재자' (1940) 세트장에 서 있다.

1985년 수단의 한 경찰이 외국 구호단체가 제공한 양곡을 받으려고 난장판이 된 굶주린 군중들을 제어하고 있다. 수단은 현재 '제4세계' 국가로 간주되고 있고, 식품 및 식수 부족과 전쟁으로 인해 주기적으로 기근을 겪고 있다.

시설, 의료 혜택 등으로 지역적인 기후 차이가 점점 무색해졌다. 전 세계 수백만 명이 비슷한 가로등과 교통신호 체계, 교통경찰, 은행, 버스 정류장이 있는 도시에서 살고 있다.

세계 여러 나라 상점에 같은 상품이 존재하는 일도 점점 많아지고 있다. 치약은 전 세계 어디서나 살 수 있다. 서로의 언어를 이해하지 못하는 근로자들이 동일한 기계를 손보고, 그 기계를 사용하여 동일한 일을 한다. 정도의 차이는 있겠지만, 세계 어디에서나 자동차는 도시 생활에 긴장과 스트레스를 주고 있다. 도시에서는 이런 것들이 모두가 공유하는 경험이 되는 것이다.

세계 최대 도시들의 수백만 주민은 불결한 주변 환경과 경제적 불안, 상대적 빈곤을 똑같이 경험하고 있다. 카이로, 콜카타, 히우지자네이루는 이슬람교, 힌두교, 그리스도교 등 각각의 주민들이 신봉하는 종교가 다름에도 불구하고, 가난한 삶의 풍경은 유사하다.

어떤 여행자가 로마 제국에서 중국 한나라의 수도에 들어갔다면 눈에 들어오는 모든 것이 경이로웠을 것이다. 한나라는 다른 천으로 다르게 재단해 옷을 만들고, 음식도 전혀 다르며, 거리의 동물들도, 병사들의 무기와 갑옷도 모두 다르며, 심지어 손수레마저 디자인이 다를 것이다.

하지만 현대의 미국인이나 유럽 여행자들이 중국에 간다면 놀랄 일이 별로 없을 것이다. 중국은 여전히 외부 세계를 크게 거부하는 문화권이지만 현재 중국 여객기는 다른 나라 여객기와 동일하다. 얼마 전까지만 해도 중국에서 바다를 운항하는 범선은 밑이 평평한 모양으로, 유럽의 작은 어선이나 돛단배와는 전혀 비슷하지도 않았는데 말이다.

현저한 빈부 격차

그러나 시골에서 전통적 도구로 흙을 일구며 대체로 전통적인 관습에 따라 살아가는 농부들은 경험의 공유와는 동떨어진 삶을 사는 경우가 많다. 또한 부유국과 빈곤국의 현저한 격차는 과거에 존재했던 그 어떤 격차보다도 크다. 1천 년 전의 사회는 현대적 기준을 적용하면 모두들 가난했다.

일용할 양식을 얻는 어려움과 미지의 대상 앞에 선 인간 생명의 유약함 그리고 인간을 휘어잡는 인정사정없는 힘들은 언어와 믿음에 상관없이 모든 인간이 공유하는 것이다. 오늘날 소수의 사람들은 연간 개인소득이 평균 3만 달러 이상인 나라에 사는 반면, 수백만 명은 그 10분의 1도 안 되는 소득을 올리는 나라에 살고 있다.

빈국들 사이에도 서로를 구분하는 기준이 생겼다. 수요가 많은 천연자원을 대량 보유한 제3세계 국가들이 진짜 빈곤국은 꿈도 꾸지 못할 자립 발전의 가능성을 보이자, 사람들은 그렇지 못한 국가를 '제4세계'라는 이름으로 따로 구분해 부르기 시작했다.

이런 빈부 격차는 우리가 간과해서는 안 될 현실이지만, 이 문제는 그 중요성이 과장될 소지가 있다. 우선 이 격차는 비교적 최근이라는 짧은 역사 시대의 산물이다. 우리는 그런 격차가 쉽고 빠르게 사라지리라는 가정을 해서도 안 되지만, 수백 년 동안 지속되리라는 가정을 해서도 안 된다. 아마도 빈부 격차는 세계가 점점 동질화되는 만큼 점차 감소해 갈 것이다.

최빈국에서 지도층과 엘리트들은 거의 언제나 가난에서 벗어나는 방편으로 특정한 근대화에 시선을 돌린다. 다시 말해서 그들은 서양을 본다. 변화를 추구하는 최빈국 사회는 다른 곳에서 성공적이라고 판명된 문명 양식을 들여옴으로써 선진 문명의 영향력을 다시 한 번 확인해 준다.

세계를 만든 유럽

단지 물질적 · 기술적 문제만이 아니라 믿음,

세계인권선언

제10조:
모든 사람은 자신의 권리와 의무 그리고 자신에 대한 형사상의 혐의를 결정함에 있어서, 독립적이고 편견 없는 법정에서 공정한 공개 심문을 평등하게 받을 권리를 가진다.

제11조:
(1) 형사 범죄로 기소당한 모든 사람은 자신의 변호를 위해 필요한 모든 변호 수단을 갖춘 공개 재판에서 법률에 따라 유죄로 입증될 때까지 무죄로 추정받을 권리를 가진다.
(2) 어느 누구도 행위 시에 국내법 또는 국제법상으로 형사 범죄를 구성하지 않는 행위 또는 부작위를 이유로 형사 범죄의 유죄가 되지 않는다. 또한 형사 범죄가 행해진 때에 적용될 수 있는 형벌보다 무거운 형벌은 부과되지 않는다.

1948년 공포된 '세계인권선언'에서 발췌

제도, 가치관 등 좀 더 근원적인 문제가 사회적 행동을 결정하는 진정한 요인이라고 보는 사람들도 있다. 이런 관점에서는 물질과 기술 못지않게 사상과 제도도 인류에게 보편적으로 널리 퍼져 나간다는 것을 증거로 제시한다.

세계는 세계인권선언 같은 문서를 현실적으로는 그다지 존중하지 않으면서도 그 초안의 작성과 서명에는 각별한 관심을 보였다. 서명자들 다수는 '인류의 고견에 대한 고결한 존중심'이 발동하여 그러한 원리들에 입으로만 동조했던 것이다. 그런 원리들은 주로 유럽 문명의 전통으로부터 나온 것이었다. 이는 지난 300년간 유럽 문명이 전 세계로 영향력을 뻗쳤던 사례 중 하나일 뿐이다.

때로는 이 영향력을 유럽이 아닌 '서구'의 영향력이라 부르지만, 그 궁극적 원천은 유럽이다. 이제 서구가 전 세계 정치를 좌지우지하던 시대는 지나갔지만, 유럽 문명을 비롯한 최초의 세계 문명의 영향력을 거론할

1994년 이란의 수도 테헤란의 서양식 놀이공원인 루나파크에 온 사람들을 찍은 사진이다. 세계적인 문화가 종교적, 문화적 경계선을 넘는다는 것을 보여 주는 모습이다.

만한 합당한 근거는 이미 마련된 것이다.

아스테크와 잉카 문명이 스페인 문명을 견뎌 낼 수 없었다든지, 힌두와 중국 문명이 후기 프랑크족을 물리쳤다든지 하는 말은 문화적 오만을 드러내는 말이 아니다. 이런 사안들은 역사적 사실의 문제이지 감정의 문제가 아니다. 유럽 전통을 좋게 여기든 나쁘게 여기든 그런 것은 중요하지 않다. 우리의 관심사는 유럽의 전통이 근대 세계의 원천이었느냐 그렇지 않느냐 하는 사실에만 있을 뿐이다.

유럽이 근대 사회에 지대한 영향을 미친 것은 사실이나 유럽의 관념과 제도가 모든 곳에서 토착 전통을 대체했던 것은 아니다. 세계는 매우 다른 전통들로 형성되어 있다. 그리스도교 사회와 이슬람교 사회에서 여성들에 대한 대우는 서로 다르다. 인도인들은 여전히 결혼 날짜를 잡을 때 점성술을 따지는 반면, 영국인들은 조금 더 현실적이라고 믿는 기차 시간표나 날씨를 계산에 넣고 있다.

비록 고대 아시아 철학이 소수의 현대 미국인들을 매료시킨다고 해도, 미국인들의 사상적 원천은 초기 청교도 정착자들의 계몽과 신념에 있다. 과거 청교도들은 자신들을 세상에서 떨어져 나와 새로운 세상에 사는 자유인이라 믿었고, 후기 이민자들은 자신들이 정말로 신세계에 왔다고 믿었다.

이러한 차이점은 계속 나열할 수 있다. 서로 다른 전통 때문에 똑같은 기술과 관념도 지역에 따라 다르게 적용된다. 일본의 자본주의는 영국과 같은 방식으로 운영되지 않는다. 일본은 영국과는 다른 역사와 전통을 가지고 있기 때문이다. 그러나 어쨌든 분명한 사실은 그 어떤 전통도 유럽의 전통처럼 낯선 환경에 이식되어 강한 영향을 미치지는 못했다는 것이다. 유럽 문명이 세계를 하나로 만든 기반이 되었다고 해도 과언은 아닐 것이다.

민주주의의 확산

유럽 전통의 가장 천박한 형태인 물질적 탐욕이나 강탈조차 유럽 문화가 가진 영향력의 힘을 보여 준다. 한때 현실을 있는 그대로 수용하던 사회도 이제 물질적 행복을 무한하게 추구해야 한다는 믿음을 가지게 되었다. 많은 나라들이 팽창하는 유럽의 정신적 유산을 수입해 발전을 추구했다.

유럽적 관념의 많은 요소들이 이렇게 다른 나라로 옮겨 가서 그곳의 오래되고 완고한 사회 제도 위에 유럽의 방식을 덧입혔다. 오늘날 전 세계에는 민주주의 국가가 대다수를 차지하고, 모든 사람이 민주주의와 인권에 대해 말하고 있다. 또한 국가 행정을 합리적이고 공리적으로 운용하려고 노력하고, 다른 나라에서 성공한 유럽식 제도를 모델 삼아 모방하기도 한다.

흑인들이 백인 지배 사회를 목청껏 반대하는 이유는 인권과 인간 존엄성이라는 이상을 실현하고 싶기 때문이고, 이런 개념 역시 그 시초는 유럽 문명 속에서 발전된 것이라고 할 수 있다. 한편 신생 독립국에 살고 있는 흑인들은 산업화로 부의 증대를 실현하기를 원했고, 심지어 흑인 문화의 긍지나 이슬람의 유구한 진리에 대해 설파할 때조차 부의 가치를 실현하기를 바랐다.

활기찬 유럽 전통에 완전히 저항할 수 있는 문화권은 거의 없었다. 중국조차 서양의 마르크스주의와 과학에 고개를 숙였다. 이처럼 지구상 거의 모든 곳에서 다른 위대한 문명들의 개성은 어느 정도 약화되고 유럽 문명이 보편화되었다.

여성 해방

여권 신장이 가정의 구조와 권위에 미치는 영향과 개인의 감성과 태도에 미치는 영향은 세계 도처에서 가히 혁명적인 일로 기록될 만하다. 물론 여권 운동이 발전한 서구 국가들에서조차 아직도 여성해방주의자들은 늘 충분하지 않다고 비판하는 상황이긴 하다.

비유럽권 나라와 특정 문화권에서는 아직 여성 해방 원리의 일부 외에는 거의 받아들인 부분이 없는 곳이 많다. 일부 아랍어권 나라의 여성들은 최근에야 대학에 진학할 수 있게 되었지만 아직도 강의실에서는 따로 수업을 받는다. 그리고 대학을 졸업하더라도 대부분 이슬람 전통으로 다시 돌아가게 된다. 교육을 받지 못하는 여성은 이런 변화조차 겪어보지 못하고 살아간다.

하지만 이들 역시 근대화의 도래로 물질적 혜택을 누리게 되었고, 이런 것들이 변화의 힘으로 작용하고 있다. 이런 변화는 의식적인 선택에 의해 이루어진 것이 아니다. 은연 중에 느리게, 때로는 간접적으로 찾아온다.

그리스도교는 시초부터 양성 평등의 개념이 내재되어 있었다. 신의 눈에는 여성도 남

민주주의의 발전

20세기 내내 보통선거, 다수당 정치, 모든 시민의 평등을 보장하는 민주주의를 실천하는 나라의 수는 대체적으로 꾸준히 늘었다. 비록 1930년대에 파시즘의 확산으로 민주주의가 후퇴하기도 했지만, 제2차 세계 대전 이후에는 꾸준한 회복세였다. 1989년 공산주의 붕괴 이후 동유럽 국가 다수는 민주헌법을 채택했다.

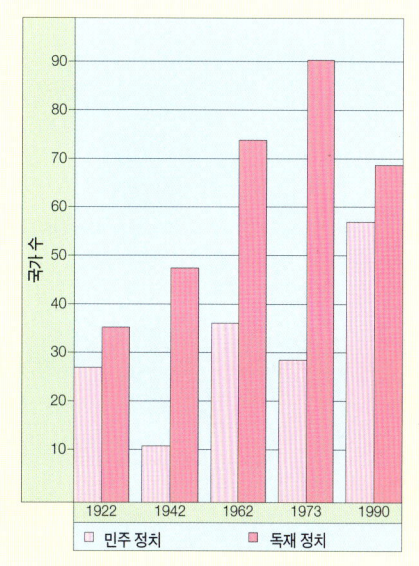

성과 마찬가지로 무한한 가치의 영혼을 가졌다는 것을 당연하게 여겼기 때문이다. 그리스도교 전통을 가진 사회에서 여성의 현대적 자유는 이런 관점 위에서 구축되었다. 신학자들이 아무리 남성 편에 서서 이 개념을 무너뜨리려고 해도, 종국에는 그 원리를 부정할 수가 없었다. 그러나 서양에서도 여성 해방이 이뤄지기 시작한 것은 불과 얼마 되지 않는다.

기원 후 여권 신장을 요구하는 최초의 페미니즘 옹호자들이 나오는 데만 1700년이 걸렸고, 서구에서 상당한 정도의 법적 남녀평등을 이루는 데는 또다시 200년의 세월이 흘렀다. 산업화가 일어나 여성에게 경제적인 능력이 주어지면서 비로소 여성들의 목소리에 힘이 실릴 수 있었다.

엄청나게 다양한 형태의 기술적 변화로 인해 서양 여성의 삶은 극적으로 바뀌었다. 온수 수돗물에서부터 가전제품, 세제, 합성섬유, 인스턴트 식품 등이 가져온 변화는 여성이 선거권을 갖게 된 것만큼이나, 또는 그 이상으로 큰 것이었다.

문화의 선별적 차용

때로는 근대화가 외양만 그럴싸하게 이루어지는 경우도 많다. 근대화를 추진하는 국가들이 일부 요소를 의식적으로 거부하거나, 이미 완성된 문화적 형태를 관성적으로만 받아들이거나 또는 선진 사회로부터 물질적인 것과는 달리 정신적인 것은 잘 받아들이지 않기 때문이다.

요즘은 세계 어느 지역에서나 물질적인 업적을 드러내는 비슷비슷한 상징물을 볼 수 있고 동일한 표준형 정부와 행정, 비슷한 문학과 예술이 존재한다. 영어가 지구촌 공용어가 된 지도 이미 오래전이다. 그럼에도 불구하고 항상 무언가 결여된 것처럼 보인다. 한 문화가 다른 문화권에 성공적으로 이식된

양성 평등의 흔치 않은 사례인 여성 징집병들이 이스라엘의 군사 행진에 참여하고 있다. 이스라엘에서 군복무는 남녀 공통의 의무다.

이집트 룩소의 공예품 시장. 산업국가에서 지역 공예품은 주요 생산품이 아닌 문화와 전통을 보존하기 위해 보호되는 분야다. 그러나 많은 개발도상국, 특히 관광이 중요한 지역에서 공예품은 국가 경제의 주역을 담당하는 중요한 상품이다.

것처럼 보여도 거기에는 무언가 전혀 다른 것들이 존재하는 것이다.

물질적 성공의 유혹

현재 세계 대부분의 지역에서는 물질적 성공을 매우 중요하게 생각하고 있다. 이것 역시 유럽 문명이 낳은 산물로 이제 물질적 성공은 사람들에게 무엇보다도 유혹적인 것이 되었다. 하지만 그 이면에는 부정적인 요인들도 많이 내재되어 있는 것이 사실이다.

유럽화는 근대화와 동의어가 되었고, 유럽 문명은 기술과 제도만이 아니라 목표와 행동양식까지도 변화시켰다. 이로 인해 때로는 여러 가지 부조화와 부작용을 초래하기도 했다. 유럽인들은 진보의 정의를 '끊임없는 물질적 향상'으로, 개인 권리의 정의를 '자기주장을 하는 것'으로, 민족주의의 정의를 '정치 기구의 합당한 기초'로 규정했다. 그리고 그들의 성공 비법을 아주 자신 있게 다른 사람들에게 전수해 주었다. 그런 과정에서 예기치 못한 결과가 종종 나타나곤 했다.

새로운 기계를 도입하고, 철도와 광산을 건설하고, 은행과 신문을 받아들이며, 그 밖에 여러 발전을 이룩하면서 많은 인류의 삶이 예측하지 못한 방식으로 변형되었다. 그러나 일단 시작된 과정은 돌이킬 수가 없는 것이어서 통제 불가능한 진화가 지금도 계속되고 있다.

이제 근대화는 새로운 우려를 낳고 있다. 그것은 근대화가 성공하면서 물질적으로나 심리적으로 사람들이 더 이상 만족을 할 수 없게 될 것일지도 모른다는 것이다.

인간의 자연 조작

인간이 지속적인 물질적 향상이 가능하다고 생각하게 된 데에는 수백 년에 걸쳐 이루어 낸 환경 조작의 성공에 그 원인이 있었다. 이런 의식이 전 세계에 뿌리를 내린 것과 동시에 서구에서는 이에 대한 불안이 감지되기 시작했다. 그러한 불안으로 일부 사람들은 염세주의에 빠지기도 했다.

사실 인류가 자신의 환경을 조작하는 면에서 성공한 것은 분명했지만 이제 두 가지 추세로 인해 도리어 인류가 위협을 받는 처지에 몰리게 되었다. 첫 번째는 성공이 새로운 문제를 야기하고 그 속도가 너무 빨라서 피해가 일어나기 전에 해결 방법을 찾을 수 있는 여지가 없다는 점이다. 그래서 우리는 천연 자원의 고갈, 생태계의 교란, 도시 집중화로 인한 새로운 스트레스와 위험의 발생이라는 문제에 직면하게 되었다.

교통 분야에서 전 세계는 많은 부분이 표준화되었다. 도쿄의 일명 '총알' 열차와 같은 고속열차가 많은 선진국에서 여객과 화물을 실어 나른다.

1990년대 말 중국 양쯔 강에 건설되기 시작한 산샤三峽 수력발전소 댐 공사 모습. 산샤 수력발전소는 세계 최대 규모로 환경운동가들은 이 계획이 지역의 생태 균형을 심각하게 교란시키고 야생동물 서식처가 많이 상실될 것이라고 우려했다.

 두 번째는 과학의 발전이 우리의 관리 능력을 앞서간다는 것이다. 인류는 이미 환경에 돌이킬 수 없는 피해를 가했고, 핵무기를 확산시켰다. 또한 체외수정 같은 유전공학으로 인간의 유전 과정에 간섭하고 있으며, 적절한 준비도 없이 대중 매체를 통한 정보의 홍수를 맞이하고 있다. 게다가 의료 발전으로 사망률이 감소해 인구 급증의 결과를 낳고 있다. 이제 환경을 통제하는 인류의 힘이 더 이상 증대될 수 없게 된 것이다.

통제할 수 없는 변화

인간이 환경을 통제하지 못한다는 것은 분명 가벼이 여길 일이 아니다. 다시 말하지만 미래에 대한 추측은 너무나 어렵다. 미래가 어떻게 전개될지 섣불리 단정할 수는 없으나 문제 해결의 노력이 절실히 필요한 것은 부인할 수 없는 사실이다. 어쩌면 문제가 너무나 긴급해져서 큰 피해를 줄 가능성도 있다. 하지만 이는 문제를 해결하기 위해 급박하고 혁신적인 방법과 과감한 정치적·사회적 변화가 필요해진다는 것이지, 해결 불가능하다는 것은 아니다. 어쩌면 과거의 문제 해결 방식에서 도움을 얻을 수도 있을 것이다.

 인간의 삶의 방식을 완전히 바꾸지 않으면 모두가 파멸할지도 모른다고 생각하는 사람들도 있다. 하지만 미리부터 인류의 멸망을 가정할 필요는 없다. 우리가 직면한 어려움들이 인류에게 치명적이라고 결론 내릴 이유는 없는 것이다. 인류는 과거에도 숱한 어려움을 겪어 왔으며, 지금보다 정신적·기술적 면에서 많이 부족한 상태에서도 그 어려움을 극복했다. 그리고 그 어떤 것도 인류 멸망을 부를 만큼 치명적인 것은 없었다.

 우리의 과거를 돌아보면 인간의 적응 능력이 얼마나 대단한지를 증명하는 증거가 충분

전문가들은 21세기 중반이 되면 세계인의 80% 이상이 거대하고 혼잡한 대도시에 살게 될 것이라고 예상한다. 다가올 미래에 대한 계획은 이미 실행되고 있고, 연료 저소비에 우선순위를 둔 연구가 다수 진행되고 있다. 그림은 한 예술가가 상상한 미래 도시로, 도쿄의 지하 도시 계획인 '지오트로폴리스'를 근간으로 한 것이다.

히 많다. 지금 인류에게 할 수 있는 유일하고 분명한 경고는 단지 현재의 추세만을 근거로 미래를 추론한다면 심각한 판단의 오류를 저지를 수 있다는 것이다.

인류 최초 달 착륙의 의미

최근에 이루어진 우주과학 가운데 가장 큰 도약은 우주에 성공적으로 진입한 것과 인간이 달에 착륙한 것이다.

인간은 과학 분야를 꾸준히 발전시키면서 자연 세계를 조작할 수 있다는 자신감을 키워 나갔다. 달 착륙 역시 불의 정복, 농업의 발명, 핵 발견 등과 같은 역사적 사실과 동일한 선상에 있다고 말할 수 있다. 인류의 달 착

패스파인더 화성 도착

1877년 이탈리아 천문학자 조반니 시아파렐리가 화성 표면에서 선 모양들을 최초로 발견했다. 그 후 1895년 미국인 퍼시발 로웰은 화성을 연구한 지 15년 만에 이 선들이 '관개 수로'라고 단언했다. 그 시점에서 공상 과학 소설이 등장하기 시작했다. H.G. 웰스의 『우주 전쟁』이 1898년 출판되었고, 주로 '화성인'이라고 불리는 외계인에 관한 영화가 엄청나게 많이 제작되었다.

우주를 향한 인간의 호기심은 공상 과학에 그치지 않았다. 1976년 23억 달러의 프로젝트로 추진된 바이킹 1호와 바이킹 2호 우주탐사기가 화성에 착륙했다. 그리고 20년 후에는 또 다른 우주탐사기가 화성 표면에 착륙했다. 바로 1997년 7월 4일 미항공우주국이 만든 패스파인더 탐사기였다. 본격적으로 화성 탐사를 시작한 패스파인더는 화성의 흙과 암석을 연구하고, 물의 존재 여부를 탐사하며, 화성에 한때 생명이 존재했다는 이론에 대한 증거를 찾는 임무를 맡고 있었다.

데이터를 수집하기 위해 패스파인더 탐사기에는 '소조너'라고 불리는 탐사 차량이 달려 있었다. 전자레인지 정도의 크기인 이 탐사 차량은 태양열 에너지를 사용하여 시속 36m로 움직였다. 또한 실험실을 탑재하고 있었고, 레이저 광선을 이용한 주행 시스템을 갖추고 있어 울퉁불퉁한 화성 표면을 이동할 수 있었다.

화성 착륙 직후, 패스파인더 일부분의 에어백에서 바람이 빠진 모습.

륙은 과거 위대한 아메리카 신세계를 발견한 일에 마땅히 견줄 만한 일이다.

포르투갈인들이 아프리카를 돌아 인도로 가는 데는 약 80년간의 탐사가 필요했다. 최초의 인간을 우주로 보내고 나서 달에 인간이 착륙하기까지는 8년이 걸렸다. 1961년에 설정한 목표를 18개월이나 앞당긴 것이다.

또한 우주 탐사는 안전했다. 오랫동안 사상자가 없었다. 두세 건의 커다란 사고에도 불구하고 단위 거리 당 사망자를 보면, 우주 여행은 무엇보다 안전한 여행이었다.

이에 비하면 15세기의 항해는 너무나 위험했다. 조난 사고로 죽지 않는다고 해도 열대병이나 괴혈병에 걸리기 쉬웠고, 그것도 아

1994년 우주 왕복선 임무 수행 중 미국인 우주 비행사가 '우주 산책'을 하면서 안전장치를 시험하고 있다.

니라면 성난 원주민들에게 살해당하기 십상이었다. 보험 통계상으로도 콜럼버스가 아메리카를 발견하기 위해 타고 간 산타마리아호나 영국의 청교도들이 아메리카 대륙으로 가기 위해 탄 메이플라워호의 위험은 아폴로 11호 승무원이 직면한 위험보다 훨씬 더 컸다.

예측 가능한 성공

20세기 우주비행사와 15세기 항해자를 비교하는 것은 역사의 연속성을 다시 한 번 느끼게 한다. 해상 발견의 시대는 오랫동안 주로 포르투갈이라는 한 나라 국민들의 업적으로 이루어졌다. 그들은 점진적으로 지식을 쌓아 나갔다. 이미 알려진 데이터에 한 조각씩 새로운 내용을 더해 가면서 탐사의 기반을 넓혀 갔다.

500년 후 아폴로 발사는 훨씬 더 폭넓은 기반 위에서 이루어졌다. 인류의 모든 과학적 지식이 동원된 것이다. 달까지의 거리는 이미 알고 있었고, 그곳에 도착했을 때 인간을 맞이할 조건들과 마주칠 수 있는 위험들, 돌아오는 데 필요한 동력, 장비, 다른 보조 시스템들의 속성, 인간의 몸이 겪을 스트레스 등에 대해서도 모두 알고 있었다.

부분적으로 이런 지식은 새로운 도전에 대한 엄청난 충격을 감소시켜 주었다. 비록 잘못될 위험도 있지만, 그렇게 되지 않으리라는 낙관적 전망이 가득했다. 지식의 축적과 예측 가능성이라는 측면에서 우주 탐사는 과학에 기반을 두고 있는 현대 문명의 정수다. 우주 탐사는 인간의 자연 정복에서 가장 최근에 이루어진, 가장 위대한 업적이다. 돌도끼 끝에 날을 장착하고 불을 정복한 선사시대의 기술이 수십만 년에 걸쳐 조금씩 진보해 오늘날에 이른 것이다.

선사시대는 인간 신체의 한계와 주변 환경이 인간을 압박하는 무게가 의식의 통제보다 훨씬 더 크게 느껴지던 시대였다. 한계를 뛰어넘을 수 있다는 의식의 개벽은 인간의 신체적 구조가 지금처럼 안정된 후에 나타났다. 이와 함께 경험을 통제하고 응용하는 것이 가능해졌고, 그다음엔 실험과 분석이 이어졌다.

조상들이 살던 세상과는 너무나 달라져 버렸지만 미래에 인류가 살아남을 수 있는 수단이 없을 것이라는 비관적인 결론을 내릴 필요는 없다. 물론 극단적인 낙관주의도 경계해야 할 것이다.

핵 확산

얼마 전까지만 해도 정치적인 알력은 세계를 위협하는 중대한 사안이었지만 지금은 그런 위험성이 과거보다 많이 줄어들었다. 정치의 문제는 이제 더 이상 초강대국들과 그들의 관계를 관리할 수 있는 능력의 문제에 국한되지 않고, 국제적인 균형이 유지되어야 하는 맥락의 문제가 되었다.

미국과 러시아의 지도자들도 전쟁 가능성을 들이대며 상대국에 자신의 의지를 강요하는 방법은 더 이상 소용이 없다는 것을 받아들인 것 같다. 또한 그들은 전면적인 핵전쟁으로는 어느 누구도 진정한 승리를 거둘 수 없다는 것을 깨달았다. 양쪽 다 핵무기를 제한하거나 감축하는 협의를 추진했고, 결국 1991년 이전의 정치적 변화 덕분에 양측 모두가 대규모 무기 감축을 선언했다.

1980년 이탈리아 볼로냐 중앙역에서 테러리스트의 폭탄이 폭발했다. 제2차 세계 대전 이후 테러리스트 집단은 폭력 행위를 통해 독립이나 영역 회복 요구, 수감 중인 동료의 석방 요구에 세계의 이목을 집중시키려고 했다.

역사를 바라보는 관점

이런 상황은 당연히 사람들을 안심시켰지만, 한편으로는 초강대국들의 변화로 인해 세계는 더욱 불안정하게 될 가능성도 커졌다. 이제 거물들이 사라짐으로써 세계는 거의 빈 무대나 마찬가지가 되었기 때문이다. 이것은 커다란 위협이 될 수 있다. 세계라는 연극무대에서 그동안 단역만 맡아 왔던 무리들 중에는 자신을 드러내길 간절히 원하는 부류가 있다. 그중 몇몇은 너무 오랫동안 기다려 왔기 때문에 인내심이 없는 경우도 있을 수 있다. 모든 국가의 통치자들이 핵전쟁은 인류를 파괴하는 것이라는 자각을 공유하는 것은 아니다.

1968년 영국, 소련, 미국은 핵확산 금지조약을 체결했다. 그 후 지금까지 140여 나라가 이를 지키고 있지만 프랑스와 중국은 그러지 않았고, 이스라엘, 남아프리카공화국, 인도, 파키스탄, 아르헨티나, 브라질도 따르지 않고 있다.

핵 문제에 관한 한 불확실성을 더하고 있는 요소는 이전의 소련 지역에서 독립한 국가들이다. 이에 더하여 이라크와 북한도 1968년 조약에 서명하긴 했지만 핵무기 생산을 추진하고 있다고 알려져 있다.

분쟁과 협동

1945년 이래 정치적 분쟁으로 인해 세계의 무수한 어린이들이 사망했다. 핵무기 확산은 이렇게 폭력이 난무하는 세계를 진지하게 돌아보게 한다. 또한 여전히 분쟁의 불씨는 도처에 존재하고 있다. 저개발국의 동요를 부채질하고 계속 들끓게 하는 경제적 병폐는 사라질 기미를 보이지 않는다.

일부 주장에 따르면 경제 활동의 세계화 자체가 병폐를 더욱 심화시켰다고도 한다. 세계화는 자본 시장의 완전한 국제화와 이에 따르는 금융자본의 이동과 함께 왔고, 개별 정부의 통제력을 넘어서고 있었기 때문이다.

선동가는 위험한 사회적 긴장 상태에서 여전히 우리 세계가 안고 있는 문제에 불을 지

브라질 히우지자네이루의 서쪽에 위치한 카리오카에서 쿠이쿠루스 인디언들이 전통춤을 추고 있다. 이곳에서 1992년 '지구정상회담'이 열리는 동안, 아마존 인디언 전통 마을이 건립되었다. 히우지자네이루에서 지구 헌장을 발표한 5개 대륙의 토착민 대표들은 무엇보다도 자신들의 땅에 대한 존중과 자치를 요구하며 국가 정치 제도에도 참여할 수 있기를 원했다.

이 사진은 최근 몇 년 동안 일어난 일 중 가장 놀라운 순간을 포착한 것이다. 1993년 9월 미국 대통령 빌 클린턴이 백악관 잔디밭에서 이스라엘 총리 이츠하크 라빈과 팔레스타인 해방기구 지도자 야세르 아라파트가 악수하는 것을 지켜보고 있다. 두 민족은 45년 동안 무장 분쟁을 겪은 후, 방금 오슬로 평화협정에 서명했고, 이스라엘 점령 지역에 있는 팔레스타인인들에게 임시 자율 행정권을 주기로 했다.

르고, 일부 정부는 여전히 용인할 수 없는 목적을 이루기 위해 전복과 테러를 일삼고 있다. 인간의 차이점을 이용하기 위한 민족주의는 조금도 힘을 잃지 않았다. 일부 사람들이 오래전에 사라졌다고 생각한 역사적 망령들은 지난 2~3년간 동유럽과 중부 유럽에서 깨어나 다시 한 번 분열의 시대를 초래했다.

그럼에도 불구하고 많은 것이 더 좋은 쪽으로 바뀌었다. 장기적인 관점에서나 환경 피해의 관점으로 볼 때, 최근까지만 해도 문제의 인식이 전무했지만, 지금은 적어도 문제 인식은 분명히 하고 있다. 또한 어느 정도 합의된 계획도 우리의 시야 안에 들어와 있다.

1990년 말 제네바에서 137개국 대표가 참석한 유엔 회의가 열렸고, 지구 온난화가 인류에게 커다란 위협이 된다는 결론을 내렸다. 준비 작업을 거쳐 2년 후 히우지자네이루에서 이른바 '지구정상회담'이 열렸을 때 세계는 미래에 대한 커다란 희망을 가지게 되었다. 이 회담은 환경과 개발에 관한 회의였고, 역사상 정부 수반들이 가장 많이 모인 회의였다.

하지만 히우지자네이루에서 실제로 거둔 성과에 대한 해석은 여전히 다양하다. 일부에서는 그것을 성공으로 보았고, 또 일부에서는 완전한 실패로 보았다. 그렇지만 일부 선진국에서는 실제로 이미 사용하고 있는 화석 연료의 소비를 제한할 수 있는 능력이 있다는 점을 보여 주었다.

세계의 여러 위험에 직면한 유엔은 이제 설립 초기부터 희망했지만 한 번도 해본 적이 없었던 일을 시작했다. 바로 국제사회를 감시하는 일이었다. 동아시아와 유럽에서는 놀라운 정치적 변화가 일어났다. 이로써 이 지역에서 해묵은 전쟁이 일어날 소지가 확실히 줄어들었다.

역사의 경이로움

다시 한 번 말하지만 역사가는 예언을 해서는 안 된다. 우리 시대의 불확실성에 대해 역사가 명료하게 단언을 내릴 근거를 주지 않는다

미국의 우주 왕복선 '인데버'호가 1993년 '추적 및 데이터 전송 위성'을 배치하기 위한 7일간의 임무 수행을 위해 발사되었다. 우주에 관한 지식이 늘어감에 따라, 인간이 오랜 기간 머무를 수 있는 우주정거장 기획안은 더 이상 공상 과학 소설 속의 환상으로 취급받지 않게 되었다.

고 실망하는 것은 너무 지나친 기대일 것이다. 역사가에게 단 한 가지 유리한 점이 있다면, 어떤 사건에 대해 그 배경 역사를 고찰하지 않은 사람보다는 덜 놀란다는 사실이다.

역사를 연구해 보면 두 개의 일반적 진리가 나타난다. 하나는 사물이 우리가 생각하는 것보다 훨씬 더 많이, 더 빨리 변화한다는 것이고, 다른 하나는 사물이 우리가 생각하는 것보다 훨씬 더 조금, 그리고 더 느리게 변화한다는 것이다. 과거는 우리 생각보다 더 오래 우리 곁에 머물러 있다. 그래서 우리가 아무리 열심히 노력해도 과거를 평화롭게 묻어 두는 것은 어렵다.

오래전 18세기에 유럽 동남부에서 시작된 오스만 제국의 계승 전쟁이 여전히 끝나지 않고 중동에서 계속되는 상황이 현재에도 목격되고 있다. 어떠한 역사적 상황도 혁신과 타성으로 요약될 수 있다. 이런 까닭에 우리는 좋든 싫든 언제나 현재 일어나고 있는 일에서 경이로움을 느끼게 되는 것이다.

연대표(1949~1997년)

1949년
독일연방공화국(서독) 및
독일민주공화국(동독) 설립

1950년
한국전쟁

1952년
나세르 이집트 대통령 취임

─ 1950년 ─────────────────── 1952년 ─

1959년 1월 기자회견장의 피델 카스트로의 모습. 곧이어 쿠바 공산당을 억압하고 선거를 연기한 후 카스트로는 '마르크스-레닌주의 프로그램'의 개시를 선언했다.
피델 카스트로

1957년
유럽경제연합회 설립

1958년
마오쩌둥 대약진 운동 개시

─ 1958년 ─────────────────── 1960년 ─

1960년
케네디 미국 대통령 당선

베트남 전쟁은 1964년 시작되었다. 양측 모두 엄청난 사상자가 나와 미국민의 아우성이 커졌다. 닉슨 대통령은 1970년부터 미군을 철수시켰지만 전쟁은 1973년 돼서야 끝났다.
1966년 미국의 베트남 공격

1969년 무아마르 카다피(1942~)가 이끄는 젊은 육군장교들이 리비아에서 군사 쿠데타를 일으켜 이드리스 왕을 밀어내고 사회주의 및 민족주의 성향이 있는 이슬람 국가인 리비아 아랍공화국을 수립했다.
카다피 대령

─ 1966년 ─────────────────── 1968년 ─

1965년
미국, 베트남 북부 폭격 시작

1967년
아랍-이스라엘 6일전쟁

1968년
마틴 루터 킹 목사 암살
소련군 프라하 진입

1973년
욤키푸르 전쟁 발발
칠레 군사 쿠데타 발생

1974년
포르투갈 군사 쿠데타 발생
에티오피아 군대가 셀라시에 황제를 폐위하고 공화국 선포

1975년
스페인의 프랑코 총리 사망
곧이어 후안 카를로스 국왕 즉위

1976년
카터 미 대통령 당선
마오쩌둥 사망

─ 1974년 ─────────────────── 1976년 ─

1974년 팔레스타인 해방기구 지도자 야세르 아라파트가 유엔총회에서 팔레스타인 국민들의 어려운 처지에 대해 열정적인 연설을 하고 있다.
야세르 아라파트

1982년
이스라엘, 레바논 침공

1985년 미하일 고르바초프(1931~)는 소련 공산당 서기장이 되었다. 이듬해 그는 소련 정치의 신자유화를 상징하는 두 개의 정책, '글라스노스트(개방)'와 '페레스트로이카(개혁성)'를 도입했다.
마하일 고르바쵸프

─ 1982년 ─────────────────── 1984년 ─

동독에서 대규모 시위 후 1989년 11월 9일 베를린 장벽이 파괴되었고, 이후 동유럽권의 공산정권이 붕괴하기 시작했다. 폴란드, 헝가리, 체코슬로바키아, 독일민주공화국, 불가리아, 루마니아가 모두 민주주의 국가가 되었다.
베를린 장벽 해체

1991년
소련 해체
걸프전 발발

─ 1990년 ─────────────────── 1992년 ─

1989년
베이징의 천안문 광장 대학살

1990년
독일의 재통일
이라크, 쿠웨이트 침공

1992년
유고슬라비아 내전 발발

| 1955년
| 반둥회의

| 1956년
| 소련, 헝가리혁명 및
| 수에즈 운하 위기에 개입

1954년   1956년

1962년 제네바에서 미·소 대표들이 모여
여러 차례 군축회담을 개최했다.
하지만 동시에 다탄두 미사일과
탄도 요격 미사일이 개발되고 있었다.
핵미사일

| 1964년
| 중국, 최초의 핵실험 성공

1962년   1964년

| 1961년
| 알제리아 독립. 베를린 장벽 건설

케네디 미국 대통령이 암살된 이듬해인
1964년 브레즈네프(1906~1982)는 소련 공산당
서기장이 되었다. 1973년 6월 닉슨 미 대통령과
무기회담에서 인사하는 모습.
브레즈네프(왼쪽)와 닉슨

| 1971년
| 방글라데시 독립

1970년   1972년

| 1972년
| 닉슨 미 대통령, 소련 및 중국 방문

1979~1990년 영국 수상에 재임한
마거릿 대처(1925~)는 유럽 최초의
여성 총리였다. '철의 여인'의
신자유주의 경제정책은 맹렬한
반대자와 열렬한 지지자를 함께 얻었다.
마거릿 대처

1978년   1980년

| 1978년
| 캄보디아의 크메르 루주 정권에
| 베트남 개입

| 1980년
| 로디지아가 독립한 후 국명을 짐바브웨로 개정

파키스탄은 1958~1973년 군사 독재 체제였다.
베나지르 부토(1953~)는 1988년 파키스탄 최초의
피선 수상이 되어 1990년까지 재임했다.
베나지르 부토

| 1986년
| 스페인과 포르투갈, 유럽공동체 회원국 가입
| 미국, 리비아 공격

1986년   1988년

45년간의 무력투쟁 끝에 1993년 이스라엘과 팔레스타인
해방기구 지도자는 미국 중재 하에 예비 평화협정에 서명하여
이스라엘 점령지역에 있는 팔레스타인인들에게
임시 자치행정권을 주었다.
이츠하크 라빈(왼쪽), 빌 클린턴(가운데), 야세르 아라파트

| 1995년
| 보스니아의 세르비아 민족을
| 저지하기 위해 북대서양조약기구 개입

| 1997년
| 영국, 중국에 홍콩 반환

1994년   1996년

| 1994년
| 넬슨 만델라, 남아프리카공화국 대통령 당선

색인

ㄱ
걸프전 136
게투리오 바르가스 67
경제상호원조회의COMECON 14, 78, 100
골다 마이어 52
그레이트 트렉 61
그루지야 내전 155
글라스노스트 138

ㄴ
나세르 24, 46
냉전 10
네루 21, 23
넬슨 만델라 65
니키타 흐루쇼프 14, 73, 78, 82

ㄷ
대약진 운동 33
대처리즘 107
덩샤오핑 112
독일 통일(1990) 151
동남아시아조약기구SETO 42
드 클러크 65
드골 102

ㄹ
라지브 간디 119
레득토 95
레오니드 브레즈네프 82
레흐 바웬사 143
로널드 레이건 132, 139
로스앤젤레스 흑인 폭동(1965/1992) 90
루스벨트 70
뤼미에르 형제 165

리처드 닉슨 93, 95, 98
린든 존슨 73, 90

ㅁ
마거릿 대처 105
마셜 플랜 11, 99
마스트리히트 조약 109
마오쩌둥 33, 112
마오쩌둥 선집 36
마틴 루터 킹 89
말콤 X 89
맥아더 40
먼로주의 39
모세 다얀 51
무아마르 카다피 125
문화혁명 34
미하일 고르바초프 138

ㅂ
바르샤바 조약 17
바르샤바조약기구 80
바트당 46
바티스타 이 살디바르 71
반둥회의 24
발전을 위한 동맹 73
베나지르 부토 23
베를린 장벽 81, 150
베트남 전쟁 91
보리스 옐친 153
보어인 60
북대서양 조약 13
북대서양조약기구NATO 13, 99
브레즈네프 독트린 142
빌 클린턴 179

ㅅ
사담 후세인 123, 135
살바도르 아옌데 75
석유 위기 52
세계인권선언 167
셀라시에 58
소련 아프가니스탄 침공 129
소련 쿠데타 153
솔리드 하우스 87
수렴 이론 83
수에즈 운하 사건 48
수카르노 26
스탈린 15
시온주의 52

ㅇ
아랍-이스라엘 전쟁(1948) 44
아시아의 호랑이 115
아야톨라 호메이니 122
아우구스토 피노체트 75
IRA(아일랜드공화국군) 104
아이젠하워 16, 87
아파르트헤이트 60, 63
아프리카 통일기구OAU 59
아흐메드 벤 벨라 49
안드레이 사하로프 85
알렉산더 두브체크 142
알리 부토 23
알제리 독립 49, 53
알제리민족해방전선 49
야세르 아라파트 128
얀 크리스티안 스무츠 18
에바 페론 68
여성 해방 169

오스트리아 평화조약 17
오슬로 평화협정(1993) 137, 179
요시다 시게루 42
요한 바오로 2세 143
욤키푸르 전쟁 52
워터게이트 사건 95
유고슬라비아 내전 153
유럽경제공동체EEC 101
유럽경제협력기구OEEC 99
유럽공동체EC 101
유럽방위공동체EDC 101
유럽석탄철강공동체ECSC 100
유럽연합EU 101
유럽자유무역연합EFTA 101
6일 전쟁 50
이란 미국대사관 인질 사건 127, 133
이란 혁명 123
이란-이라크 전쟁 129, 135
이슬람 근본주의 124
이승만 116
인도네시아 대학살(1965) 27
인도차이나 전쟁 36
인디라 간디 119
인디파다 135
임레 나지 79

ㅈ

자오쯔양 156
제3세계 24
제4세계 167
제네바 회의(1955) 38
제럴드 포드 96, 112
조모 케냐타 57
존 메이저 108

존 F. 케네디 14, 72, 81, 87
중·소 조약(1950) 30
중거리 핵전력 협정 139
중국 경제개발 5개년 계획 30
중국 공산 혁명 28
중국 국민당 29
중국 티베트 점령 31
지구정상회담 179
지미 카터 123

ㅊ

찰리 채플린 165
천안문 사태 157
체 게바라 74
체코슬로바키아 민주자유화 운동 98
77그룹 52

ㅋ

코민포름 79
쿠바 미사일 위기 14, 72
쿠바 혁명 71
크메르 루주 38, 97
크와메 은크루마 57

ㅌ

탈레반 134
태평양 전쟁 39
트루먼 14
티토 25
티토주의 79

ㅍ

판초 빌라 66
팔레비 123

팔레스타인 봉기(1987) 135
팔레스타인 해방기구 52, 121, 135
패스파인더 175
퍼시벌 로웰 175
페레스트로이카 138
펠리페 곤잘레스 108
포클랜드 전쟁 106
포퓰리즘 69
폴포트 97
프랑수아 미테랑 110
피그 만 침공 작전 72
피델 카스트로 71
피터 보타 63

ㅎ

한국전쟁 13
핵확산 금지조약(1968) 178
헝가리 혁명 80
헨드리크 페르부르트 60
헨리 키신저 95
헬무트 콜 110
헬싱키 협약(1975) 131
홍위병 34
홍콩 반환 43
후안 도밍고 페론 68
흑인 민권 운동 88
히로히토 40

도판 출처

이 책에 도판을 실을 수 있도록 허락해주신 다음의 기관과 개인에게 감사를 드립니다.

AGE: AGE Fotostock
AISA: Archivo Iconografico S.A.
CB: Corbis-Bettman
   Under Sublicence of Bertelsmann Picture Pool, Gütersloh/München 1997
FSP: Frank Spooner Picture/ Gamma
REX: Rex Features Ltd
SIPA: Sipa Press

설명

9 CB/ A. Vonlintel
10 CB/ UPI
11 CB/ UPI
12 CB
13 CB/ UPI
14 Magnum Photos/ Cornell Capa
16 David King Collection, London
17 CB/ UPI
19 REX/ SIPA/ Dieter Ludwig
20 AISA
21 CB/ UPI
22 AISA
23 위 CB/ AFP
23 아래 AGE/ Steve Rubin
24 CB/ UPI
25 CB/ UPI
26 Magnum Photos/ Fred Mayer
27 CB/ UPI
28 AISA
29 위 AISA
29 아래 AISA

30 AISA
31 AGE
32 AISA
33 CB
35 David King Collection, London
36 AISA
38 CB/ UPI
39 CB
40 CB
42 CB/ UPI
43 위 Associated Press Ltd
43 아래 REX/ SIPA/ Olivier Jobard
44 AISA
46 CB
47 CB/ UPI
48 Bettmann/ UPI
49 CB/ UPI
50 AISA
51 CB/ UPI
52 AISA
53 Magnum Photos/ Marc Riboud
54 AISA
55 AISA
57 위 CB
57 아래 CB/ UPI
58 CB/ UPI
59 Camera Press Ltd
60 Magnum Photos /Ian Berry
61 CB/ UPI
62 Magnum Photos/ Peter Marlow
63 CB/ UPI
64 REX/ SIPA/ Durand
65 REX
66 CB

67 CB/ UPI
68 CB/ UPI
70 Magnum Photos/ Constantine Manos
71 CB
72 CB/ UPI
73 CB/ UPI
74 CB/ UPI
75 CB/ UPI
76 REX/ SIPA
78 CB/ UPI
79 CB
80 CB/ UPI
81 위 CB/ UPI
81 아래 CB/ UPI
82 Magnum Photos/ S. Rasikn
83 AGE
84 AGE
85 위 CB
85 아래 AGE/ Mark Stephenson
86 AISA
87 CB/ UPI
88 CB/ UPI
89 Magnum Photos / Bob Adelman
90 Zardoya/ Magnum Photos/ Eli Reed
91 CB/ UPI
92 CB/ UPI
93 Magnum Photos/ Ian Berry
94 Magnum Photos/ Philip Jones Griffiths
95 CB/ UPI
96 Magnum Photos/ Matc Riboud
97 CB/ UPI
98 CB/ UPI
99 Magnum Photos/ Josef Koudelka
102 CB

103 Hulton Getty
104 CB
105 CB
106 FSP/ Gamma
107 Zardoya/ Camera Press/ Peter Francis
108 FSP/ Gamma
109 REX/ SIPA/ Adenis
110 REX/ SIPA/ Alix
112 CB/ UPI
113 Zardoya/ Magnum Photos/ New China Picture Company
114 AGE
115 Network Photographers/ Christopher Pillitz
116 FSP
117 Zardoya/ Magnum Photos/ Richard Kalvar
118 Network Photographers/ Roger Hutchings
119 CB/ UPI
120 FSP
121 AGE
122 CB/ UPI
124 CB/ Reuters
125 AGE
126 REX/ SIPA
128 CB/ UPI
129 CB/ Reuters
130 REX/ SIPA/ Krpan
131 REX/ SIPA
132 REX/ SIPA
133 CB
134 Archive Photos/ Reuters/ Patrick de Noirmont
135 AGE/ Network Photographers
136 CB/ Reuters
137 CB/ Reuters
138 Zardoya/ Camera Press/ N.Blickov

139 REX/ SIPA/ Novosti
140 위 CB/ Reuters
140 아래 CB/ Reuters
141 AISA
142 Magnum Photos/ Josef Koudelka
143 Contifoto/ Sygma/ G. Dkeerle
144 Magnum Photos/ Peter Marlow
145 Network Photographers/ Witold Krassowski
146 FSP
147 Panos Pictures/ Heidi Bradner
149 REX./ SIPA/ Jaques Witt
150 Magnum Photos/ Leonard Freed
151 Network Photographers/ Anthony Suau
152 REX/ Sunday Times
154 CB/ Reuters
155 CB
156 Zardoya/ Camera Press
157 Archive Photos/ Reuters
158 FSP/ Chip Hires
160 Sally&Richard Greenhill Photo Library
161 Archive Photos/ Reuters/ David Ake
162 CB/ Reuters
163 Sally& Richard Greenhill Photo Library
164 Archive Photos/ Reuters/ Kamal Kishores
165 United Artists(courtesy Kobal Collection)
166 CB
168 Magnum Photos/ Jean Gaumy
170 Network Photographers/ Homer Sykes
171 AGE
172 CB
173 Network/ Saba/ Robert Wallis
174 Zardoya/ Camera Press/ Yung Kwan Chi
175 Archive Photos/ Reuters/ NASA
176 Science Photo Library/ NASA

177 CB/ UPI
178 FSP/ Antonio Ribeiro
179 CB/ Reuters
180 Science Photo Library/ NASA

지도, 도표 판권

지도와 도표 판권 ⓒ 1998 Debate pages 15, 101, 169
지도와 도표 판권 ⓒ 1998 Helicon/ Debate pages 18, 37, 45, 56, 69, 100, 148

문헌 판권

발행자는 이 책에 번역 내용과 판권 자료를 인쇄하도록 허락해 주신 아래 분들에게 감사드립니다. 판권 소유자를 찾기 위해 최선의 노력을 하였으나 만일 빠진 분이 있다면 사과드리며, 알려주실 경우 장래의 재판에서 바로잡도록 하겠습니다.

p.13 extract from The North Atlantic Treaty. Reproduce by permission of the NATO Office of Information and press from the NATO Handbook (1995 edition)

히스토리카 세계사 10
새로운 세계화 시대

1판 1쇄 인쇄 | 2007. 12. 1
1판 1쇄 발행 | 2007. 12. 10

지은이 | J. M. 로버츠(J. M. Roberts)
옮긴이 | 진우기, 김성재
펴낸이 | 김영곤
펴낸곳 | (주)이끌리오
본부장 | 정성진
기획책임 | 김성수, 박효진
편집책임 | 한세정, 오원실
마케팅 | 주명석, 허준영, 이시몬
영　 업 | 윤지환, 최창규, 서재필, 도건홍, 정민영
표지 디자인 | 씨디자인

등록번호 | 제16-1646
등록일자 | 2000. 04. 10

주소 | 경기도 파주시 교하읍 문발리 파주출판문화정보산업단지 518-3(413-756)
전화 | 031-955-2403
팩스 | 031-955-2422
이메일 | eclio@book21.co.kr
홈페이지 | http://www.eclio.co.kr

ISBN 978-89-5877-054-1 04900
ISBN 978-89-5877-055-8(세트)

값 28,000원

이 책 내용의 일부 또는 전부를 재사용하려면 반드시 (주)이끌리오의 동의를 얻어야 합니다.
잘못 만들어진 책은 구입하신 서점에서 교환해드립니다.